2015-2016年中国中小企业发展蓝皮书

The Blue Book on the Development of SMBs in China (2015-2016)

中国电子信息产业发展研究院　编著

主　编/刘文强

副主编/赵卫东

人民出版社

责任编辑：邵永忠
封面设计：佳艺时代
责任校对：吕 飞

图书在版编目（CIP）数据

2015-2016年中国中小企业发展蓝皮书 / 刘文强 主编；
中国电子信息产业发展研究院 编著．—北京：人民出版社，2016.8
ISBN 978-7-01-016514-1

Ⅰ．①2… Ⅱ．①刘… ②中… Ⅲ．①中小企业－企业发展－研究报告－
中国－2015-2016 Ⅳ．①F279.243

中国版本图书馆CIP数据核字（2016）第174769号

2015-2016年中国中小企业发展蓝皮书
2015-2016NIAN ZHONGGUO ZHONGXIAOQIYE FAZHAN LANPISHU

中国电子信息产业发展研究院 编著
刘文强 主编

人民出版社 出版发行
（100706 北京市东城区隆福寺街99号）

北京市通州京华印刷制版厂印刷 新华书店经销

2016年8月第1版 2016年8月北京第1次印刷
开本：710毫米×1000毫米 1/16 印张：15.5
字数：255千字

ISBN 978-7-01-016514-1 定价：79.00元

邮购地址 100706 北京市东城区隆福寺街99号
人民东方图书销售中心 电话（010）65250042 65289539

代 序

在党中央、国务院的正确领导下，面对严峻复杂的国内外经济形势，我国制造业保持持续健康发展，实现了“十二五”的胜利收官。制造业的持续稳定发展，有力地支撑了我国综合实力和国际竞争力的显著提升，有力地支撑了人民生活水平的大幅改善提高。同时，也要看到，我国虽是制造业大国，但还不是制造强国，加快建设制造强国已成为今后一个时期我国制造业发展的核心任务。

“十三五”时期是我国制造业提质增效、由大变强的关键期。从国际看，新一轮科技革命和产业变革正在孕育兴起，制造业与互联网融合发展日益催生新业态新模式新产业，推动全球制造业发展进入一个深度调整、转型升级的新时期。从国内看，随着经济发展进入新常态，经济增速换挡、结构调整阵痛、动能转换困难相互交织，我国制造业发展也站到了爬坡过坎、由大变强新的历史起点上。必须紧紧抓住当前难得的战略机遇，深入贯彻落实新发展理念，加快推进制造业领域供给侧结构性改革，着力构建新型制造业体系，推动中国制造向中国创造转变、中国速度向中国质量转变、中国产品向中国品牌转变。

“十三五”规划纲要明确提出，要深入实施《中国制造 2025》，促进制造业朝高端、智能、绿色、服务方向发展。这是指导今后五年我国制造业提质增效升级的行动纲领。我们要认真学习领会，切实抓好贯彻实施工作。

一是坚持创新驱动，把创新摆在制造业发展全局的核心位置。当前，我国制造业已由较长时期的两位数增长进入个位数增长阶段。在这个阶段，要突破自身发展瓶颈、解决深层次矛盾和问题，关键是要依靠科技创新转换发展动力。要加强关键核心技术研发，通过完善科技成果产业化的运行机制和激励机制，加快科技成果转化步伐。围绕制造业重大共性需求，加快建立以创新中心为核心载体、以公共服务平台和工程数据中心为重要支撑的制造业创新网络。深入推进制造业与互联网融合发展，打造制造企业互联网“双创”平台，推动互联网企业构建制造业“双创”服务体系，推动制造业焕发新活力。

二是坚持质量为先，把质量作为建设制造强国的关键内核。近年来，我国制造业质量水平的提高明显滞后于制造业规模的增长，既不能适应日益激烈的国际竞争的需要，也难以满足人民群众对高质量产品和服务的热切期盼。必须着力夯实质量发展基础，不断提升我国企业品牌价值和“中国制造”整体形象。以食品、药品等为重点，开展质量提升行动，加快国内质量安全标准与国际标准并轨，建立质量安全可追溯体系，倒逼企业提升产品质量。鼓励企业实施品牌战略，形成具有自主知识产权的名牌产品。着力培育一批具有国际影响力的品牌及一大批国内著名品牌。

三是坚持绿色发展，把可持续发展作为建设制造强国的重要着力点。绿色发展是破解资源、能源、环境瓶颈制约的关键所在，是实现制造业可持续发展的必由之路。建设制造强国，必须要全面推行绿色制造，走资源节约型和环境友好型发展道路。要强化企业的可持续发展理念和生态文明建设主体责任，引导企业加快绿色改造升级，积极推行低碳化、循环化和集约化生产，提高资源利用效率。通过政策、标准、法规倒逼企业加快淘汰落后产能，大幅降低能耗、物耗和水耗水平。构建绿色制造体系，开发绿色产品，建设绿色工厂，发展绿色园区，打造绿色供应链，壮大绿色企业，强化绿色监管，努力构建高效清洁、低碳循环的绿色制造体系。

四是坚持结构优化，把结构调整作为建设制造强国的突出重点。我国制造业大而不强的主要症结之一，就是结构性矛盾较为突出。要把调整优化产业结构作为推动制造业转型升级的主攻方向。聚焦制造业转型升级的关键环节，推广应用新技术、新工艺、新装备、新材料，提高传统产业发展的质量效益；加快发展3D打印、云计算、物联网、大数据等新兴产业，积极发展众包、众创、众筹等新业态新模式。支持有条件的企业“走出去”，通过多种途径培育一批具有跨国经营水平和品牌经营能力的大企业集团；完善中小微企业发展环境，促进大中小企业协调发展。综合考虑资源能源、环境容量、市场空间等因素，引导产业集聚发展，促进产业合理有序转移，调整优化产业空间布局。

五是坚持人才为本，把人才队伍作为建设制造强国的根本。新世纪以来，党和国家深入实施人才强国战略，制造业人才队伍建设取得了显著成绩。但也要看到，制造业人才结构性过剩与结构性短缺并存，高技能人才和领军人才紧缺，基础制造、高端制造技术领域人才不足等问题还很突出。必须把制造业人才发展摆在更加突出的战略位置，加大各类人才培养力度，建设制造业人才大军。以提高现代经营管理水平和企业竞争力为核心，造就一支职业素养好、市场意识强、熟悉国内外经济运行规则的经营管理人才队伍。组织实施先进制造卓越工程师培养计划和专业技术人才培养计划等，造就一支掌握先进制造技术的高素质的专业技术人才队伍。大力培育精益求精的工匠精神，造就一支技术精湛、爱岗敬业的高技能人才队伍。

“长风破浪会有时，直挂云帆济沧海”。2016 年是贯彻落实“十三五”规划的关键一年，也是实施《中国制造 2025》开局破题的关键一年。在错综复杂的经济形势面前，我们要坚定信念，砥砺前行，也要从国情出发，坚持分步实施、重点突破、务求实效，努力使中国制造攀上新的高峰！

工业和信息化部部长 苗圩

2016 年 6 月

前 言

在我国，量大面广的中小企业已经成为繁荣经济、吸纳就业、稳定社会的重要力量，在推动经济发展方式转变、促进转型升级方面担负着重要职责，在大众创业、万众创新中扮演着重要角色。进一步优化中小企业发展环境，促进中小企业适应经济发展新常态，转型升级、提质增效、健康发展，对国民经济和社会发展具有重要的战略意义。

2015 年以来，世界经济复苏乏力，我国经济下行压力仍然较大，中小企业发展面临着不少困难和挑战:一是国内外订单不足，企业生产经营状况不容乐观；二是生产要素成本持续上升，企业盈利能力不断减弱；三是融资难融资贵、税费负担重、社保压力大等问题仍困扰着中小企业发展；四是中小企业传统产业集中度高，部分产业产能过剩、市场压力加剧，产业结构优化升级势在必行。

为此，国家先后出台了一系列政策措施，进一步改善中小企业发展环境，助力中小企业转型升级、创新发展。在税收优惠方面，一是进一步扩大固定资产加速折旧优惠范围，在原有生物制药等 6 个行业的基础上，扩大至轻工、纺织、机械和汽车 4 个重点行业，并对其中小微企业优惠政策进行了相关规定。二是进一步降低企业所得税税负，自 2015 年 10 月 1 日起到 2017 年底，将减半征税企业所得税的小微企业范围由年应纳税所得额 20 万元以内（含 20 万元）扩大到 30 万元（含）以内。三是进一步延长增值税、营业税优惠政策执行期限，将月销售额 2 万元至 3 万元的小微企业、个体工商户和其他个人免征增值税、营业税的优惠政策执行期限由 2015 年底延长至 2017 年底。在财政资金支持方面，一是为支持种子期、初创期成长型中小企业发展，国家设立总额为 600 亿元的中小企业发展基金，目前，第一支实体直投基金已于 2015 年 12 月在深圳设立，标志着基金开始进入实际运行阶段。二是由财政部、工业和信息化部等 5 部门共同开展的小微企业创业创新基地城市示范工作，将对小微企业的项目直接支持，改为对示范城市的整体支持，以城市创业创新基地为载体促进中小微企业发展，首批入围15个城市，示范期3年。

随着“大众创业、万众创新”浪潮的蓬勃兴起，全社会创业创新的热情得到极大地激发。为加快实施创新驱动发展战略，深入推进大众创业、万众创新，2015年以来，党中央、国务院相继出台了一系列政策措施，先后印发《关于发展众创空间推进大众创新创业的指导意见》（国办发〔2015〕9号）、《关于深化体制机制改革加快实施创新驱动发展战略的若干意见》、《关于大力推进大众创业万众创新若干政策措施的意见》（国发〔2015〕32号）等一系列政策文件。与此同时，各部门积极采取相关措施，进一步优化创业创新环境，如工信部在2015年初组织开展以“加强帮扶、强化服务”为主题的扶助小微企业专项行动，抓好各项政策落实，助力小微企业激发创业创新活力；4月印发了《关于印发〈国家小型微型企业创业示范基地建设管理办法〉的通知》（工信部企业〔2015〕110号），推动国家小微企业创业创新示范基地建设，为小微企业创业创新提供有效服务和支撑载体。

立足对中国中小企业的持续关注，延续以往的系列研究，赛迪智库中小企业研究所组织编辑撰写了《2015—2016年中国中小企业发展蓝皮书》。全书共分五篇十五章，第一篇为综述篇，涵盖第一章、第二章和第三章，分别从总括的角度论述了2015年中国中小企业发展背景、发展状况、存在问题。第二篇为专题篇，涵盖第四章到第八章，内容涉及中小企业创业生态系统、中小企业信息化发展研究、中小企业公共服务平台服务规范研究、中小企业跨区域合作、中小企业信用担保体系研究等中小企业热点领域的专题。政策篇是本书的第三篇，涵盖第九章和第十章，分析了2015年促进中小企业发展的政策环境并对我国中小企业发展的重点政策进行了解析。第四篇为热点篇，涵盖第十一章和第十二章，深度评述了2015年国际和国内中小企业领域热点事件。本书最后一部分是展望篇，包括第十三、十四、十五章，分别就2016年国内外经济环境、中小企业发展政策趋势、中小企业发展态势进行了展望。

本书通过全面梳理和总结2015年中国中小企业发展状况以及展望2016年发展态势，旨在立足系统分析，全景展示中国中小企业发展状况，以期能为相关决策部门和研究机构深入研究提供参考。

工业和信息化部中小企业局副局长

目 录

代 序（苗圩）
前 言（马向晖）

综述篇

第一章 2015年中国中小企业发展背景 / 2
第一节 中小企业发展的国际环境 / 2
第二节 中小企业发展的国内环境 / 11
第二章 2015年中国中小企业发展状况 / 16
第一节 政策扶持效应逐渐显现，中小企业发展环境进一步优化 / 16
第二节 国民经济栋梁日益凸显，中小企业社会贡献进一步扩大 / 20
第三节 发展前景依然暗淡，稳增长政策进一步亟须加码 / 23
第三章 2015年中国中小企业发展存在问题 / 26
第一节 社会层面 / 26
第二节 企业层面 / 30

专题篇

第四章 中小企业创业生态系统研究——以中关村为例 / 36
第一节 创业生态系统理论分析 / 36
第二节 中关村创业生态系统发展现状 / 44
第三节 中关村创业生态系统存在问题 / 47
第四节 对策建议 / 48
第五章 中小企业信息化发展研究 / 55
第一节 研究背景 / 55

第二节　发展现状 / 55
第三节　政策建议 / 81

第六章　中小企业公共服务平台服务规范研究 / 85

第一节　中小企业公共服务规范的理论基础 / 85
第二节　当前平台服务规范建设的现状 / 91
第三节　国际经验借鉴 / 95
第四节　推动平台服务规范的政策建议 / 100

第七章　中小企业跨区域合作 / 105

第一节　中小企业跨区域合作现状 / 105
第二节　中小企业跨区域合作存在的突出问题 / 117
第三节　中小企业跨区域合作的国内成功经验 / 121
第四节　政策措施建议 / 129

第八章　中小企业信用担保体系研究 / 133

第一节　中小企业信用担保体系建设现状 / 133
第二节　中小企业信用担保政策扶持评估 / 143
第三节　美国中小企业融资支持机制和制度安排 / 146
第四节　政策建议 / 149

政策篇

第九章　2015年促进中小企业发展的政策环境 / 154

第一节　国际经济环境 / 154
第二节　国内经济形势 / 155
第三节　融资环境分析 / 157
第四节　服务体系环境分析 / 160

第十章　2015年我国中小企业发展重点政策解析 / 163

第一节　《关于大力推进大众创业万众创新若干政策措施的意见》的出台 / 163
第二节　《关于发展众创空间推进大众创新创业的指导意见》的出台 / 170

第三节 《关于加快构建大众创业万众创新支撑平台的指导意见》的出台 / 172
第四节 《关于促进互联网金融健康发展的指导意见》的出台 / 180
第五节 《关于促进融资担保行业加快发展的意见》的出台 / 186

热点篇

第十一章 国际热点事件 / 192
第一节 跨太平洋伙伴关系协定签署 / 192
第二节 美国发明法案对中小企业的潜在影响研究 / 194
第十二章 国内热点问题 / 202
第一节 “一带一路”战略的发布 / 202
第二节 “互联网+”有助于重塑信用体系 / 206

展望篇

第十三章 2016年国内外经济环境展望 / 212
第一节 世界经济复苏依旧缓慢 / 212
第二节 世界主要经济体经济增长持续分化 / 213
第三节 各国货币政策不一致带来经济增长变数 / 213
第四节 全球经济步入产业转型和再布局阶段 / 214
第五节 我国经济驱动因素发生改变 / 215
第十四章 2016年我国中小企业政策趋势展望 / 217
第一节 创业创新——配套支持日益完善 / 217
第二节 转型升级——构建全新动力机制 / 218
第三节 融资担保——融资渠道日益扩展 / 219
第四节 税费减免——普惠措施不断推出 / 220
第五节 专精特新——发展方向日益明确 / 221
第六节 两化融合——信息化水平日益提高 / 221
第十五章 2016年中小企业发展态势展望 / 223
第一节 对2016年形势的基本判断 / 223

第二节 需要关注的几个问题 / 227
第三节 应采取的对策建议 / 229
后 记 / 233

综 述 篇

第一章　2015年中国中小企业发展背景

第一节　中小企业发展的国际环境

一、世界经济增速下滑

世界主要组织和机构均下调了全球及主要经济体 GDP 增速的预期。2015 年 10 月，国际货币基金组织（IMF）发布的《世界经济展望报告》指出，2015 年全球经济将增长 3.1%，比 2014 年低 0.3 个百分点，比 2015 年 7 月的预测值低 0.2 个百分点。IMF 在《世界经济展望报告》中指出，世界主要国家和地区的前景依然不均衡。该机构预测 2015 年发达国家经济增长速度为 2.0%，高于上一年 0.2 个百分点，而新兴市场和发展中国家的经济活动预计将连续第五年放缓，并预测 2015 年的经济增长率为 4.0%，低于上一年 0.4 个百分点。2015 年底，联合国将全球经济增长预估调降 0.4 个百分点至 2.4%。世界银行将全球经济增长预期下调 0.2 个百分点至 2.8%。

表 1-1　各国际组织对世界及主要经济体经济增长率预测值（%）

	2013年	2014年	2015年	与上次预测差值
国际货币基金组织（2015年10月）				
世界	3.3	3.3	3.1	–0.2
发达经济体	1.3	1.8	2.0	
新兴市场和发展中经济体	4.7	4.4	4.0	
联合国（2015年12月）				
世界	2.5	2.6	2.4	–0.4
世界银行（2015年6月）				
世界	2.5	2.6	2.8	–0.2

注：2015 年数据为预测数据。IMF、联合国和世界银行上次预测分别为 2015 年 7 月、2015 年 7 月和 2015 年 1 月。世界总计均为按汇率法 GDP 加权。

数据来源：国家统计局，2016 年 1 月。

发达国家经济复苏势弱，新兴国家经济增长乏力。从世界工业生产来看，2015年上半年，主要发达经济体工业复苏势头较弱。受美元走强和能源行业减支等因素的影响,美国工业生产略显疲弱,4月工业生产下降0.5%,5月下滑0.2%;新兴经济体工业整体表现低迷，增长动能不足。金砖国家中仅印度制造业处于扩张中，其他国家工业增速不断下滑。其中，一季度中国规模以上工业增加值同比增长6.4%，5月工业增加值同比增长仅为6.1%。从采购经理指数（PMI）来看，Markit数据显示美国11月PMI指数终值为52.8，创2月以来最大降幅，反映出美国制造业活动出现收缩，经济下行较为明显。欧洲制造业创19个月来最高，但增速仍相对温和，显示全球制造业复苏动能依然不足。

二、国际经济复苏乏力，主要国家经济增长分化明显

1. 美国经济复苏态势向好但并不稳固

受美元走强和能源行业减支等因素的影响，美国工业生产略显疲弱，2015年12月16日，美联储公布报告称，11月份美国工业生产环比下降0.6%，这是美国工业生产连续第三个月出现环比下降，降幅创下自2012年3月份以来的最高水平，这表明美国制造业的疲弱表现正在日益恶化。

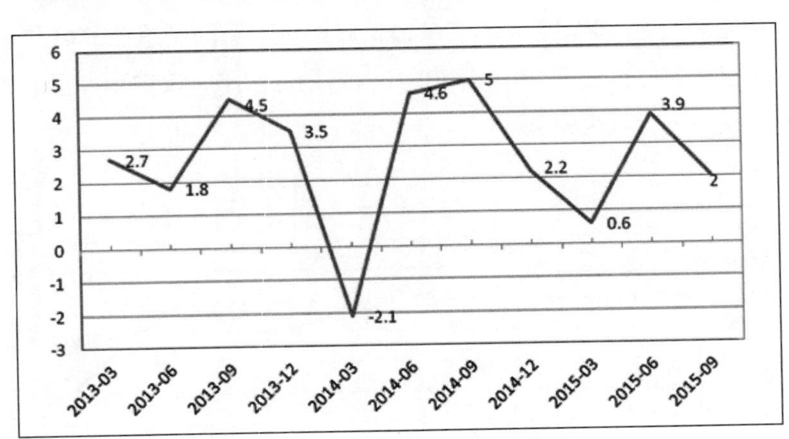

图1-1 2015年1—11月美国工业生产环比增幅（%）

数据来源：中国金融信息网，2016年1月。

2015年前三季度，美国GDP增速折年率分别为0.6%、3.9%和2.0%，其中第三季度美国实际国内生产总值(GDP)增速高于初次预估的1.5%。相较于二季度，三季度GDP增速虽有所收窄,但三季度增速放缓是在第二季度GDP高速增长3.9%

的情况下的正常回调，与美联储对美国全年经济增长率的预测持平，表明美国经济总体表现良好。从2011年截至目前，美国GDP仅在2011年3月和2014年3月出现环比回落，其余月份均出现不同程度的增长，表明美国经济复苏态势向好但并不稳固。

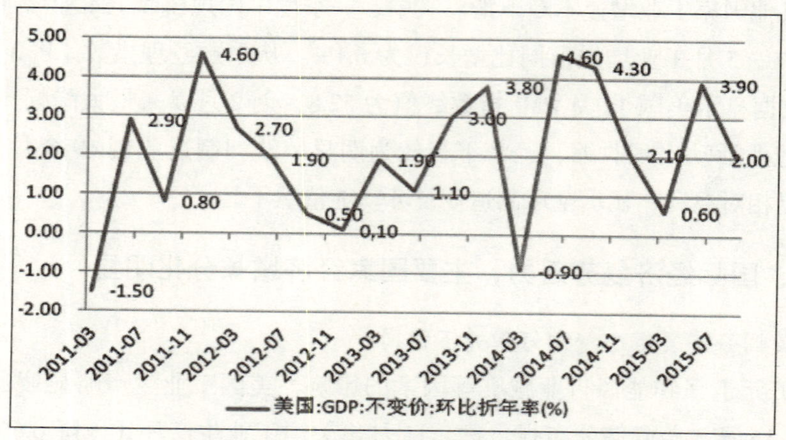

图1-2 2011—2015年9月美国GDP增幅年率

数据来源：Wind数据库，2016年1月。

从采购经理指数（PMI）来看，Markit数据显示美国制造业PMI位于荣枯分水岭之上，但增速已放缓至2012年10月以来最低水平，反映出美国制造业活动出现收缩，经济下行较为明显。

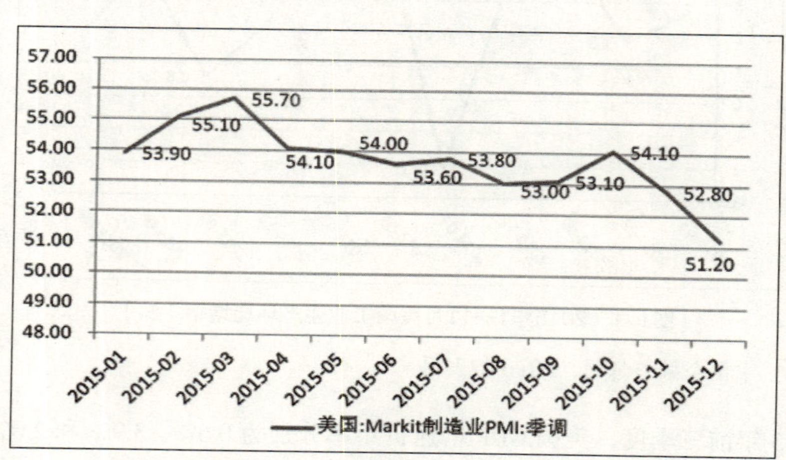

图1-3 2015年美国制造业PMI（%）

数据来源：Wind数据库，2016年1月。

2. 欧元区经济有所企稳

欧元区工业产出温和增长。欧盟统计局数据显示，2015 年 10 月，欧盟工业生产较上年同期增长 1.9 个百分点，其中，英国工业生产较上年同期增长 1.7 个百分点，对欧元区经济拉动作用较为显著。10 月，欧盟工业生产环比增长 0.6 个百分点，相较于前两个月出现反弹。其中，法国、意大利工业生产环比增幅均实现 0.5 个百分点，对欧盟工业生产拉动作用较为显著，而德国、英国工业生产环比增幅分别为 0.2、0.1 个百分点，对欧元区经济拉动作用较小。

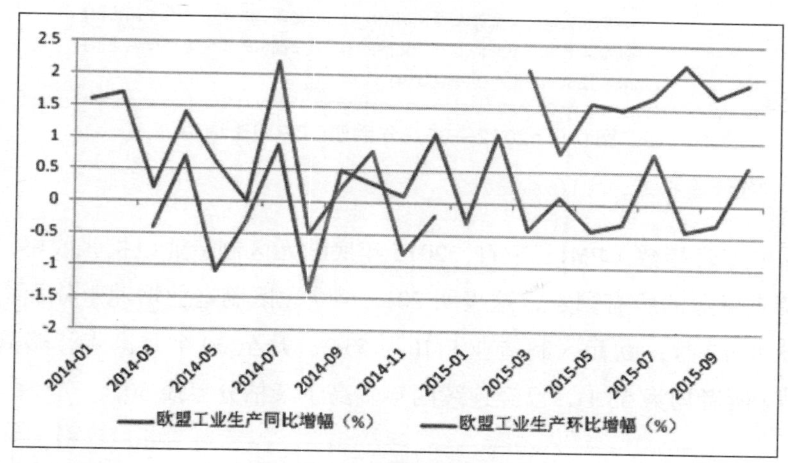

图1–4　欧盟工业生产增幅

数据来源：Wind 数据库，2016 年 1 月。

受益于宽松的货币政策、弱势欧元和原油等初级产品价格下跌，欧元区经济指标总体呈好转趋势，经济增速企稳。2015 年前三季度，欧元区 GDP 同比增长分别为 1.3%、1.6%、1.6%，其中，英国 GDP 三个季度同比增长分别为 2.53%、2.26% 和 2.05%，虽然低于 2013 年下半年到 2014 年之间的高增长率，但该国经济增长速度仍对欧元区产生很强的提升作用，德国以 1.09%、1.60% 以及 1.72% 的水平与欧元区总体水平持平。相较于上一年的负增长，意大利 2015 年的经济增长持续回升，但其 GDP 增速仍低于欧元区总体水平。

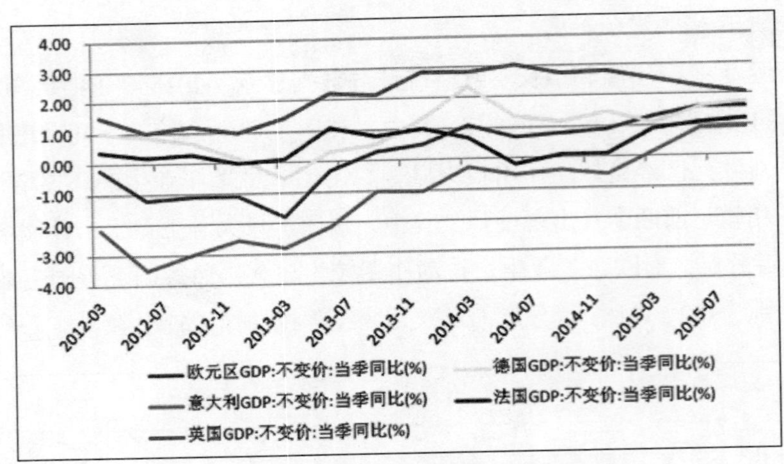

图1-5　2012—2015年欧盟GDP同比增幅

数据来源：Wind 数据库，2016 年 1 月。

从采购经理指数（PMI）来看，2015 年底欧元区制造业以扩张收尾，扩张态势遍及调查覆盖的所有国家，这表明 2015 年欧元区制造业增速整体而言好于以往。2015 年 12 月，欧元区制造业 PMI 为 53.2，升至 20 个月高点，略高于预期值和初值(两者均为 53.1)，已经连续两年多高于荣枯分界线 50。

图1-6　2015年欧盟制造业PMI

数据来源：Wind 数据库，2016 年 1 月。

3. 日本经济复苏缓慢

2015 年日本经济出现较大波动，相较于 2014 年二季度 −7.2% 的增长率，日本经济在 2015 年开始触底后的缓慢增长。一季度，日本 GDP 环比增长 4.4%，实现 2014 年一季度以来的最高增幅。但是，二季度大幅滑落 4.9 个百分点，创下 2014 年二季度以来的最大降幅，以 –0.5% 的水平降至冰点以下。三季度，日本经济呈现缓慢增长趋势，以 1.00% 的水平实现正增长。

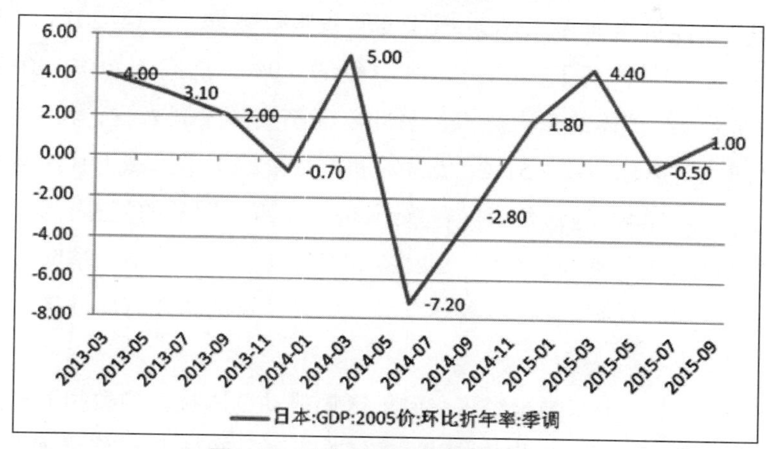

图1–7　日本GDP环比增幅（%）

数据来源：Wind 数据库，2016 年 1 月。

从采购经理人指数来看，2015 年日本制造业增长缓慢，4 月，该国制造业 PMI 降至荣枯分水岭以下，经过缓慢回升，12 月，日本制造业采购经理人指数为 52.6，11 月终值亦为 52.6，该水平为 2014 年 3 月来最高水准，同时也是该指数连续第 8 个月站在荣枯分水岭 50 上方，表明日本经济在 2015 年底保持动能。

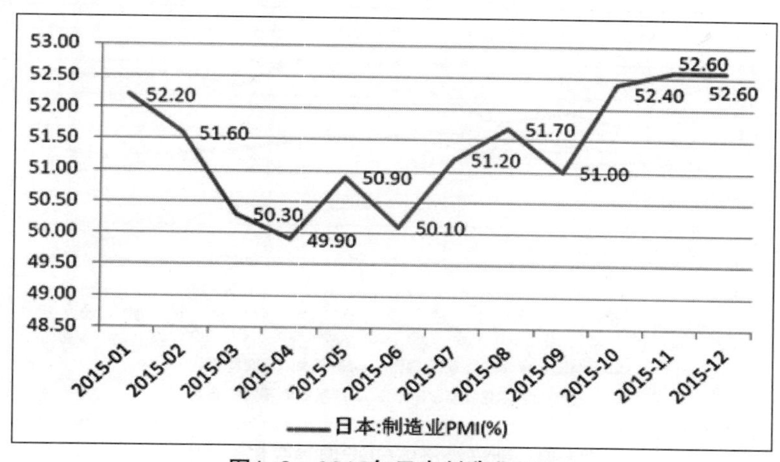

图1–8　2015年日本制造业PMI

数据来源：Wind 数据库，2016 年 1 月。

4. 新兴市场国家经济复苏态势不一

2015 年，新兴市场和发展中国家经济增速仍将延续放缓势头，但内部分化更加明显。作为全球经济的增长极，在原油价格走低和美国经济复苏等因素的推动下，亚洲经济的强劲局面有望持续。穆迪分析数据显示，G20 集团中新兴经济体 2015 年经济增速为 4.4%。据印度储备银行数据，2014–2015 财年，印度经济增长率为 7.3%，高于 2013—2014 财年的 4.9%，远高于 2012–2013 财年的 5.1%，成为新兴经济体的一大亮点。从印度经济实际发展来看，其 2015 年前三季度 GDP 同比增速分别以 7.51%、7.04% 和 7.43% 的水平远高于其他国家，虽然与上一年三季度 8.44% 的增长率仍有差距，但仍呈现出明显的复苏态势。2015 年，韩国 GDP 同比增速分别为 2.41%、2.21% 和 2.72%，与上一年一季度 3.91% 的增长率有所差距，但经济呈现稳步复苏态势。中国经济的增速有所放缓，但可持续性增强。

相比之下，由于中东国家经济受到地区局势动荡困扰，导致相关国家经济增长缓慢，甚至停滞不前。有机构指出，“金砖五国”2015 年经济增速可能降至 6 年来最低。特别是原油和其他大宗商品价格下跌对巴西和俄罗斯冲击巨大。俄罗斯央行发布报告预计，2015 年该国 GDP 将下降 –3.5% 至 –4%。2015 年前三季度，南非 GDP 同比增速分别为 2.19%、1.35% 和 1.01%，经济持续下滑。巴西经济持续滑落，且 GDP 同比滑落幅度不断加大，2015 年三季度，巴西 GDP 同比滑落幅度以 4.45% 创下今年新高。

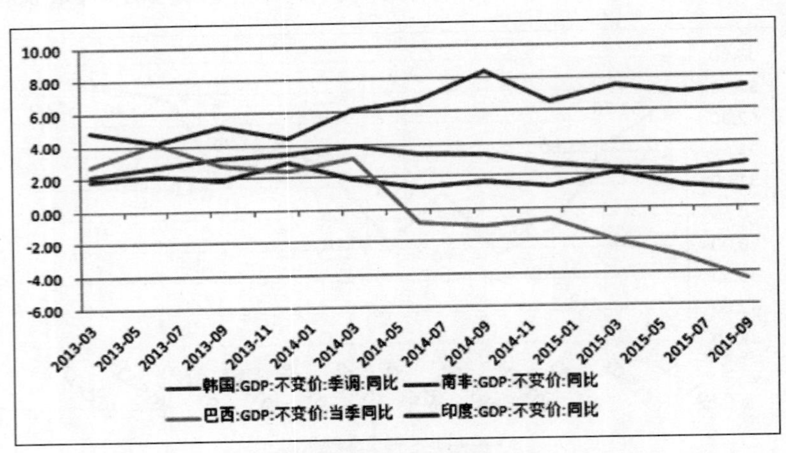

图1–9　新兴经济体GDP增幅变化（%）

数据来源：Wind 数据库，2016 年 1 月。

三、世界贸易大幅滑落

2015 年除个别月份外，发达国家出口贸易均为负增长。据 WTO 统计数据显示，2015 年 1—10 月，美国出口贸易额负增长，具体而言，该国出口贸易同比值从 1 月 –4.05% 的水平回落为 10 月 –10.20% 的水平，8 月份出口贸易增速创下自 2009 年 10 月以来的最低值，虽然前 10 个月出口贸易额一直处于负增长状态，但是其滑落幅度不断加大，显示出美国出口贸易市场不断萎缩；进入 2015 年以来，欧盟 27 国出口贸易同比大幅滑落，1 月份出口贸易增速触底，以 –16.25% 的水平创下最低增速。以法国、德国、意大利和英国为代表的欧元区国家出口贸易发展情况都不尽如人意，8 月，英国出口贸易同比增速为 3.30%，除此之外，这几个国家出口贸易均呈现明显滑落态势；2015 年 1 月日本出口贸易同比为 2.76%，2 月滑落近 9 个百分点，降至负增长，反映出日本出口贸易市场的萎缩。

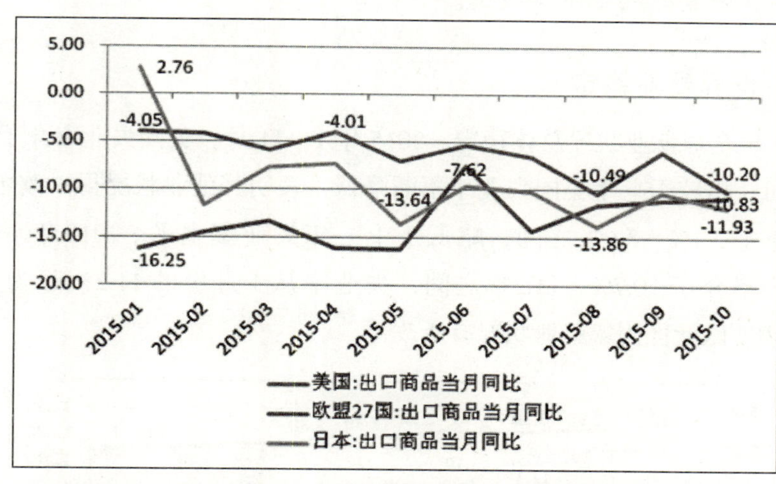

图1–10　2015年1—10月欧美日出口贸易同比情况（%）

数据来源：Wind 数据库，2016 年 1 月。

2015 年，世界进口贸易大幅滑落。进入 2015 年，美国进口贸易收缩，从上年的缓慢增长转变为持续下滑，并于 10 月份触底。欧盟 27 国进口贸易下滑幅度持续加大，并于 4 月触底，之后虽有所回升，但欧盟 27 国进口贸易仍为负增长。近几年，日本进口贸易多处于下滑状态，进入 2015 年后该国进口贸易下滑幅度加大，并于 2015 年 3 月以 –27.29% 的水平创下最低值。

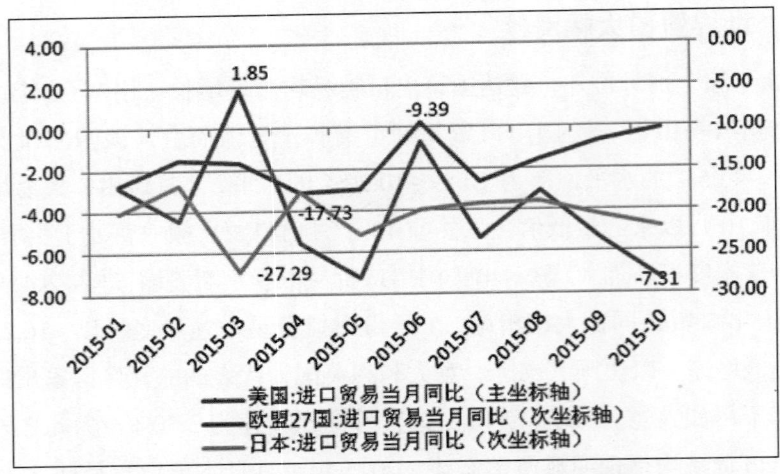

图1-11　2015年1—10月欧美日进口贸易同比情况（%）

数据来源：Wind 数据库，2016 年 1 月。

四、世界就业稳定

2015 年全球就业状况总体稳定。2015 年 1—11 月，美国失业率介于 5.0%—5.7% 之间，相较于上年美国失业率不断降低，表明其就业状况得以改善；日本失业率介于 3.1%—3.6% 之间，略低于上一年失业率水平；2015 年 1—10 月，欧盟失业率介于 10.7%—11.2% 之间，失业率从 1 月份的 11.2% 降为 10 月的 10.7%，表明欧元区国家就业状况有所改善。

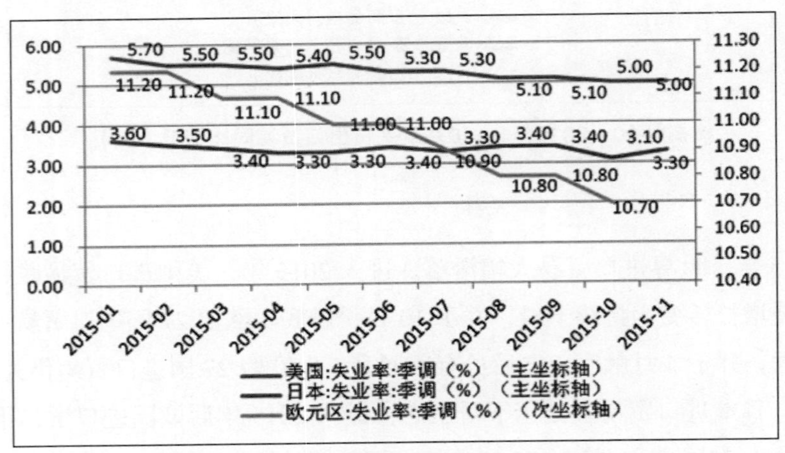

图1-12　2015年欧美日失业率（%）

数据来源：Wind 数据库，2016 年 1 月。

虽然全球就业市场整体有所改善，但青年失业问题不容忽视。2015 年 1—11 月，美国青少年失业率介于 15.7%—18.8% 之间，2015 年 1—10 月，欧元区青少年失业率介于 22.1%—22.7% 之间，远高于欧美国家整体失业率。

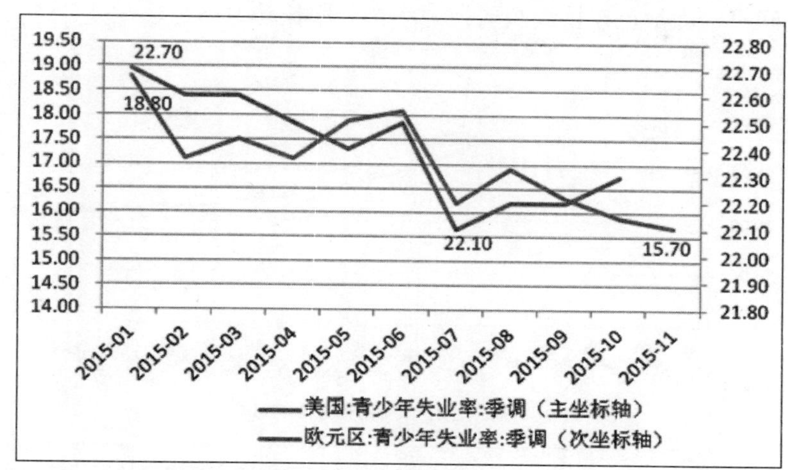

图1–13　2015年欧美青少年失业率（%）

数据来源：Wind 数据库，2016 年 1 月。

第二节　中小企业发展的国内环境

一、中小企业内需市场不足

2015 年前三季度，我国 GDP 增长速度分别为 7.00%、7.00% 以及 6.90%[1]，表明国内经济下行压力持续增大。截至 2015 年 10 月，我国宏观经济预警指数一直低于 70，仅在 11 月达到 70[2]，达到近几年以来的最低值。2015 年，我国工业增加值 11 月同比增长 6.2%，累计同比增长 6.1%。再加上中小企业的主要投资需求（国内民间固定资产投资）、消费需求（社会消费品零售总额）增速的下滑趋势都比较明显，中小企业受宏观经济环境制约，外在增长空间有限，缺乏有效的动力支持。

2015 年前三季度，反映中小企业投资的民间固定资产投资对经济增长的拉

[1]　数据来源：Wind数据库。
[2]　数据来源：Wind数据库。

动作用不断减弱。2015 年 1—9 月份，民间固定资产投资 255614 亿元[1]，同比名义增长 10.4%，与 1—6 月份累计同比增速 11.42% 相比处于下降趋势，与上一年 1—9 月同比增速 18.25% 相比也处于下降趋势，增速比 1—8 月份回落 0.6 个百分点，反映出民间投资力量正在持续减弱，中小企业增长动力不足。

图1-14　2014年8月—2015年9月我国民间固定资产投资累计同比值

数据来源：Wind 数据库，2016 年 1 月。

2015 年前三季度，工业品出厂价格指数（PPI）延续同比负增长的趋势，成为自 2012 年 3 月以来第 43 个月当月同比负增长。8 月份，创下近六年来最大同比降幅，9 月份 PPI 同比水平与上月持平。从环比来看，PPI 环比延续自 2014 年 1 月

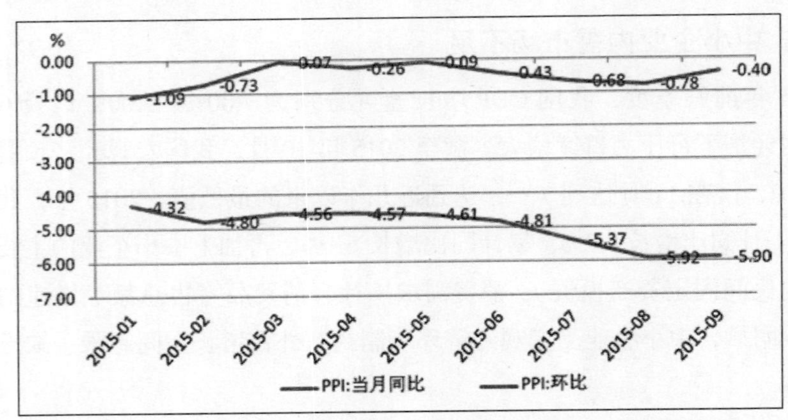

图1-15　2015年1—9月工业品出厂价格指数（PPI）变化情况

数据来源：Wind 数据库，2016 年 1 月。

[1]　数据来源：国家统计局。

份以来的负值，而且，2015 年 1 月 PPI 环比以 –1.09% 的水平创下自 2014 年以来的最高降幅，之后虽然有所回升，但 8 月又出现大幅回落。从 PPI 同比和环比波动来看，国内需求持续收缩，经济下行压力加大的趋势仍然没有减缓，中小企业生产经营压力依然较大，工业企业的利润被进一步压榨。

2015 年前三季度，社会消费品零售总额较去年同期相比均为正值，但自从 2014 年 5 月份以来，社会消费品零售总额同比值不断下滑，2015 年 1 月份，社会消费品零售总额同比降至最低值 0.76%，之后缓慢回升至 8 月份的 1.96% 的水平，9 月份回落为 1.60%。从环比来看，2015 年 1 月份，社会消费品零售总额环比为 0.26%，2 月份回升为 1.19% 后，3 月份出现大幅下降，创下 2013 年 5 月以来的最低值 –0.55%，6 月份 CPI 环比回升至零点以上，虽然 8 月实现近期环比最高水平，但 9 月又降至 0.1%。社会消费品零售总额的同比、环比波动从某种程度上折射出国内市场内需疲软，消费对经济的拉动作用依然不足。

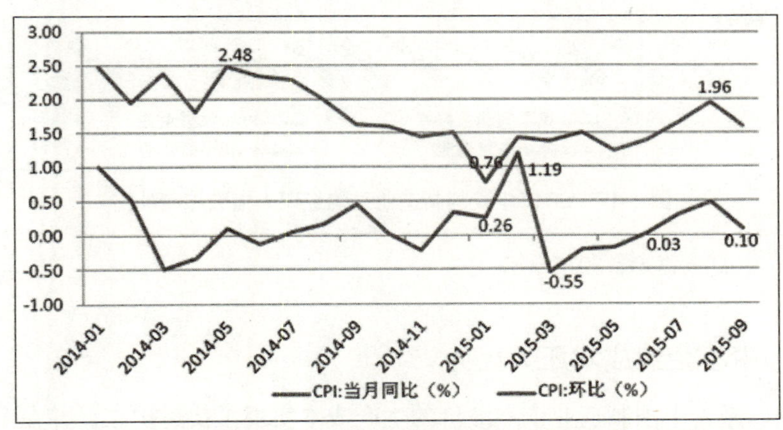

图1–16　2014年1月—2015年9月社会消费品零售总额（当月）增长情况

数据来源：Wind 数据库，2016 年 1 月。

二、PMI持续走低，中小企业压力尤甚

2015 年，采购经理人指数（PMI）一直在荣枯分水岭上下浮动，8 月份我国制造业 PMI 从上月的 50.0 下滑至荣枯分水岭以下，表明内外需求依然偏弱，制造业下行压力仍然较大。从不同规模企业的 PMI 来看，大型企业 8 月份 PMI 触底，其余月份 PMI 均处于荣枯分水岭以上，2015 年 12 月，大型企业 PMI 比上月

回升 0.7 个百分点，回升幅度较大；中型企业 PMI 在荣枯分水岭上下浮动，8 月份，中型企业 PMI 下滑至荣枯分水岭以下，12 月份虽有所回升，但仍处于低位运行；截至 2015 年 12 月，小型企业 PMI 已经连续 17 个月低于荣枯分水岭，9 月，小型企业 PMI 回落 2.7 个百分点，创今年最大降幅。从不同规模企业 PMI 对比来看，大型企业好于中小企业，表明中小型企业生产经营更为困难，生存压力高于大型企业。

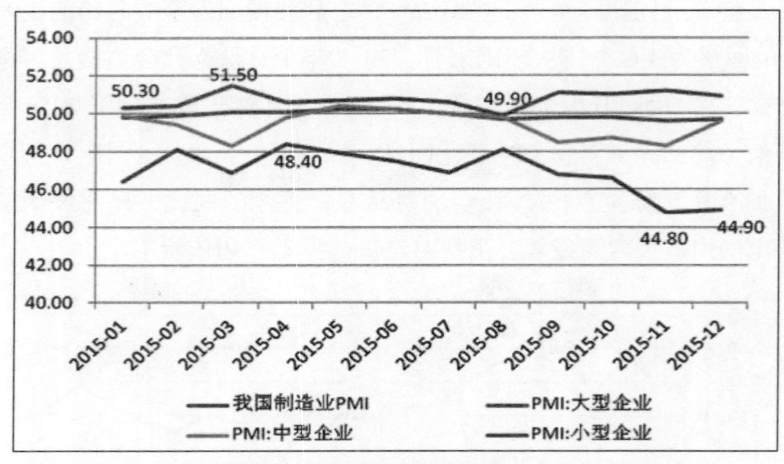

图1–17　2015年我国制造业采购经理人指数（PMI）

数据来源：Wind 数据库，2016 年 1 月。

三、中小企业成本压力巨大

长期以来，中国制造业依靠廉价的生产成本实现了快速扩张，并在全球拥有了强有力的竞争优势。企业生产成本的攀升使我国企业的竞争优势不断消失。

美国波士顿咨询公司日前公布的《全球制造业的经济大挪移》报告显示，我国制造业生产成本已接近美国，生产成本的差距缩小到 5% 的范围。能源、原材料、土地、厂房、商铺、劳动力等因素成本等上升导致中小企业制造业成本大幅提高，其中人工成本提高是主要原因，2003 年我国制造业用工成本比美国要低 22%，2008 年，生产成本优势下降到只剩下 5.5%，我国企业用工成本直逼美国。尤其是新《劳动法》实施之后，我国企业的员工社保成本大幅上升。目前，我国工人工资年均比十年前增长 12%，与发达国家差距不断缩小。从汇率来看，央行 8 月数据显示，十年间人民币对美元汇率累计升值 35%。

正是上述多种因素的叠加，导致高生产成本成为制约中小企业发展的首要问题。

四、资源环境约束进一步趋紧

2015 年年初施行的《环保法(修订案)》被认为是一部“不环保，罚破产”和“不达标，别生产”的最严《环保法》，一些高能耗、高污染、高排放的中小企业将面临新《环保法》带来的阵痛，钢铁、化工、医药等领域或成为环保“高压区”，环保改造已经迫在眉睫。

高污染、高排放的几大行业中一些利润薄弱、环保成本高的企业面临搬迁甚至关停的危机，即便中小企业得以在新《环保法》实施后得以继续运营，在经济下行、盈利水平降低、资金链紧张等一系列问题困扰下，环保改造需要的大量资金也会让本就处于困境中的中小企业更是雪上加霜。以钢铁行业企业改造为例，据中国钢铁协会估算，要想符合新《环保法》，除矿山外，钢铁企业生产全流程、全系统的技术改造，总计需要 500 亿元以上的资金。

我国中小企业大多为粗放型增长模式，高消耗、高投入、低产出、高污染成为其典型特征，可持续发展的要求决定了企业节能减排与转型升级约束将进一步增强，传统的依靠要素驱动和粗放型的发展模式已难以为继，转型升级、创新发展已成为中小企业发展的必然选择。

五、创业创新环境不断优化

近年来，党中央、国务院大力推进大众创业万众创新，先后出台了一系列政策文件，如中小企业专项基金、固定资产加速折旧、小微企业减税措施等都极大地激发了企业创业创新活力，调动了创业创新积极性。商事制度改革效果显现，市场活力持续激发，新登记注册企业和个体工商户快速增长。“互联网 +”行动战略加快推进实施，基于互联网等新一代信息技术的创业创新蓬勃兴起，众创、众包、众扶、众筹四众支撑平台快速发展，新模式、新业态相继涌现。受国家政策强力推动和支持，中小企业创新导向明显，部分地区中小企业加快了转型升级步伐，并取得初步成效。例如东莞市自去年开始推进“机器换人”计划，截至今年三季度，已有 200 多家中小企业完成了“机器换人”，有效降低了企业的长期用工成本。目前全市超过 4% 的中小微企业完成了这一计划，缓解了技术工人短缺和产品质量不稳定等问题，成功实现了转型。

第二章 2015年中国中小企业发展状况

2015 年是“十二五”收官之年，也是我国进一步深化改革的重要一年，商事制度改革等一系列简化行政审批的重大举措相继颁布实施，显著优化了中小企业营商环境，进一步激发社会投资热情，推动中小企业数量大幅增长。2015 年，我国中小企业延续了多年来强劲发展势头，在促进创新、吸纳就业、稳增长、调结构、惠民生等方面发挥了重要作用。

第一节 政策扶持效应逐渐显现，中小企业发展环境进一步优化

一、创业热情持续迸发，市场主体地位日益稳固

中小微企业[1]的创业热情持续高涨，新登记各类市场主体数量持续增加，进一步激发了市场活力。据国家工商行政管理总局（简称国家工商总局）统计，截至 2015 年 11 月末，全国各类市场主体总量超过 7000 万户。截至 2015 年 11 月末，全国实有市场主体总量达 7079.10 万户，同比增长 15.48%。其中企业总量 1871.49 万户，增长 21.04%；个体工商户 5073.86 万户，增长 13.25%；农民专业合作社 133.74 万户，增长 28.74%[2]。

二、新兴产业发展迅猛，产业结构调整优化成效显著

三次产业分布更加合理，第三产业新登记注册企业数量增幅较大。商事制度改革进一步推动了产业结构的优化调整，三次产业新登记注册企业大幅增加，

[1] 本文所称中小微企业与市场主体、新登记注册企业的含义大致相当，原因有二：一是各类市场主体和新登记注册企业中的中小微企业（含个体工商户）占比约占99.9%；二是当前尚未有中小微企业的全口径统计数据，只能用市场主体数量和新登记注册企业数予以近似描述。

[2] 国家工商总局网站：2015年12月16日，见www.saic.gov.cn 。

但第三产业增速明显高于第一、二产业。根据国家工商总局的统计资料显示，截至 2015 年 11 月末，第一、二、三次产业新登记注册企业数量同比增速达到 40.46%、33.92% 和 54.26%，第三产业增幅分别高于第一、二产业 13.8 个百分点和 20.34 个百分点。

第三产业内部结构调整加速，战略新兴产业迅速发展。战略新兴产业内的信息传输、计算机服务和软件业，教育业，文化、体育和娱乐业，科学研究和技术服务业等产业中小企业数量增长较快，远远高于第三产业整体中小企业数量增速。根据国家工商总局的统计资料显示，截至 2015 年 11 月末，信息传输、计算机服务和软件业，教育业，文化、体育和娱乐业，科学研究和技术服务业等战略新兴产业新登记注册企业数量分别达到 16.45 万户、8042 户、7.22 万户和 28.10 万户，同比增速分别达到 117.25%、113.24%、101.71% 和 87.14%[1]。

三、社会成本大幅降低，营商环境得到进一步优化

简政放权的深入推进，大大降低了中小微企业发展的社会成本负担。以商事制度改革为例，商事制度改革的成功实践不仅有效地缩短新设立企业的登记注册时间，而且大大地节约了企业登记费用，提高了办事效率。据国家工商总局的统计资料显示，商事制度改革推动新设立企业户均登记注册办理时间由改革前的 25.59 天缩短到改革后的 14.29 天，时间成本缩短接近 44.16%。新设立企业登记时间成本的节省，有效地缓解中小企业创业中存在的审批难、登记多等问题，方便了社会投资，激发全社会创业创新的热情。

简政放权、推动中小企业减负行动取得重要进展。2015 年全国取消或减免各种证照等行政事业费用总额超过数百亿元，一定程度上缓解了长期制约中小微企业发展的乱收费、高收费等难题，遏制了中小微企业发展的社会成本上升势头，进一步释放了市场活力。仅仅商事制度改革一项就推动新设立企业户均节省成本 3226.4 元，较改革前节省了 60.97%。按照 2015 上半年全国新登记设立企业增速计算，全年新登记设立企业数量约为 400 万户，商事制度改革一项简政放权举措就可以节省企业登记费用总和超过 129 亿元。据不完全统计，2015 年中央政府实施的简政放权事项超过 150 项，实际推动节省企业成本总额甚至可以达到千亿元。简政放权、清理整顿涉企费用、减免或取消不合理收费、高收费等一系列企

[1] 国家工商总局网站。

业减负举措，降低了中小微企业经营成本，优化了营商环境，可以进一步激发社会投资热情，推动大众创业、万众创新热潮持续迸发。

简政放权举措不仅仅带来了中小企业营商成本的降低，更重要的是提高涉企服务效率、激发市场活力。例如，“先照后证”、“一照多址”等一系列改革举措的实施，在减轻中小微企业成本的同时也极大地提高了企业办事效率，增强政策服务效能。“先照后证”的实施进一步简化了前置许可证等条件，极大地方便了新设立企业办理营业执照，极大提高了企业办事效率。据统计，商事制度改革前，27.27% 的新设立企业办理营业执照需要出具相关前置许可证等，“先照后证”的推出大大精简了新设立企业办理前置许可证条件，需要办理前置许可证的新设立企业比重进一步降低到 17.85%，大大地方便新设立企业营业执照申领，有效提高工商管理部门的服务效率。

四、扶持政策落实较好，政策效果有待进一步改善

中小微企业享受创业扶持政策的比重较高，但尚未享受的企业数目并不少。从整体看，1227 家受访企业中享受创业扶持政策的企业达到 844 家，占 68.79%；未享受创业扶持政策的企业也有 383 家，占 31.21%，创业扶持政策惠及率有待进一步提高。

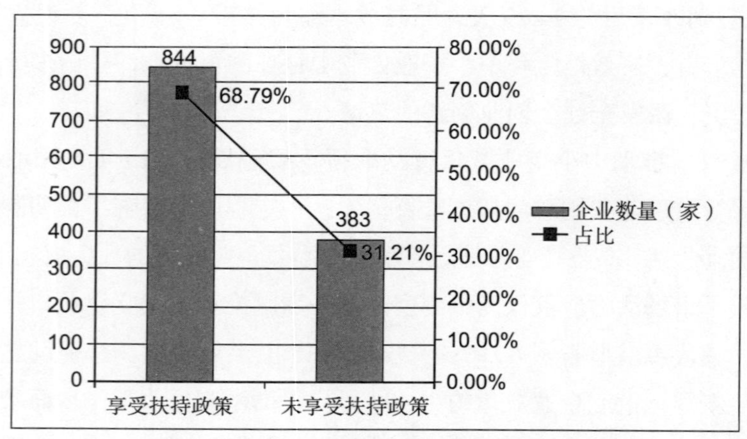

图2–1　受访企业享受创业扶持政策情况[1]

数据来源：赛迪智库，2016 年 1 月。

[1] 本部分数据来源：工业和信息化部中小企业司关于2015年“小微企业创业扶持政策调研”中对全国37个省、自治区、直辖市、计划单列市1227家中小微企业调查问卷的统计所得。

小微企业创业发展扶持政策支持方式较为集中，主要涵盖税费减免、创业服务、融资支持和人才保障等方面。从享受政策的具体方面来看，享受了创业扶持政策的844家中，享受税费减免、创业服务、融资支持、人才保障的分别为392家、186家、206家和44家，分别占比46.45%、22.04%、24.41%和5.21%。

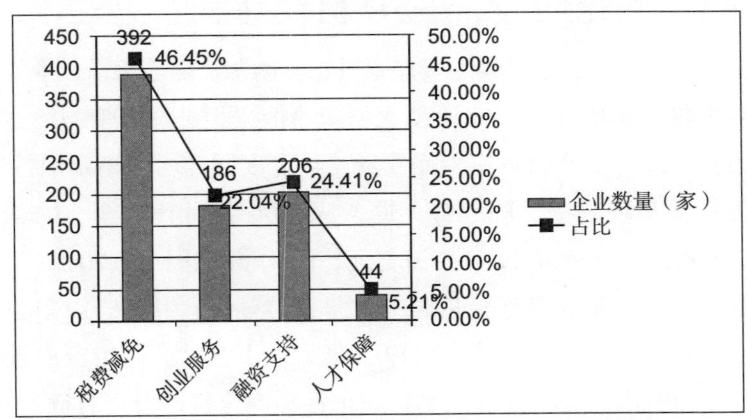

图2-2 受访企业享受创业发展扶持政策措施分布情况

数据来源：赛迪智库，2016年1月。

小微企业创业扶持政策措施的实施效果参差不齐，部分创业扶持政策措施的实施效果待大幅提升。总体上看，“税费减免”和“融资支持”的实施效果较佳，“最有效”满意率分别达到71.68%和54.50%，而“创业服务”、“人才保障”等创业扶持政策措施的实施效果则一般，“最有效”满意率只有24.17%和15.28%。

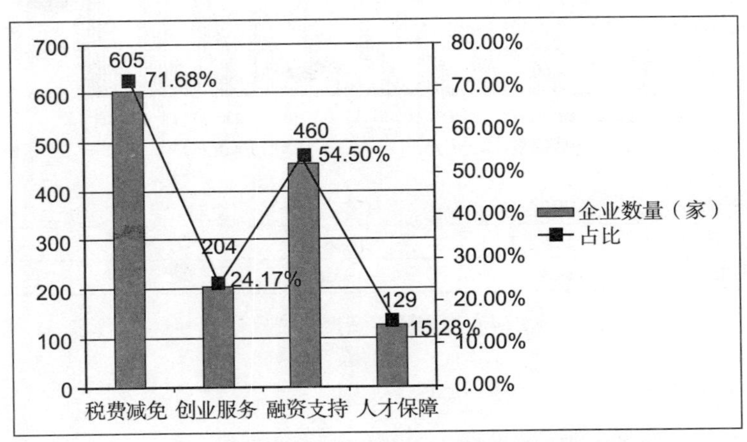

图2-3 小微企业创业发展扶持政策措施实施效果情况

数据来源：赛迪智库，2016年1月。

第二节　国民经济栋梁日益凸显，中小企业社会贡献进一步扩大

一、投资拉动效应显著，社会投资进一步活跃

中小企业投资活跃，带动固定资产投资稳步增加。随着大众创业、万众创新战略的深入推进，2015 年中小企业创业创新热情竞相迸发，带动社会固定资产投资稳定增长，固定资产投资实际完成额累计月度同比增速稳定保持在 10% 以上，但月度同比呈现缓慢下降趋势。据 Wind 资讯统计，截至 2015 年 11 月 30 日，我国固定资产累计完成 49.7182 万亿元，同比增速达到 10.20%，远高于同期 GDP6.9% 的增速，投资拉动经济增长的效果依然强劲。其中，以中小企业为代表的民间固定资产投资累计完成 32.119 万亿元，占全社会固定资产投资总额的 64.60%，中小企业固定资产投资几乎贡献全社会固定资产投资总额的三分之二，对稳定经济增长速度做出重要贡献。但是中小企业在拉动社会固定资产投资稳步增加的同时，其固定资产投资却呈现稳中有降，且有进一步扩大趋势。

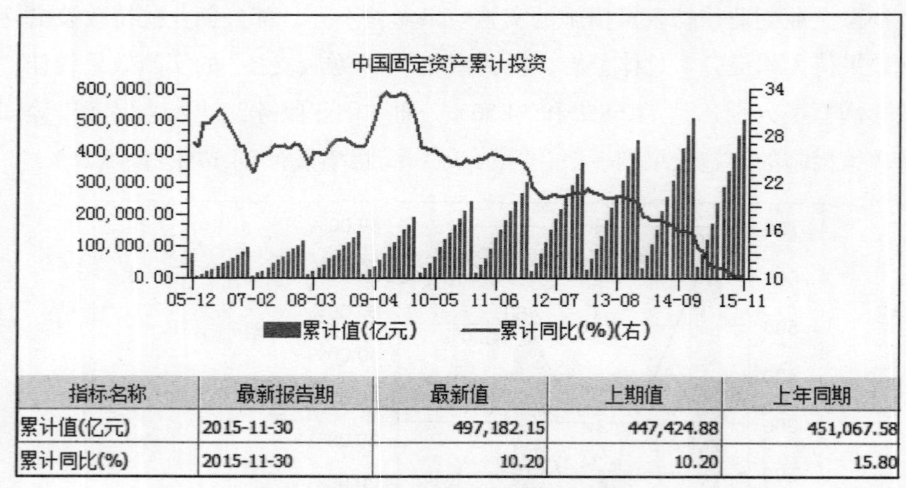

指标名称	最新报告期	最新值	上期值	上年同期
累计值(亿元)	2015-11-30	497,182.15	447,424.88	451,067.58
累计同比(%)	2015-11-30	10.20	10.20	15.80

图2-4　中国固定资产投资累计值

数据来源：赛迪智库整理，2016 年 1 月。

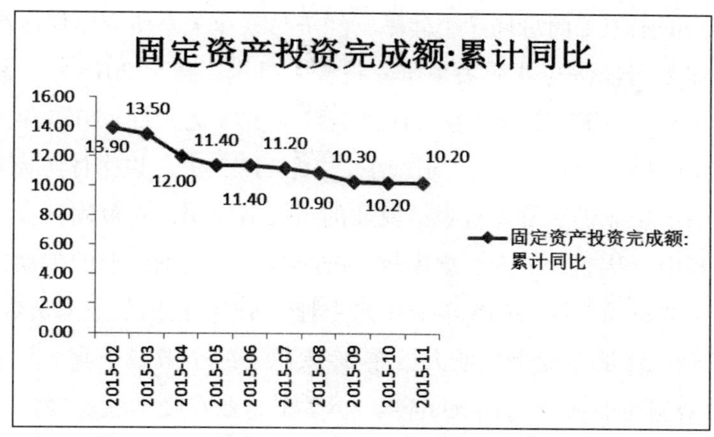

图2-5　全社会固定资产投资完成额累计同比

数据来源：赛迪智库整理，2016 年 1 月。

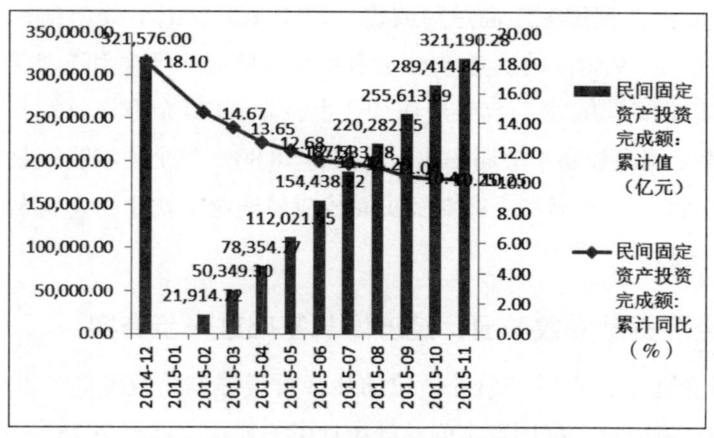

图2-6　民间固定资产投资累计完成额及同比增速

数据来源：Wind 数据库，2016 年 1 月。

二、吸纳就业作用突出，社会稳定进一步得以巩固

作为吸纳就业的主渠道和主力军，新常态下中小微企业吸纳就业的效应越发突出。作为新常态经济元年，2015 年我国经济增速从长期以来的高速增长转化中高速增长，全年经济增长滑落到 7% 以下，全社会就业压力剧增。但是新常态下经济调速换挡并没有影响中小企业就业主渠道和主力军的功能，吸纳就业效

应依然突出。据国家工商总局“个体私营经济与就业关系研究”课题组对外发布的《中国个体私营经济与就业关系研究报告》显示，截至2015年9月末，全国7000多万家个体工商户、私营企业共计吸纳就业2.73亿人[1]。2015年新登记注册企业新增就业岗位近1900万个，同比增长约为11.23%[2]。以个体工商户、私营企业为代表的中小企业仍然发挥着吸纳就业的主渠道作用，对巩固社会稳定做出了重要贡献。其中，从业人员少、规模较小的小微企业吸纳就业的带动作用更加明显。据国家工商总局统计，2015年新登记注册企业中，按照从业人员数量来划分，88.26%的新登记注册企业是从业人员在20人以下的小微型企业，其中从业人员10人以下的微型企业占比高达69.64%。小微型企业在吸纳就业发挥主力军的作用更加突出。

中小微企业是大学生就业和失业人员再就业的主要渠道。新登记注册企业创造的新增就业岗位吸纳20%左右的应届大学生就业，对缓解大学生就业难问题做出了突出贡献。据国家工商总局调查，2015年新登记小微企业吸纳就业人员中分别有7.23%、9.50%的从业人员是当年高校应届毕业生和失业再就业人员，全年累计可以带动136.70万高校应届毕业生就业、170余万失业人员再就业，分别占2014年全国高校新增应届毕业生总数的18.80%和全国城镇失业人员再就业总人数的32.6%。中小微型企业对解决高校应届毕业生就业和失业人员再就业问题做出突出贡献。

三、经济贡献成效明显，经济增长基础进一步夯实

中小微企业不仅在吸纳就业、拉动社会投资等方面做出卓越贡献，而且创造出不菲的经济成就。据国家工商总局统计资料显示，截至2015年12月末，全年新设立中小微企业累计实现营收超万亿元，缴纳税收累计超过250亿元。按照国家工商总局“个体私营经济与就业关系研究”课题组测算，2015年新登记注册企业户均实现营业收入达到63.64万元，其中营业收入在50万元以下的微型企业占84.32%。若以年新登记企业数量383.23万户及其46.50%的开业率测算，2015年新登记中小企业实现营业收入总额超过1.13万亿元，缴纳各项税款总额

[1] 工商总局“个体私营经济与就业关系研究”课题组：《中国个体私营经济与就业关系研究报告》，2015年10月30日，见www.saic.gov.cn。
[2] 工商总局“个体私营经济与就业关系研究”课题组：《中国个体私营经济与就业关系研究报告》，2015年10月30日，见www.saic.gov.cn。

超过 254.83 亿元，户均创造税收达到 1.43 万元。

第三节　发展前景依然暗淡，稳增长政策进一步亟须加码

一、中小企业景气指数低位徘徊，信心恢复尚需时间

中小企业景气指数长期处于不景气区间，经济复苏压力较大。2015 年，中小企业景气指数长期在荣枯线以下徘徊，12 月中小企业景气指数达到 99.50%，较上一月增长了 1.3 个百分点，但仍在荣枯线以下。中小企业发展前景并不明朗，亟须进一步加大扶持力度，尽早出台稳增长措施，推动中小微企业快速复苏。

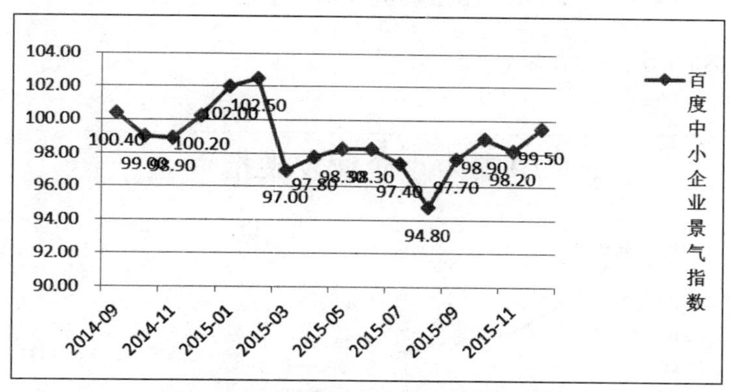

图2-7　2015年百度中小企业景气指数

数据来源：Wind 资讯，2016 年 1 月。

二、中小企业发展信心持续低迷，短期内难有起色

中小企业发展信心不足，亟须树立市场信心。从中国中小企业信心指数看，2015 年中国中小企业信心一直不足，长期处于低位徘徊，且持续下降趋势尚未企稳。如图 2–8 和图 2–9 所示，2015 年中国中小企业信心月度指数大都在 60% 以下，最近 2 个月更是徘徊在 55% 左右，中国中小企业发展指数最近 2 个月也保持年内低点 91.90%，俨然有进一步下行态势。中国中小企业信心指数和中国中小企业发展指数尽管并不能代表所有中小企业对当前经济发展实际的判断，但也在一定程度上反映了目前中小企业的普遍心态，对今后一段时间的经济发展缺乏乐观。

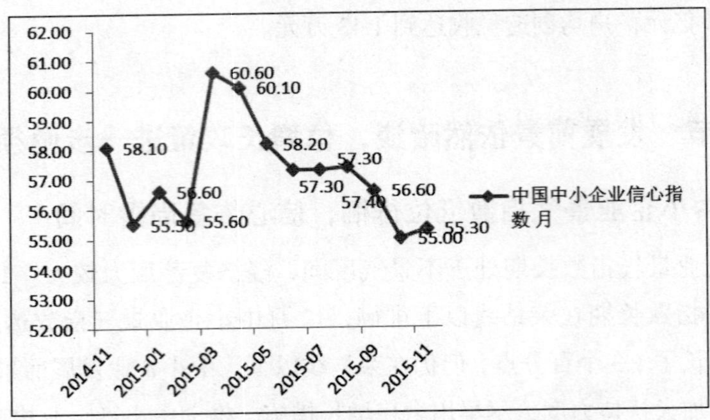

图2-8　2015年中国中小企业信心指数

数据来源：赛迪智库，2016 年 1 月。

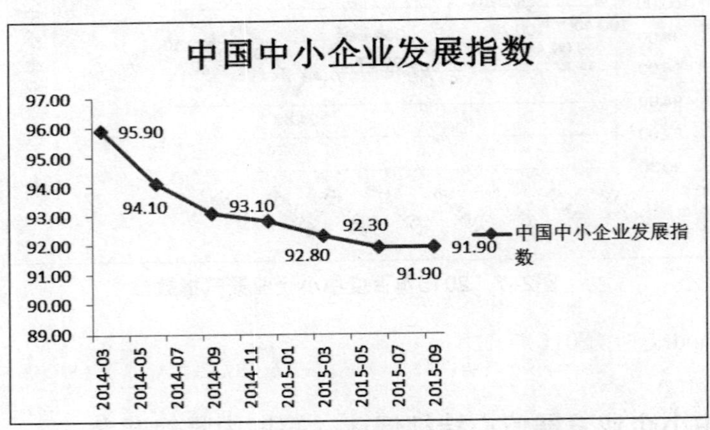

图2-9　2015年中国中小企业发展指数

数据来源：Wind 资讯，2016 年 1 月。

三、中小企业PMI长期低于荣枯线，小企业情况更糟

中小企业 PMI 长期处于荣枯线以下，中小企业发展前景不容乐观。2015 年，我国经济进入新常态，经济增速调档，产能过剩，转型发展和稳增长在砥砺前行，中小企业发展面临前所未有的压力。全年中小企业 PMI 指数基本都处于荣枯线以下，小型企业境况更加不堪，屡屡低于 45% 以下。进入 12 月，中小型企业 PMI 双双有所起色，分别高于 11 月 0.13 百分点和 0.1 个百分点，但仍然都处

于荣枯线以下，中小企业经营环境尚不能盲目乐观。从全面趋势看，中小型企业PMI全年处于荣枯线以下低位振荡之中，其中小型企业PMI指数俨然处于振荡下行态势，凸显小微企业发展前景更加严峻。

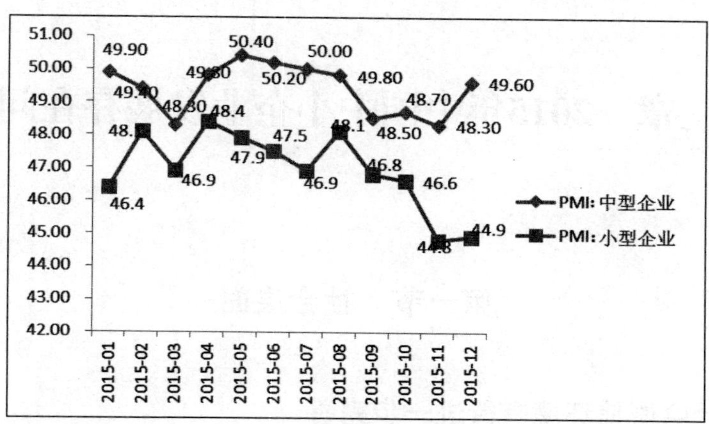

图2-10　2015年中小企业PMI分布

数据来源：Wind 资讯，2016 年 1 月。

第三章　2015年中国中小企业发展存在问题

第一节　社会层面

一、社会诚信环境有待进一步完善

一是社会诚信意识不高，导致中小企业守信践诺的成本较高。消费者诚信意识不高，知假购假，容忍或消费假冒伪劣产品，一定程度上挤压了守信践诺企业产品的市场空间，增加了维护市场的短期成本。大企业诚信意识不强，恶意拖欠中小企业货款等损害中小企业权益，增加经营成本。中小企业的不诚信则会导致实施商标侵权、生产假冒伪劣产品等失信行为不断发生，不利于健康发展。二是失信惩戒机制不健全，导致中小企业失信的短期成本较低。失信惩戒机制不健全，惩戒失信的力度较弱，企业的失信成本极低。个别企业通过实施商标侵权、生产假冒伪劣产品等失信行为就可以掠取高额的短期收益，一定程度上会挫伤守信践诺企业创新发展的积极性，不利于中小企业长远发展。社会信用环境不完善，导致社会文化对中小企业发展缺乏“扬善惩恶”激励与约束。专注于“精益制造”、“专精特新”的中小企业不能因“守信践诺”而得到更好的社会激励，而善于投机取巧的失信企业却能借“假冒伪劣”获取额外的短期收益，不利于推动中小企业长期健康发展。

二、公平竞争地位需要进一步树立

一是大企业拖欠小企业资金问题严重。据全国 19 个省（市、区）专项调研数据显示，57.99% 的调研企业存在被采购方拖欠货款的情况。微型、小型、中型企业存在被拖欠的企业数分别占同类企业总数的 53.7%、60.26%、53.46%。而现行法律法规对清理大企业拖欠中小企业货款缺乏力度，难以有效保护中小企业的合法权益、维护公平交易，仅有11.04%的企业曾向法院提出诉讼请求。拖欠问题管理机构不明确，监管不足。缺少统一的权威部门机构专职解决大企业拖欠小企业货款问题，导致大企业的拖欠成本极低。从调研数据上看，47.56%的调查企业希望加强对大企业拖欠货款行为的约束和考核；其次有40.26%的企业希望开展相关培训，指导、规范交易合同；33.93%的企业希望提供便捷的投诉渠道，明确投诉回应期限[1]。

二是与中小企业互为主体的非公经济难以获得平等的市场与机会。国有企业等公有经济主体在市场准入、资源获取、政策优惠等方面往往享有优先地位，而民营企业等非公经济主体则面临更高的准入门槛、更窄的行业领域、更重的财税负担等。在与公有制经济主体竞争中，非公有制经济主体往往处于不利的市场竞争地位，“玻璃门”、“弹簧门”现象仍较突出，尤其是在自然垄断性行业、公用事业等领域，民营资本进入的难度较大。例如，2012年上半年，铁路运输业行业固定资产总投资1465亿元，民间固定投资为57亿元，仅占3.89%；石油天然气开采业行业固定资产总投资839亿元，其中民间固定资产投资为60亿元，也仅占7.15%[2]。

三是中小企业人才瓶颈制约依然存在。人才供需结构矛盾突出，教育培训体系与企业需求脱节，产业技术工人缺乏。高端人才引入机制不顺，中小企业人才职称评定晋升通道不畅。

大企业拖欠中小企业货款、中小企业进入壁垒和人才瓶颈等市场竞争不公平在一定程度上加重了中小企业负担，制约创新创业活力发挥，不利于营造推动中小企业健康发展的良好环境。

三、社会公共服务尚需进一步健全

公共服务体系建设重平台硬件设施、轻服务质量提升，公共服务多头建设、碎片化管理现象严重，服务能力和水平不高，可持续性较差。专业化的服务机构数量少、规模小，服务供需对接缺口较大，“找不到”、“用不起”、“难评价”等问题突出。

一是中小企业公共服务平台网络体系的整体性功能尚需进一步加强。经过

[1] 2014年3月，工信部调研数据。

[2] 《民间资本迎来重大利好政策》，2012年7月27日，《人民日报》（海外版）。

"十二五"的建设，中小企业公共服务平台网络体系基本搭建完成，但其"互联互通、资源共享"功能距离实现中小企业公共服务体系"服务协同、资源共享"的整体性功能尚存在一定的差距，还没有发挥优化中小企业发展环境的系统性作用，需要进一步完善。二是中小企业公共服务平台的服务内容尚待进一步优化。在浙江等地调研发现，中小企业公共服务平台目前提供的公共服务主要是有关政策信息推送、中小企业信息报送等基础性公共服务，而缺少能够提升中小企业创新创业能力等专业性与技术性要求更高的深度服务。中小企业公共服务平台网络未来发展要紧紧抓住创新和创业"两条主线"，注重服务实效，切实提高中小企业创新能力，增强创业活力，促进转型升级发展。三是中小企业公共服务平台的盈利模式亟待进一步探索。作为提供社会公共服务的市场主体，中小企业公共服务平台网络体系要系统性发挥优化中小企业发展环境作用，就必须要有成熟的盈利模式，实现可持续发展。目前，财政专项资金支持的中小企业公共服务平台网络体系基本建成，但未来各级平台如何运营并没有成熟模式，"十三五"时期中小企业公共服务平台网络要实现可持续发展的目标必然面临较大挑战。这些问题不仅制约平台网络自身发展，而且会制约中小企业创新创业能力的改善。

四、中小企业权益保护有待进一步提高

缺乏治理企业拖欠的专门法律规范，大企业拖欠小企业货款现象较为普遍。政府审批行为在程序和规定上的复杂性和不透明性，增加中小企业的进入和经营成本，阻碍公平竞争市场地位的形成。小微企业扶持政策原则规定多，可操作性弱，落实难。缺乏相关交易合同指导，维权渠道不畅，维权法律援助不足。中小企业税负水平较高，社会保险费负担较重，非税收费项目多，税费减免的惠及面较窄。

中小企业知识产权保护不足，亟须进一步加强保护力度。一是中小企业的知识产权意识普遍不够高。部分企业的知识产权部门专业水平较低，缺乏工作经验，尤其是企业高层不够重视知识产权保护，对技术人才创新的知识产权保护不到位。自身保护意识不强的同时，中小企业还广泛存在着不尊重他人知识产权，盗版、侵权的现象。二是知识产权维权难度大。知识产权维权需要通过法律诉讼程序，但是诉讼周期漫长严重影响了知识产权的保护，有时候即使诉讼成功也时过境迁，失去了诉讼的意义。三是中小企业知识产权保护服务低端化。中小企业专利申请代理机构数量不足，服务专业水平不高，专业人员缺乏。中小企业知识保护能力

尚需进一步加强，切实推动中小企业创新能力的提升，实现健康发展。

五、创业环境尚需进一步优化

简政放权改革有效地减轻了中小企业负担，提高企业办事效率，但也存在改革力度、深度不够等问题，亟待进一步深化。行政审批环节众多、程序繁杂。环评、能评、可研、土地、规划等创业面临的行政审批环节众多，各项行政审批周期长、成本高，以批代管的情况较为突出，严重制约了企业的创业积极性。登记注册制度便利化、企业名称登记管理、优化企业经营范围登记方式、简化注销流程和办事程序等仍然存在改进空间，亟须进一步深化简政放权，完善企业退出机制，畅通退出渠道；加快僵尸企业清理步伐，促进市场出清；推动中小企业自行选择经营范围，引导企业有序退出，不断提高企业开业率和存活率。建立健全简政放权举措政策效能动态评估制度，继续深化商事制度改革，不断提升中小企业政策服务效能。

创业企业创业融资渠道不多，农村创业面临不动产抵押变现渠道不畅的制约，创业网络融资渠道面临法律法规监管不完善、征信体系不足、网络技术安全存在隐患等问题。创业场所的瓶颈制约突出，创业企业用地审批流程长、时间久，前置审批条件多，大学生在校创业面临经营场所注册地缺失、农村宅基地难以作为经营场所用地等。

创业人才流动不畅，制约因素较多。现有的户籍制度、子女入托（学）、职称评定等制约了创业人才自由流动，严重影响创业创新人才的配置效率。

创业政策环境尚需进一步优化。妇女、老人、复员军人、农民工、残疾人等特殊群体创业缺乏应有的支持。尚未形成统一的创业政策宣传推广渠道，创业政策信息碎片化现象严重。企业破产保护、退出机制尚不完善，注销审批流程复杂，简易破产程序实施不够。宽容失败的创业文化缺失，侵蚀良好创业生态系统形成基础。

创新动力尚待进一步激发。企业创新动力机制不足，研发投入强度低，科研力量薄弱，创新资源配置远离企业需求。产学研合作偏离企业需求，科技成果转化服务体系不健全，技术交易市场体系不完善，科技成果转化运用能力低下，科技成果转化率不高。知识产权申请审批周期长，申请和维持成本高，商用化渠道不畅，专利闲置率高，侵占知识产权行为频现，保护力度弱。质量管理和标准老化、滞后，重要技术标准与科技创新、知识产权保护缺乏互动协调。

第二节　企业层面

当前，中小企业健康发展存在的主要困难突出表现在融资难融资贵、用工难用工贵、用地难用地贵，这些问题的存在从根本上了反映了我国中小企业发展环境还有待于进一步优化，尤其是高素质技术工人等高端人才匮乏、公共服务体系不完善、金融市场发展不完善、结构性矛盾突出等因素严重制约了中小企业健康发展。

一、成本上升较快

随着我国经济进入新常态，宏观经济增长进入下行通道，国际经济增长预期放缓进一步加剧了国内外市场的竞争程度，以及最低工资持续上调等因素都进一步加大了中小微型企业经营成本上升的压力。据全国工商联研究室 2014 年 6 月的调查显示，当前我国中小微企业的生产经营成本增长比较明显。64.9% 的受访企业认为 2014 年原材料成本较 2013 年出现“上涨”[1]，其中，66.5% 的中型企业认为原材料成本同比“增长”，67.9% 的现代服务业企业认为原材料成本同比“增长”，72.0% 的西部地区企业认为原材料成本同比增长较快。79.4% 的受访企业认为职工成本较 2013 年出现同比“增长”[2]，其中，82.5% 中型企业和 82.7% 微型企业的职工人工成本同比“增长”，80.9% 传统制造业企业、83.5% 现代服务业企业、80.6% 新兴产业企业的同比“增长”，东部地区 84.5% 企业的职工人工成本同比增长，而东北地区企业的职工成本同比增长仅占 68.2%。58.3% 的企业非税费用成本与 2013 年同期增长在 5% 以下，其中，55.3% 的传统服务业企业认为同比“增长”，54.4% 的东部和 55.1% 的西部地区企业认为同比“增长”。尤其是人工成本上升较快，2015 年伊始，广东等省市相继调高了最低工资标准，平均增幅均在 10% 以上，其中广东省增幅高达 19%。国家统计局调查显示，“用工成本上升”已成为当前小微企业经营面临的最突出问题，“用工难、用工贵”显现较为普遍。此外，土地、房租、物流成本近年来也增长迅速，多项成本过快上涨挤压了小微

[1]　全国工商联研究室：《中小微企业监测报告——关于当前经济形势和企业发展状况专题报告》，2014年6月。具体“上涨”情况：44.2%的企业原材料成本变化率在5%以下，39.3%的企业变化率在5%-10%，3.7%的企业变化率在15%以上。

[2]　同上。具体“增长”情况：40.4%的企业职工人工成本增长率在5%-10%，35.9%的企业增长率在5%以下，12.9%的企业增长率在10%-15%，7.5%的企业增长率在15%以上。

企业利润空间。

二、市场需求不足

投资与消费比例失衡。从 1981 年到 2013 年，我国投资率从 32.5% 攀升至 47.8%，增幅达 15.3%，同期居民消费率则从 52.5% 下滑至 36.2%，跌幅高达 16.3%，投资与消费比例失衡进一步拉大，从而导致部分产业的市场需求不足和产能过剩[1]。

新常态下经济增长减速换挡、宏观经济下行进一步冲击市场需求。据全国工商联研究室 2014 年 6 月的问卷调查显示，46.84% 的小型微型企业反映市场需求不足、产品销售困难，58.08% 反映市场竞争压力加大，23.74% 反映订单不足。受外部经济环境冲击，中小微型企业因其自身规模小，抗风险能力弱，对外部经济、政策环境的敏感程度普遍较高。据全国工商联研究室调查显示，仅有 12% 的小型微型企业表示"在近几年营业额快速或高速增长（增长率 30% 以上）"，其余大多数企业经营发展缓慢[2]。据 Wind 数据显示，截至 2015 年 12 月，小型企业 PMI 已连续 35 个月位于临界线下方。国家统计局数据显示，截至 2015 年 12 月末，中小企业产成品存货 2.01 万亿元，同比增长 13.46%，增速比 2014 年全年提高 4.9%。

国际市场需求减弱进一步制约了中小企业发展。受世界经济复苏脆弱、欧元区复苏缓慢、新兴经济体经济增长动力不强等因素影响，国际市场整体需求疲软。（如图 3–1 所示[3]）

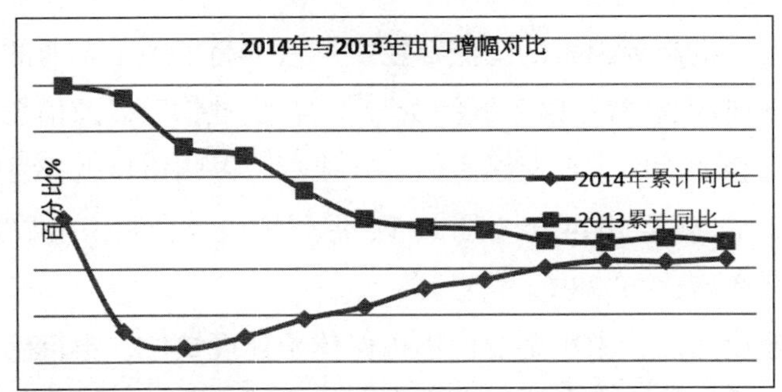

图3–1 2013年和2014年各月累计出口同期增幅比较

数据来源：Wind 资讯，2016 年 1 月。

[1] 郑新立：《努力保持经济稳定增长》，《经济日报》，2015年01月08日。
[2] 《全国小型微型企业发展情况报告》，http://www.saic.gov.cn/zwgk/tjzl/zxtjzl/xxzx/201403/t20140331_143497.html。
[3] 数据来源：海关总署的统计数据整理。

三、融资难融资贵

中小企业融资渠道不畅，加剧中小企业融资难、融资贵问题。由于证券市场门槛高，创业投资体制不健全，公司债发行的准入障碍，中小企业难以通过资本市场公开筹集资金。由于制度与机制的约束，当前我国金融市场不成熟、价格机制不健全、小微金融机构发展滞后和金融资源结构性错配等在短期内依然存在，中小企业融资难问题依然突出。中小企业融资渠道比较狭窄，主要是依赖业主投资、内部集资和银行贷款等融资渠道，风险投资、发行股票和债券等融资渠道对缓解中小企业融资难、融资贵问题的作用仍很有限。而且，由于金融排斥等因素的存在，中小企业实际上获得银行贷款的难度也相对较大。由于中小企业财务管理水平低、抵押担保能力差和风险较大等自身原因，尽管人民银行和银监会等颁布许多缓解中小微型企业融资难、融资贵的优惠政策措施，但是银行金融机构在实践中通过设置较高的信贷门槛、严格评估程序和相对高价等措施提高了中小微企业获得银行信贷融资的门槛。现有商业银行绩效考评机制也使得其对中小企业放贷的积极性不高，导致中小企业从银行获取贷款的难度较大。据甘犁在北京发布的《中国家庭金融调查报告》显示，小微企业 / 个体工商户（下称小微企业）获得银行贷款的比例为 46%，11.6% 申请贷款被拒，42.4% 的小微企业并未申请贷款。其中"估计不会被批准"（占 45.7%）、"申请过程麻烦"（占 35.8%）是小微企业不去申请银行贷款的主要因素[1]。

同时，由于金融市场发展不完善，"涉企收费"标准缺失、规避监管和一些"潜规则"、贷款审批难等因素的广泛存在，严重推高了中小企业的融资成本。例如，一些银行采取收取"常年财务顾问费"[2]、"存贷挂钩"以及信托机构收取"过桥"中介费等都会加大中小企业融资的实际成本。温州市金融办发布的民间借贷综合利率指数显示，截至 2014 年 8 月 13 日，温州地区综合利率指数为 20.78%/ 年，部分市场主体利率高达 28.78%。

信用体系建设滞后，中小企业信用担保体系建设缺位，银行确认中小企业信用记录难、评估履约能力难、控制高成本负债难等，发放信用贷款的动力和意愿严重不足。政策性融资体系不健全，小微企业增信门槛偏高，受益范围有限，可操作性差，执行困难，无法有效破解小微企业增信难的痼疾。金融供给结构性错配，

[1] 甘犁：《中国家庭金融调查报告》，第一财经，2014年5月30日。
[2] 注：据调查，常年财务顾问费的费率一般在3%左右。

大型银行“贷大贷多贷垄断”问题普遍存在，民营中小金融机构举步维艰。资本市场融资门槛较高，初步发展的中小微企业难以企及，很大程度上仍依赖银行贷款，负债率普遍比较高。地区间资金配置不平衡，农村金融供给长期匮乏。金融资源配置效率低下，导致中小企业获取金融资源严重不足。直接融资门槛较高，中小企业很难有效借助风险投资、债券融资和股票融资等直接融资渠道实现融资需求，很大程度上依然依赖民间借贷和银行贷款等间接融资渠道。银行隐性收费多，民间借贷利率较高，担保收费，进一步增加了小微企业贷款成本，导致中小融资贵的问题突出。

四、税费负担较重

中小企业税费减免惠及面较窄。尽管近年来国家已经出台了多项针对中小微企业的税费减免优惠政策，但是受惠面还比较窄。国家会计学院 2014 年 04 月公布的《中小企业税收发展报告》数据显示：1447 家小微企业中，获得所得税优惠的企业仅有 17%，83% 的小微企业未获得优惠。2013 年出台对月销售额不超过 2 万元的小微企业暂免征收增值税和营业税政策，虽然 2014 年国家税务总局又将起征点提高到 3 万元，但也仅仅惠及家庭作坊式企业、个体工商户等部分企业，尚有更多的中小微企业难以从中享受优惠。

中小企业税负水平较高。据财政部经济建设司 2014 年 7 月 22 日发布的《2014 年上半年产业经济运行分析及建议》报告，综合考虑税收、政府性基金、各项收费和社保金等项目后，中国企业的税负高达 40% 左右，超过经济合作与发展组织 (OECD) 国家的平均水平，居全球高位。尽管当前中小企业和大企业的适用税率基本相同，但是中小企业面临的税费比重相对其销售收入和企业规模而言却明显重于大企业，小微企业的税收负担明显高于大中型企业。

社会保险费负担较重。据人社部统计，“五险一金”已占到工资总额的 40% 至 50%，远高于国际社会保险平均缴费水平。例如，我国企业需要缴纳基本养老保险的比例为 20%，远远高于美国的 6.2%，台湾地区的 6%，加拿大的 4.95%。

五、转型升级困难

中小企业转型升级依然任重道远，尤其是小微企业转型升级的压力大。从行业分布看，小型微型企业主要集中于传统工业（包括采矿业、制造业、电力热力燃气及水生产和供应业）、批发业和零售业、租赁和商务服务业，分别占各类小

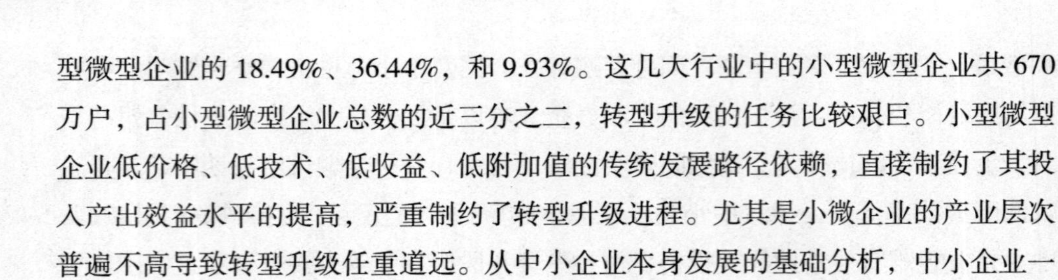

型微型企业的 18.49%、36.44%，和 9.93%。这几大行业中的小型微型企业共 670 万户，占小型微型企业总数的近三分之二，转型升级的任务比较艰巨。小型微型企业低价格、低技术、低收益、低附加值的传统发展路径依赖，直接制约了其投入产出效益水平的提高，严重制约了转型升级进程。尤其是小微企业的产业层次普遍不高导致转型升级任重道远。从中小企业本身发展的基础分析，中小企业一般不具备转型升级的充足条件，加之经营压力的倒逼，尽管部分中小企业转型升级的愿望较强，但支撑转型升级的资本、技术、人才、管理等关键因素积累不足，转型升级难度较大。

专 题 篇

第四章　中小企业创业生态系统研究——以中关村为例

第一节　创业生态系统理论分析

一、创业生态系统组成部分

中关村创业生态系统包含六大要素与三大环境，六大要素包括：创业企业、高校和科研机构、高端人才、天使投资和创业金融、创业服务体系与创业文化，三大环境包括市场环境、法治环境与政策环境。

（一）中关村创业生态系统六大要素

一是创业企业。创新创业企业是生态系统的主体，衡量创新创业生态系统良性运转的重要指标之一就是一个地区能够不断产生优质的、具有发展潜力的创新创业企业。尤其创业企业中的领军企业是创业生态系统不可或缺的创新主体。行业领军企业既为区域输出大量的创新创业人才，也为新创企业提供市场。在 PC 时代，中关村诞生了方正、联想公司；在互联网时代，催生了百度、新浪、搜狐公司；在移动互联网时代，小米、京东公司崛起。领军企业推动产生了一大批上下游企业，形成了一系列“创业系”、“人才圈”。如:联想系、百度系、腾讯系等。据统计，中关村每年新创办科技型企业达到 6000 家，2013 年收入过亿元企业达到 2362 家，其中收入十亿元以上企业 427 家，收入百亿元以上企业 56 家。

二是高校及研究机构。高等院校和科研机构聚集了大量的创新资源，可以为创业者提供具有商业化前景的科研成果，也可以通过理论研究、新技术、新产品开发等方面与科技创业企业合作，增加企业创业成功的机会。同时，大学等教育机构的专业科研、技术人员可以为企业提供企业管理、问题诊断、技术支撑等方面的支撑服务，企业与高校和科研机构形成良性互动，增强创业企业的创新能力和科技成果的转化能力，实现三方共赢。

三是高端人才。高端人才是创业活动的实践者和推动者，是不可缺少的重要资源。借助毗邻高校的优势，中关村已经聚集了大量海内外优秀人才。中关村不断践行人才特区战略，积极吸引海内外高端人才，目前已聚集留学归国人员约 2 万人，共有 874 人入选中央“千人计划”，占全国入选总人数的 21%，368 人入选北京市“海聚工程”，占北京市入选总数的 72%。

四是天使投资和创业金融。衡量创业生态系统的一个重要维度就是天使投资人的规模及其活跃程度。中关村已聚集了一大批科技银行、科技担保、融资租赁、小贷公司、天使投资人和创业投资、信用中介等创业金融服务机构。2014 年中关村创业投资总额达 329.8 亿元，占全国 41.2%[1]，与硅谷创业投资占全美的比例相当，中关村上市公司的创始人和成功的企业家已经成为我国天使投资人队伍重要的来源。

五是创业服务体系。创业服务体系包括人才市场、技术市场、融资担保机构、科技企业孵化器、公共技术服务平台等，提供的服务主要包括咨询服务、管理服务、法律服务、生产技术服务等。中关村已经形成了全新的创业服务新业态，包括创业孵化、创业投资、创业教育、创业社区、创业媒体以及一批行业协会和产业联盟等新型社会组织包括车库咖啡、亚杰商会、创新工场、创客空间等一批创新创业孵化器，同时还拥有“金种子工程”徐小平、雷军等创业导师 80 余名，产业技术联盟 104 家、协会组织 60 余家。

六是创业文化。创业文化核心有两方面：一是创业者所处的外在创业氛围，这种创业氛围是人们对创业环境的基本认知、判断标准的意识；二是创业者个体内在的创业梦想，中关村浓厚的创业氛围对于很多优秀人才产生了激励作用，激励他们离开稳定、高薪的大公司，投身创新创业活动。创业者所处的外在创业氛围和创业者内在对于梦想的坚持与追求共同促进中关村创业文化的形成。

（二）中关村创业生态系统三大环境

创业生态六大要素构成了一个具体的区域微观创业生态系统，但是该生态系

[1] 北京市社会科学院、中关村创新发展研究院、北京方迪经济发展研究院3家第三方智库机构联合发布“中关村指数2015”，2015年10月21日。

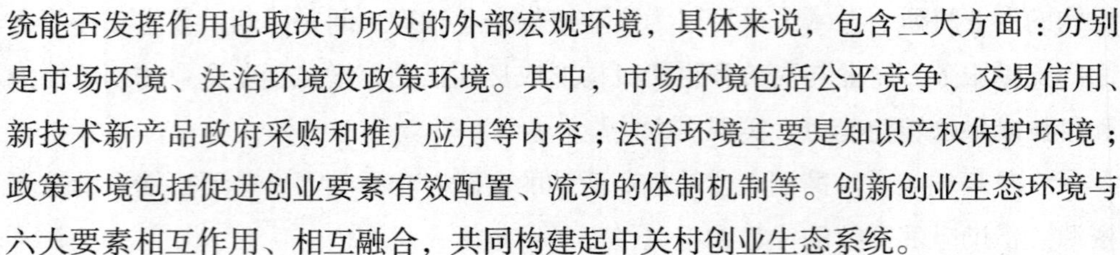
统能否发挥作用也取决于所处的外部宏观环境，具体来说，包含三大方面：分别是市场环境、法治环境及政策环境。其中，市场环境包括公平竞争、交易信用、新技术新产品政府采购和推广应用等内容；法治环境主要是知识产权保护环境；政策环境包括促进创业要素有效配置、流动的体制机制等。创新创业生态环境与六大要素相互作用、相互融合，共同构建起中关村创业生态系统。

二、创业生态系统机制分析

（一）培育机制分析

1. 创业要素的培育

（1）高校和科研机构的培育

高校和科研机构对于创业生态系统非常重要，因为它们既是科技资源的主要提供者，同时也是高端人才的摇篮，所以在创业生态系统形成初期就应该重点培育。首先，可以通过土地优惠、扶持就业等措施吸引高校和科研机构在此区域成立，形成有规模的高校和科研机构群体。其次，积极创造高校、科研机构、创业企业交流的机会，既能有效提高科研机构和高校的科技成果的转化和利用率，也能够帮助高校和科研机构明确市场需求、调整研究方向，促进高校和科研机构提高自身水平。

（2）高端人才的培育

高端人才是创业生态系统中流动性较高的因素，对于推动创业生态系统与外部进行知识交流具有重要意义，其培育主要来自于两个方面，一是创业生态系统的大学和科研机构，大学和科研机构结合区域产业特色和发展方向，定向培养高端人才，组织学生和科研人员到企业实践，提高他们的实践操作能力，同时，鼓励学生和科研人员积极创业。此外，通过薪酬待遇、发展平台、科研资源等优势吸引外来高端人才，形成创业生态系统内部人才与外来高端人才的碰撞，激发知识与智慧的火花，激发创业热情，从而形成良好的创业氛围，吸引更多高端人才。

（3）天使投资和创业金融的培育

金融资源是创业企业成功与否的重要因素之一，尤其是在创业初期，创业金融资源是创业企业生存和发展的首要资源。创业资金的来源主要来自社会、政府和创业者个人三个途径，因此拓宽创业企业资金的融资渠道、培育多元化的金融资源是发展创业的重要经验，一方面是提高社会资金流入，建立社会融资平台，吸引本地及外来的创业投资机构，引导它们加大对创业企业的投资规模。另一方面加大政府投入资金，通过创业者进行直接性奖励、设立政府引导基金、设立创业企业发展担保基金等方式帮助拓宽创业企业融资渠道。最后，建立健全风险投资机制，完善风险投资市场，降低企业融资难度。

（4）创业服务体系的培育

创业企业初期，多种创业资源稀缺，亟须向公共服务体系寻求帮助。创业服务体系服务内容包含政策解读、人员培训、信息传递、场地提供、资源对接、技术转化等多种服务，依托主体主要包括公共服务机构和公共服务平台。政府和管理部门应充分意识到公共服务平台的作用，设置专项资金进行平台建设与维护，将中介服务机构名称、服务内容、企业需求都通过网络进行展示，充分利用信息化手段实现企业与服务机构的无缝对接。此外，还可以通过税收减免、土地优惠、资金补贴、奖励等各种方式吸引和集聚多种类别的中介服务机构，优化创业生态系统的公共服务职能，更好地为创业企业提供服务。

（5）创业文化的培育

创业文化的培育对于提升创业失败包容度、激发全民创业至关重要，高校和科研机构是培养全社会创业文化的切入点，通过高校在进行人才培育的过程中传递包容、竞争、鼓励创新创业、允许创业失败的精神，培育社会创业文化基因；通过高校创新政策的完善，为大学生创业、教师创业、科研人员创业提供政策支持、物质支撑；通过高校科研体制创新，激发创业热情，形成创业氛围，培育创新文化。科研院所应鼓励有能力的高端人才走向市场，将科研成果市场化；也可以利用资源优势帮助创业人士联系市场、资金等资源，用实际行动支持创业，通过一批人才的成功创业去带动更多人创业，形成创业热潮，培育创业文化。

（6）创业企业

创业企业的培育离不开政府的推动，政府要从财税、公共服务环境、体制、规划等多方面为企业营造良好的创业环境，激发企业创业活力，推动出现更多创业企业。政府通过税收、财政等优惠措施激发企业创业，降低创业企业成本，减轻创业企业负担；整合公共服务机构，搭建公共服务平台，完善公共服务环境，降低创业企业获取资源的难度；创新管理体制、科技体制，简化行政审批，简政放权，充分激发市场活力，让市场在资源配置中占主导地位，优化创业企业审批流程；制定发展规划，明确重点产业发展方向，引领企业向科技含量高、技术含量高等领域发展，引导创业企业方向。

2. 创业环境的培育

创业环境对于创业生态系统的发展具有重要意义，优良的创业环境为创业生态系统提供充足的资源输入，满足创业企业和创业家的需求，助力生态系统发展。同时，创业生态系统也会对其周围的创业环境产生一定影响，活跃的创业生态系统可以逐步改善创业环境。

培育创业环境主要应从政策、法治、市场三个方面进行考虑。政策环境方面，政府要加大政策、资金支持力度，创新管理机制，简化行政审批，不断激发市场活力，让市场在资源配置中占主要地位，从体制、管理等多方面激励创业行为。法治环境方面，加大对知识产权的保护力度，通过法律保护创新行为和创业者权益，为企业和其他主体营造良好的法治环境；市场环境方面，逐步营造公平竞争、诚信经营的环境，进一步减少市场进入壁垒

3. 创业网络的培育

创业生态系统是多元化、多要素的，各主体所占据的生态位呈现的不是链条状结构，而是复杂的网状结构。初创企业发展阶段面临着很多困难，创业网络可以帮助创业企业获取新的技术、市场、客户信息，和一些成功或失败的经验，有利于创业企业发展，因此，尤其需要注重创业网络的培育：一是应该从全局角度出发，将创业生态系统看成一个集多种要素为一体的复杂网络，对创业网络的演进方向、发展目标及实现途径进行系统研究分析；二是深刻剖析创业网络包含的多种要素与资源，创造创业网络内部各要素能量与信息交流的平台和契机，促进资源间的互补与互动，推动创业网络的形成；三是理清创业网络的运行机制及模式，通过推动上下游企业加强联系，成立行业协调组织或行业协会，优化政策、法治、市场环境，推动创业网络的运行与完善。

（二）运行机制分析

1. 资源集聚流动机制

创业资源汇聚流动的动力主要来自于创业企业与政府两个方面。一方面是创业者源于对成功的渴望以及创业初期对先进技术、对优秀人才、对创业资金的亟须，竭尽全力汇聚资源，克服其创业过程中所遇到的困难。尤其是当对某种创业资源的亟须成为许多企业面临的共性问题时，市场上便会自动产生新的资源供给

企业，推动创业要素的流动，优化创业生态系统。另一方面，针对创业生态系统初期市场机制不完善、服务体系不健全等问题，政府可以通过政策、税收等方式积极搭建平台，引导服务机构集聚，主动开展服务，为创业企业提供良好的发展环境。

创业生态系统中的各种资源要素之间是相互联系、相互流通的，流动的内容主要包括技术、人才、资金和信息。

技术的流动。对于高新技术企业集聚的中关村而言，技术流动和循环的重要的地位极为突出。技术的循环指的是从技术研发、市场化到再开发的过程。创业生态系统中高校和科研机构为创业企业提供技术服务，实现技术成果市场化，帮助企业获取市场与收益，企业支付给高校和科研机构研发费用，从而推动高校和科研机构加大研发投入、继续提升其科研技术能力，继续为企业提供服务、帮助企业获取更多的收益，形成了完整的技术研发、市场化到再开发的流动闭环。

人才的流动。人才的流动是指在科研、技术、管理等领域具备优秀能力且能为创业活动带来正面影响的人员流动。创业活动所处地域的教育水平对于创业人才数量、质量的影响较大，一般在高校及科研院所较密集区域，人才的数量较多、水平也较高，周边高素质企业也相对集中。各类人才在服务于高素质企业的同时个人素质能够不断得以提升，进而对周边人才产生强大的吸引力，高素质人才的集聚能够推动提升区域创业活力。

资金的流动。资金对于处在初创期的企业而言是最为关键的因素之一，是技术转化、项目孵化、创业启动的基础。筹集资金的方式包括自筹、风险投资或是政府基金项目拨款等多种方式。一般而言，区域经济水平越高，风投等金融机构的活力越大，在其为创业企业投入的资金产生收益之后，会拉动区域内经济水平的显著提升，进而推动更多金融机构的加入，最终营造出更为宽松的创业资金环境。

信息的流动。信息资源是企业创业过程中非常宝贵的财富，包括技术信息、市场信息、服务信息及政策信息等。信息的自由开放、充分占有与及时互动对于创业成功的影响非常大。顺畅的信息流动对于创业机会搜寻与发掘、创业资源获取与组织等至关重要。信息流动的方式包括企业家交流、行业协会、信息平台等方式，这些方式帮助企业加强对信息的获取，同时创造了投资洽谈、人才交流、企业合作等机会，促进更多资源的集聚。

2. 利益分配机制

创业生态系统中的利益，指的是创业生态系统在正常运作中所产生出的效用及收益总和，分为有形利益和无形利益两个部分。有形利益主要是各成员主体在交易过程中所产生的可用资金收益来表示，交易双方不容易产生分歧。无形利益主要指非财务性收益，如人脉资源、经验、产品知名度、企业美誉度、创新能力等，难以用具体金额进行评估，可一旦损失，将对企业造成难以挽回的损失。因此，这里的创业生态系统利益分配机制主要是指有形效益的分配。

创业生态系统的利益分配形式主要包括三种：1. 互利合作形式。当某一企业无法单独完成市场活动时，需与其他企业、机构开展合作，通过技术、人才等多种方式的合作，达到降低运行成本、提高效益的目的，同时推动企业的进一步发展。通常开展互利合作的双方之间是互惠互利的，如高校及科研院所为创业企业提供技术检测等服务，帮助企业提高产品质量，企业则可为高校及科研院所提供下一步的技术与研发经费。2. 收购控制形式。收购是企业资本经营的一种形式，是指一个企业通过产权交易取得其他企业一定程度的控制权，以实现一定经济目标的经济行为。在创业活动中，正在成长中的创业企业面临着被成熟大企业收购的情况，这是由于创业企业的产品对市场上的大企业产生了威胁，成为大企业的潜在竞争对手，同时大企业也存在扩充自身业务的需求，收购创业企业能帮助大企业开拓市场，如 2014 年百度全资收购糯米，既拓展了百度的业务板块，也扩大了糯米的流量导入渠道，因此说，收购是创业生态系统中一种重要的利益分配形式。3. 竞争形式。根据生态位的理论，竞争有利于实现种群的多样性，并推动系统的发展。创业企业为了在市场上有立足之地，必须与对手展开竞争。创业企业在成立初期，人财物等多方面都与大企业存在较大悬殊，因此需要对自身定位把握准确，瞄准与大企业不同的生态位才能存在一线生机。因此，只有建立了开放、公平、高效的利益分配机制，才能激发创业活力，进而提高创业生态系统的运行效率。

3. 反馈机制

在生态系统中，各生物可以在环境的影响下做出相应的反应及变化，从而维持生态系统的稳态平衡，同样，环境也会根据生态系统的输出情况做出相应调整，这种通过生态系统与环境之间的“交流”，以达到稳定目的工作机制就是反馈机制。在创业生态系统中，反馈机制主要依靠市场和政府来实现。在市场调节模式下，市场根据价值规律发挥调节作用，有效地进行各创业资源配置，使各创业活动的参与者在公平的市场环境中发挥相应职能，使创业生态系统内的生产经营根据市场需求进行，达到供需匹配。但是市场调节有一定的局限性，如无法解决市场外的限制因素等，存在导致市场失灵的风险。政府干预模式可以弥补市场调节模式的不足，尤其是对于创业生态系统形成初期具有重要意义。政府通过制定法律营造有利于创业生态系统发展的政策环境，为创业活动直接提供资源或间接地为创业提供更多有利条件，与市场调节模式相辅相成，互为补充。

（三）调节机制分析

1. 输入资源的调控机制

创业要素作为创业生态系统的输入端口，是整个创业生态系统的起点，充裕、优质的创业要素是保证创业生态系统运作的根本。输入资源的调控主要考虑到两个问题：一方面在创业生态系统初期进行调控，结合其具体特征对输入要素进行把关。中关村作为我国高新技术企业的集聚地，对于创业企业、服务机构、投资机构等要素的入驻审核中要考虑到中关村“高新技术集聚地”特征，尽量吸纳科技含量高的企业、有活力的投资机构等要素，同时，也要掌握好输入各要素的比例，在创业生态系统初期形成较为良好的要素环境。另一方面要根据创业生态系统的发展进行调控。随着创业生态系统的运行，各种资源要素的比例也会变化，需要吸纳新的资源要素进行补充，要充分考虑系统运行对资源要素的实际需求，也要考虑新吸纳资源要素的质量，避免新输入要素打破原有的系统平衡。

2. 输出成果的调控机制

创业生态系统具有开放性的特征，既有资源要素输入的过程，也有产品（企业）输出的过程，输入应与输出保持均衡状态。在我国经济新常态的背景下，一方面是要进一步提高资源的利用效率，助力企业转型升级，这就意味着中关村创业生态系统输出的创业企业一定是围绕新技术、新业态、新模式的高端创业企业。另一方面要考虑市场环境的承接能力，不是低水平的重复创业，而是符合中关村和北京市战略定位、符合区域经济和社会结构要求的创业企业。

3. 系统运行的调控机制

创业生态系统在发展过程中要根据内部要素与外部环境的变化不断进行调整与控制，运行调控要充分考虑区域环境的承载、生态系统成长阶段两个因素。创业生态系统要在资源数量、地域分布等因素制约下为创业活动提供支持，创业活动不能超出创业生态系统所能承载的范围，因此，需要调控创业的方向领域、层次范围，以最大限度发挥生态系统的创业支持功能。另外，在生态系统的不同发展阶段，运行机制的调控主体要有所差异，如在建设初期，应充分争取政府部门的支持，依靠政府的推动力量推动系统进入稳定运行阶段，在系统自我调控能力逐步增强之后，更加依赖市场的力量，根据市场资源调配机制调控系统。

第二节　中关村创业生态系统发展现状

一、中关村形成了良好的创业生态基础

中关村积极发展创业生态基础，不断与时俱进，深入探索体制机制改革，形成了良好的创业生态基础，有力地促进了我国科技进步和首都经济全面协调发展，引领我国大众创业、万众创新进入新的发展阶段。

首先，中关村在创业创新体制机制与政策创新方面建立了良好的基础。2011—2014 年，中关村在创业人才激励机制、创业创新研发支持、产学研科技成果转化等方面的体制机制改革上打下了良好的基础，鼓励创业创新的部分试点政策已经成功向全国推广。例如“十二五”期间，中关村在创业成果转化机制、科研经费管理体制等方面不断优化政策措施，尤其 2014 年以来出台的《加快推进科研机构科技成果转化和产业化的若干意见（试行）》、《加快推进高等学校科技成果转化和科技协同创新若干意见（试行）》，使中关村创业生态基础得到进一步优化，这对进一步激发创业活力将起到重要的推动作用。通过坚定不移地走自主创新的道路，不断完善创业生态系统的政策扶持体系，中关村已经逐步从创新的“跟跑者”转变成为引领创新的“领跑者”。

其次，中关村具备了良好的创业服务体系。从 2014 年 6 月开街，中关村创业大街已经聚集了包括车库咖啡、3W 咖啡等一大批创新型创业服务机构，其营造的创业环境已经成为中关村创业生态系统的重要基础。中关村创业生态系统为创业企业营造了良好的发展环境。例如以清华科技园为代表的创业服务机构为创业企业提供了产学研无缝对接的发展机遇，是推动我国创业企业快速成长的重要动力源泉。在清华科技园园内，软件互联网、集成电路、数字音视频、医学、材料工程、新能源等领域的高新技术企业科技成果显著，已有 9 项技术成果获得国家科技进步一等奖。以联想、华旗、中星微等为代表的高新技术企业不断探索国

际化发展，凭借企业核心研发力量积极参与国际标准的创制，已探索出多种国际化发展模式，如技术和产品出口贸易、高新技术外包、高新技术企业间跨国并购等。

再者，中关村为创业者提供了良好的对外合作交流平台，极大地促进了创业者提高国际视野。为帮助中关村园区内企业和国外企业进行交流和经验共享，中关村定期举办国际化的论坛赛事。2015 年国际青年科技创业大赛正式于 4 月 24 日启动，邀请了国内外创业导师参与评审，顶尖教授进行创业指导、国际大型企业高层分享企业管理经验，大赛力求为全球创业精英打造高端的创业孵化服务平台[1]。可以说，以人才、领军企业、创业服务机构、高校和科研机构、创业金融、创业文化六大要素为发展核心的中关村创业生态系统已经具备了较好的创业生态基础。

二、中关村创业生态系统作用成效显著

首先，中关村创业活力显著增强。中关村创业生态系统有效激发了中关村的创业活力，中关村创业活动已经达到空前的活跃度。3W 咖啡等“孵化 + 投资”的新型创业服务业兴起发展，全面优化了科技人员、留学归国人员的创业环境，中关村创业已经成为全国的标志，创业环境的优化使中关村创业呈现“井喷式”增长。2014 年中关村的天使投资案例达到全国投资案例的 52.8%，投资金额占全国金额的 61.2%[2]。中关村是我国创业生态系统建设的领军者，率先在创业企业投融资体制、信用体系搭建、行政管理方式、知识产权保护等方面进行制度改革，创业生态系统建设采取以市场化运作为主，政府引导为辅的建设机制。以中关村创业大街为代表，创业大街就是中关村创业生态系统建设切实贯彻总书记关于创新驱动发展号召的重要实践，创业大街集聚了国内外知名的创新创业服务机构，正在将中关村创业服务体系打造成“全业态、全方位、全链条、全要素”的服务机制。目前，中关村已吸引一大批国际软件公司进驻，有效提升了软件产业的整体研发实力，如软件园中已有 277 家软件企业总部和全球研发中心落户，正在规划建设的中关村软件园二期也将引进包括百度科技园、云计算创新示范基地、中国国际服务外包新市场交易中心、国际技术转移合作中心等大型研发机构 。

[1] 《创启未来2015国际青年科技创业大赛盛大启程》，中国新闻网，2015年4月24日。
[2] 王叔坤：《中关村每天诞生49家新企业》，新京报，2014年12月15日。

其次，中关村战略性新兴产业创业企业集群日益壮大。“十二五”期间中关村战略性新兴产业创业企业规模持续扩大，收入和盈利规模稳步提升，发展态势良好。2014 年，中关村战略性新兴产业集群实现总收入 26597.4 亿元，同比增长 14%，占示范区总收入的 73.8%；根据 2011—2014 年年均增长率 26.5%，预估 2015 年战略性新兴产业集群实现收入 33655.9 亿元，占示范区总收入 75.2%，可以说，中关村已经成为我国战略性新兴产业的策源地。

三、中关村创业生态全球影响力不断提高

中关村创业生态系统的全球影响力日益提升，不断吸引全球高端创业人才、国际创业创新资源在中关村集聚，国际创业合作和交流活动日渐丰富和活跃，中关村良好的创业环境不断获得国际认可。

首先，中关村吸纳外资的质量不断提高。从吸纳国际创业创新资源的角度来看，2014 年，在中关村设立研发机构或子公司的“世界 500 强”企业比 2013 年增加了 2 家，达到 98 家，这说明中关村对跨国企业的吸引力正在不断增强。

其次，国际高端人才在中关村集聚加速。2013 年中关村引进的“千人计划”高端人才占全国 21%[1]。2014 年，中关村吸引的归国留学人员达到 2.2 万人，较去年增长 8.9%。中关村地区现有 874 名中央“千人计划”人才，424 名“海聚工程”人才，分别占全市的 80% 和 70%[2]。

再者，中关村企业的国际拓展能力逐步增强。中关村创业企业拓展国际市场的积极性和国际化步伐都在明显加快，尤其在跨境资本合作、技术合作、创新协同等方面都有大幅度提升。2011—2014 年，中关村出口规模居全国前列，其中对欧美市场出口份额占总出口额一半以上。此外，中关村企业的 PCT 专利申请总量不断突破历史新高，2013 年达到 2155 件，2014 年中关村企业积极参加国际并购交易和跨境投资活动，全年参与跨国并购 21 起，这其中就包含部分高端创业企业参与“走出去”的海外投资活动。

[1] 中关村管委会：“中关村指数2014”发布，2014年09月25日。
[2] 中关村管委会：中关村创新驱动呈现“五个新”态势，2014年09月24日。

第三节　中关村创业生态系统存在问题

一、集聚全球高端创业要素能力尚存提升空间

从建设“全球最具吸引力的创业中心”目标来看，中关村创业生态系统在集聚全球高端创业要素方面的能力仍需加强。目前中关村集聚的创业要素主要依托国内资源，其国际化程度有待提高，以全球创业资源应对全球创业的战略思维仍有待强化，尤其在引进国际高端创业人才、与国际知名创业服务机构交流合作、吸引国际顶级风险投资机构等领域都需要进一步加强，只有立足于国际化，提高国际化发展水平，有机整合全球创业资源，创造开放自由、互通协作的全球化创业生态系统，才能为实现“全球最具吸引力的创业中心”的战略目标打下坚实基础。

二、引领全球科技创新和新兴产业发展能力尚存欠缺

虽然中关村创业生态系统依靠其产学研相结合的模式，已在新兴技术创新方面取得了显著成效，但是其引领全球科技创新和新兴产业发展的能力仍然欠缺。我国对于国际化的创新和新兴技术一直处于被动跟随状态，自主创新技术相对较少。虽然在产业跟踪方面，我国不断学习国际化先进技术，防止落后，成效显著，但在产业跨越上，相较于发达国家，尚有不小差距。日本和韩国大致花费了 25 年到 30 年做到了技术自立。中关村创业生态系统需要通过跟踪全球科技新兴产业强化自身创新能力，找准时机和目标，加强创新技术产业化，实现自主研发的创新，引领全球范围内的创新和新兴产业的跨越。实现跨越性技术的产业化发展，要保障创新机制的可持续发展，进而帮助全球科技新兴产业形成可持续化发展的新局面。

三、创业服务机构深度服务能力有待进一步提高

目前，中关村创业生态系统创业服务机构的服务范围已经涵盖创业初期辅导、投融资对接、企业培训等创业项目设计的方方面面，服务覆盖面广泛。然而，许多服务内容虽然有所涉及，但服务深度不够。因此，如何在扩大服务广度的同时加强服务的深度将会对中关村创业生态系统的长远发展起到决定性影响。作为全球一流的创业生态系统，美国硅谷的特色之一便是提供深度化的软性服务，投资

平台将投资人和创业项目紧密连接在一起，通过创投基金解决创业初期融资问题，并通过创业导师全程指导帮助创业团队克服创业初期的困难。可见，加深投资人与创业团队的紧密程度与深度配合能够帮助创业团队增加创业项目的成功率。因此，在服务深度方面，中关村的创业服务机构应积极学习国际一流创业生态系统经验，进一步深化创业服务机构的服务内容。

四、科技体制机制对创新创业活动的束缚依然较大

中关村创业生态系统在人才激励、科技研发、成果转化等方面仍然面临着一定程度的体制机制制约，例如在政府资助科研项目成果的专利权归属及权益分配体制上，仍需要加大体制改革力度，优化研发人员享有政府资助科研成果专利权的体制环境，这是政府资助研发成果实现产业化运用的重要制度前提。未来，如何缓解科技体制机制对创新创业活动束缚是中关村扩展创新创业活动范围，促进创新创业发展，加强创业生态系统建设的重要影响因素。

第四节　对策建议

一、完善创业金融发展体系

创新政府与市场相结合的机制，充分吸引和撬动社会资本，推动风险投资快速发展，完善知识产权融资等新兴融资渠道，完善资金供需方融资对接机制，优化创业企业融资环境，构建金融机构、风险资本、网络平台和民间金融多层次资本市场在内的创业金融服务体系。

1. 成立小企业投资公司（SBIC）

借鉴美国小企业局SBA促进创业企业发展的SBIC计划的成功经验，成立中关村小企业投资公司，通过完全市场化的模式运作，大力发展中关村的风险投资产业，同时培养风险投资专业人才。引导和鼓励社会资本设立股权投资基金，加大财政资金使用方式改革力度，充分发挥财政资金杠杆效应引导更多社会资本为创业企业提供资本支持。

2. 促进网络融资[1]平台健康快速发展

引导互联网融资平台为创业企业提供融资服务，为发展规范的网络融资平台

[1] 网络融资是近几年兴起的一种新型数字化融资方式，利用网络在线平台提供借贷中介服务，在解决信息不对称、道德风险等方面具有明显优势，为缓解创业企业融资难提供了一种有益尝试。

推荐具有成长潜力的创业企业，通过网络融资平台的“信用贷款”解决创业企业贷款抵押问题、通过“网络联保机制”解决创业企业担保问题、通过“信用档案”解决创业企业信息不对称问题，通过“网络效应”解决创业企业道德风险问题，通过“突破时空限制”解决创业企业贷款周期问题。

3. 设立创业投资政府引导基金

以北京市和中关村重点发展的高新技术和战略性新兴产业为投资重点，设立创业投资政府引导基金，扩大政府引导基金的规模，充分发挥财政资金的杠杆效应，撬动民间资本加大对政府倡导产业领域创业企业的资本支持。探索建立海外技术引进引导基金，支持创业企业引进最新技术等海外创业资源。

4. 完善知识产权融资环境建设

简化知识产权质押融资手续、减免相关费用，完善专利银行、技术转移及交易市场建设，促进知识产权产业发展，依托中国技术交易所建立知识产权交易平台和服务体系，推动知识产权评估等中介机构发展，使知识产权融资成为具有自主知识产权高技术人员创业的重要融资途径，为掌握核心技术的高端创业企业提供更多的融资支持。

5. 推动创业企业信用体系建设

建立创业企业诚信档案，推动监管部门间信息互联互通。完善创业企业信用数据库，并定期向全社会公开，鼓励信用担保机构规范发展，建立创业企业“红黑”名单制度，对信用良好、没有拖欠及违约记录的创业企业纳入红名单给予正向激励，对存在违约行为的创业企业纳入黑名单给予惩戒公示，通过政府介入促进创业企业信用体系建设与金融机构资本支持实现有效对接。

6. 引导金融机构加大融资支持

加大财政资金投入力度，利用小微企业信贷风险补偿资金、创业投资风险补偿资金、担保融资扶持资金等政策性资金的作用，建立政—银—担风险分担模式，引导金融机构加大对创业期小微企业的贷款支付，同时探索政—银—保风险分担模式，引导并鼓励保险机构为创业企业提供保证保险服务，创新创业贷款模式，加大对创业企业的融资支持。

二、提升服务体系服务功能

完善以创新型科技孵化器为核心、各类创业服务机构协同发展的创业服务体系，建立市场主导、政府支持的多层次、全方位、多样化的创业服务体系，全面提升服务机构聚集人才、技术、资本等各类创业要素的能力，为中关村创业生态系统完善提供有力支撑。

1. 打造一批创新型创业服务机构

加速推广创新型孵化器建设模式。以36氪、车库咖啡等创新型孵化器为示范，支持创业服务机构整合创业资源，为创业企业提供高层次的综合性服务。在鼓励孵化器提供综合性服务的同时，引导服务机构创业服务向小而精的方向发展，将自身的优势资源做深做足，实现创业服务机构大而全、小而精同时并存的发展格局。

2. 扩大创业导师人才队伍规模

加强高端创业导师人才队伍建设。按照“成长阶段配导师”的模式，支持各类服务机构聘请成功企业家、专家学者、专业管理人才、天使投资人为创业导师，发挥创业者—企业家—天使投资人—创业导师的协作机制，为创业企业提供更有针对性的创业辅导。

3. 推动服务机构加速国际化发展

推动服务机构提高国际化发展水平，吸纳全球高端人才及创业项目。扩大与国际知名创业服务机构合作，鼓励国内服务机构在境外设立分支机构，开展国际化业务，吸引境外优秀创业服务机构与国内服务机构加强合作，为国内创业者打造国际化的创业服务平台。通过引进先进的理念、人才、技术及资本，提升国内服务机构国际视野，支持创新型创业服务机构倡导成立或参与相关国际性合作组织，提升中关村创业服务的国际化水平。

4. 打造创业企业经验交流平台

通过政府、行业协会及服务机构三方合作，搭建创业企业创业交流平台，推广创业辅导成功经验，召开现场观摩学习交流会，探索不同创业类型典型经验并加大宣传推广。引导创业企业设计合理的创业激励机制，加大创业培训和服务力度，推动创业者向现代企业家转变。支持创业企业积极参与具有全球影响力的创业创新大赛，促进国内外创业团队间加强合作与交流。

5. 推动传统服务机构加速转型

支持信用、法律、知识产权、管理和信息咨询、人才服务、资产评估、审计等传统创业服务机构进行转型升级，引导并鼓励其探索新的创业服务模式，全面开展创业服务业务，培育并推广创业服务新业态。引导传统服务机构与创新型孵化器有效对接，定期举办创业专题专业培训，构建高效专业服务团队、提高传统服务机构的创业服务成效。

6. 建设一批创业服务示范社区

以中关村创业大街为示范，支持传统创业基地的转型升级，通过集聚服务机构、创业资本、人才、创意等创业资源，发挥地理空间集群效应，重点打造中关村创业大街、知春路等明显具有先发优势的创业示范社区。探索新型创业社区建设模式，如 you+ 创业公寓等，为创业者提供更完善的创业服务环境。

三、加强高端创业人才集聚

围绕建设具有全球影响力创新中心的战略目标，以培育壮大中关村高新技术产业和战略新兴产业为重点，大力引进全球高层次创新创业人才。丰富吸引海内外高端创业人才的渠道，对吸引和聚集高层次国际创业人才团队的体制机制进行创新，形成高端创业人才高地，加快国际国内人才交流与合作。

1. 拓宽高端创业人才引进渠道

加强吸引海外高端创业人才的网络招聘和现场招聘工作，在海外人才集聚地区建立海外人才联络点，依托“千人计划”、“海聚工程”、“高聚工程”等重大人才工程和事业发展平台积极引进高端创业人才。实施“海外高层次人才中关村创业行”活动，让全球高端创业人才通过实地考察，感受中关村的创业前景和良好环境，增强宣传、推介中关村创业环境的效果。鼓励社会力量引进全球高层次创业人才，密切与国际人才招聘中介机构联系与沟通，鼓励社会力量引进高层次人才。

2. 推动高端人才创业平台建设

完善高端创业人才创业载体建设，充分发挥留学生创业园以及其他创业服务机构等创业载体吸引高层次人才创业的作用，引进高端人才科技项目入园孵化。推进研发机构国际化建设，加快产学研基地和科技中心建设，争取世界一流的科研院所、跨国公司工程技术中心、重点实验室在中关村建立分支机构。突出发挥企业的主体作用，支持并鼓励企业建立人才流动站及参加高端创业人才招聘活动。

3. 完善高端创业人才扶持政策

深入落实高端人才优惠政策，完善人才引进与培养、人才原始创新支持、人才创业支撑和人才联络及服务等政策内容，积极推动人才工作体制机制改革创新。对高层次人才创办的企业，经专家评审具有发展前景的，可以享受政府优惠扶持。

4. 解决高端创业人才生活保障

对符合产业发展导向的高端创业人才，完善津贴、住房、择校等优惠措施。为高端创业人才提供功能齐全、服务优良的高层次人才公寓，为引进人才创造一流生活居住环境。妥善解决高端创业人才子女就学，协助解决高端创业人才的配偶就业等后勤保障问题。

5. 完善高端创业人才管理工作

完善制定高端创业人才引进评价办法，优化评价标准、程序及评价方法，做好人才评价工作。对高层次人才创新创业工作实行绩效管理，进行量化考核。设立高端人才基金，专款专用，主要用于高端人才引进、培养、创业扶持、表彰奖励及人力资源开发等方面。成立人才评价委员会和专家评审委员会，对引进人才和创新团队进行评定。

四、突出领军企业创业引领

支持领军企业建设创业平台，支持领军企业吸引顶尖人才，打造创业企业经验交流平台，扶持领军企业国际化发展，鼓励战略性新兴产业领域创业，使领军企业既成为创业的引领者，也成为创业团队孵化的主要载体。

1. 支持领军企业建设创业平台

以领军企业为龙头，通过建立“平台＋创投＋市场”的孵化模式，壮大“百度系”、“联想系”、“腾讯系”、“小米系”等创业派系，依托领军企业持续孵化新的创业者，鼓励领军企业技术人员创业。支持组建产业技术联盟，共享知识产权，并以此为枢纽促进技术共享与智力协作，全面提高创业企业产业技术核心竞争力，使领军企业成为创业团队孵化的主要载体。

2. 支持领军企业吸引顶尖人才

注重充分发挥行业顶尖人才在引领产业发展中的重要作用，支持领军企业与国际一流高校、科研机构或知名跨国公司开展交流与合作，通过设立、并购海外研发机构等方式，与世界最优秀的科学家、最先进的实验室建立合作伙伴关系，逐步建成全球开放实验室网络，吸引全球高端人才，培养一流技术骨干，带动、培育一批基础研究、前沿技术和新兴产业领域高层次领军人才。

3. 扶持领军企业的国际化发展

鼓励领军企业组建产业技术联盟，参与制定行业发展国家及国际标准，支持高成长性企业吸引海外创业投资资金并在海外上市，支持有基础、有条件的领军企业依托境外资本市场做强做大，通过吸引和利用国际资本、开拓海外市场，鼓励其加速国际化发展，提高全球创业资源的整合能力，切实增强所属行业的国际竞争力。

五、创新高校院所创业体制

改革高校及科研院所科研体制，释放科研活力，推广创业教育鼓励创业创新，使高校院所成为创业的大本营，搭建行业公共技术服务平台，支持组建创新型创业孵化器，打造国际化的合作交流平台，优化高校院所的创业发展环境。

1. 改革科研体制释放科研活力

深化高校及科研院所科研体制改革，创新股权激励、科技成果收益等制度设计，解决高校院所长期以来对自己创造的科技成果没有处置权、收益权的困境，通过科研体制改革改革允许科技人员持有股权、期权，使智力劳动得到更好价值实现，全面推进研究机构科技成果产业化转化及实现科技协同创新。

2. 推广创业教育鼓励创业创新

鼓励和支持高校院所系统开展创业教育课程，推广成功经验及先进做法，加速教育科研机构创业知识积累，促使创业教育课程内容从传统的商学院推广到所有专业领域，丰富创业教育涵盖内容。鼓励高校科研院所通过开展创业大赛等类似活动为技术人员创业活动提供资金支持，使教育科研机构成为创业创新精神的发源地。

3. 支持组建创新型创业孵化器

支持高校院所依托校友会、大学科技园建设创新型孵化器，鼓励其对学科带头人、国家重大项目参与人及高技术人才创办企业提供资金及服务支持，推动专家学者及技术型创业者向现代企业家转变，引导高校院所孵化器健全人才、资金、项目的对接机制，推广清华 x-lab、北大创业营等孵化机制，打造高校院所产教研融合协同创业创新体系。

4. 打造国际化的合作交流平台

依托高校及科研院所为纽带，推动创业企业增加与国外的交流与联系，打造跨境协同创业创新平台，吸引全球创业资源，对接境外高端人才，增加对外合作与交流，发挥国内国外创业资源的协同效应。尤其在国家倡导的战略性新兴产业领域，将高校院所打造成为创业企业提高国际视野、增加国际合作与交流的载体和平台，推动创业生态系统国际化水平的提升。

六、打造新时代的创业文化

大力加强中关村创业环境的相关宣传，弘扬“全民创业、万众创新”的创业创新精神，丰富创业相关主题活动，培育和推广创客文化，鼓励创新，宽容失败，营造浓郁的创业文化氛围。

1. 加大创业主题宣传力度

开展中关村创业品牌宣传推广活动，扩大中关村创业环境的国际影响力，提升中关村创业企业的国际认可度，推出“中关村创业新时代”主题宣传片，推广先进经验和模式，通过定期公布创业报告、召开媒体发布会、进行专访等多种形式，不断提升中关村的品牌价值，塑造中关村引领中国创业的品牌形象，弘扬“鼓励创新、宽容失败”的文化，将中关村打造成为最具国际影响力的创业交流平台。

2. 丰富创业相关主题活动

举办系列具有重要国际影响力的创业活动，如中关村创业节、中关村——硅谷创新创业大赛等，力争打造出一系列金牌主题，实现主题活动常态化，支持车库咖啡、3 W咖啡等创业服务机构开展各类创业服务活动，引导全社会关注并支持各类创业活动，营造政府关心、全社会关注的良好创业文化氛围。

3. 弘扬和推广创客文化

发挥政府整合创业企业、服务机构、高校院所、创业资本等创业要素的纽带作用，支持组建创客空间、创客社团等社会组织，搭建智能硬件产业专业人才和创业项目交流互动的平台，发挥中关村在智能产业的技术优势，支持高校及科研机构积极开展智能硬件创新实践教育，积极组织创客、极客创业大赛，定期组织开展新产品发布会，建设智能硬件产品展示体验中心，营造良好的创客发展生态环境，提升公众对创客文化及创客产品的认知，推广创客理念，弘扬创客精神。

第五章　中小企业信息化发展研究

第一节　研究背景

随着云计算、物联网、大数据以及移动互联网等新一代信息技术应用的不断普及，中小企业信息化发展不断取得新的突破，信息化作为促进中小企业转变经济增长方式、加速转型升级的重要发展方向，在目前宏观经济下行压力加大的形势下具有更加重要的意义。如何及时掌握中小企业信息化发展的新趋势及新特征，将对未来引导中小企业信息化发展具有重要参考价值。对此，本章重点针对当前"互联网 +"新形势下中小企业的信息化开展研究，分析当前中小企业信息化发展的现状，研究中小企业信息化发展过程中存在的主要问题并提出对策建议，期望能为下一阶段我国中小企业信息化相关工作的推进和完善提供有益参考。

第二节　发展现状

为贯彻落实国务院办公厅《关于大力推进大众创业万众创新若干政策措施的意见》（国发〔2015〕32 号），更好地了解当前小微企业信息化发展现状，2015 年 11 月对全国 32 个省市区及计划单列市的小微企业信息化应用情况进行了问卷调查，经筛选剔除无效问卷后，共回收有效问卷 718 份，统计分析结果如下：

一、主要结论

小微企业在信息化发展上投入较少，超过 50% 的企业信息化投入在 10 万元以下。网上销售收入占小微企业全部销售收入的比率较低，72.5% 的企业去年网上销售收入占企业全部销售收入的比率在20%以下，其中10%以下的占55.8%，超过总数的一半。

大多数企业信息化应用未因“宽带”不足受到影响，52.6%的企业表示“宽带”可以满足应用需要。但超过七成（76.8%）企业未使用过云计算服务，“因为不了解”是当前企业普遍反映未使用云计算服务的最主要原因，占比为41.8%。缺乏信息化人才（42.5%）是当前中小企业信息化建设中面临的最主要困难；其次是缺乏资金，占比为36.4%。

绝大多数企业因为不了解而未享受过互联网相关的服务和优惠政策。超过半数（54.7%）的企业未使用过政府提供的信息化相关的公共服务。这其中31.3%的企业表示对相关的公共服务不太了解。绝大部分（90.6%）企业未享受过信息化相关“服务券”优惠，这其中52.6%的企业是因为没听说过“服务券”优惠。

大多数企业由于“不了解”而未充分采用互联网“众筹”、“众包”等信息化发展新模式。94%的企业未利用过互联网“众筹”的模式进行过融资，这其中56%的企业是因为不了解。89.8%的企业未利用过互联网“众包”的模式借助企业外部力量帮助企业发展，58.2%的企业是因为不了解。85.7%的企业未通过互联网实现“个性化定制”，这其中表示不了解的企业占47.6%。85.2%的企业未通过互联网实现“协同创新”，45.9%的企业是因为不了解。

企业在信息化建设中最主要的困难仍是政策环境不足，占比最高为30.9%。其次是第三方机构和社会服务平台所构建的信息化服务支撑环境不足，占比为19.1%。同时大多数企业（77.5%）表示并不太了解“智能制造”。其中36.6%的企业表示并不了解“智能制造”，40.9%的企业表示了解一点，但并没有具体的方向。

二、具体情况

1. 各类企业积极参加问卷调查

参与此次问卷调研的企业构成以私营企业为主，占比达到88.1%，国有企业占比4.1%，集体经济占比2.9%、外商独资企业占比1.8%、中外合资企业占比1.0%、中外合作企业占比0.8%和其他类型企业占比2.9%。从样本企业类型的分布来看，私营企业为主的调查样本结构符合我国小微企业的实际构成情况，因此本次问卷分析可以反映出当前我国小微企业信息化应用的主要特征。

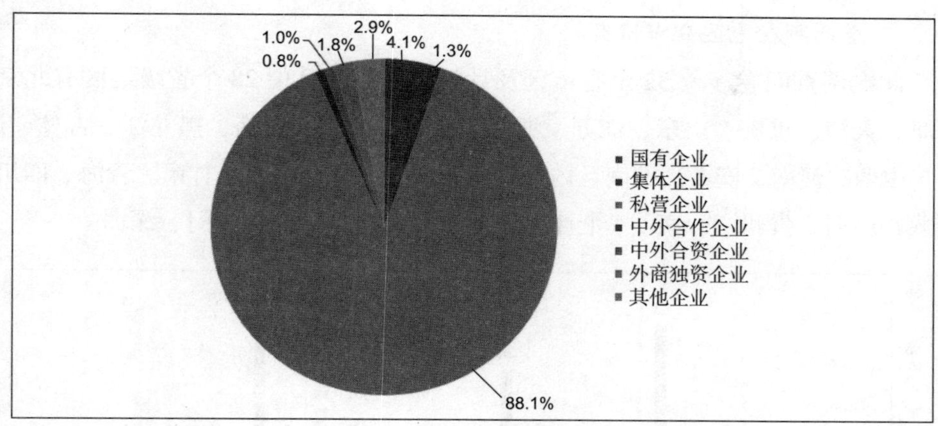

图5-1　企业经济类型分布

数据来源：赛迪智库中小企业研究所整理，2016年1月。

2. 企业所属行业分布情况

根据问卷反映的情况，企业所属行业以制造业为主，制造业领域的小微企业占到所有行业的51.3%。其他占比较高的行业分别是信息传输、软件和信息技术服务业占比15.4%，农、林、牧、渔业占比10.6%，批发和零售业占比为7.0%。

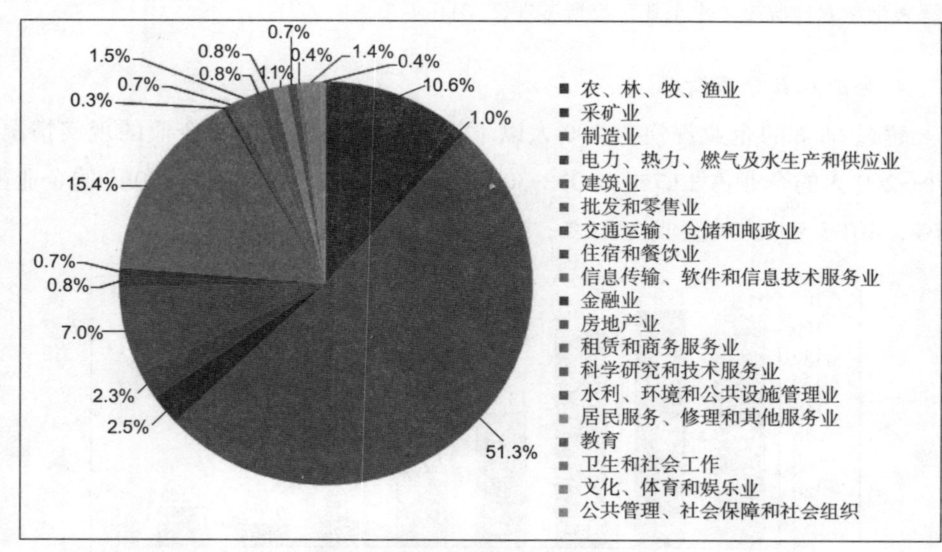

图5-2　企业所属行业分布情况

数据来源：赛迪智库中小企业研究所整理，2016年1月。

3. 企业所在地区分布情况

此次调查问卷涉及 32 个省市区及计划单列市。其中 28 个省级地区有北京、上海、天津、重庆、山东、江苏、浙江、福建、广东、海南、黑龙江、吉林、辽宁、山西、河南、安徽、湖南、内蒙古、新疆、宁夏、陕西、甘肃、青海、四川、西藏、广西、贵州、云南；4 个计划单列市有大连、宁波、厦门、深圳。

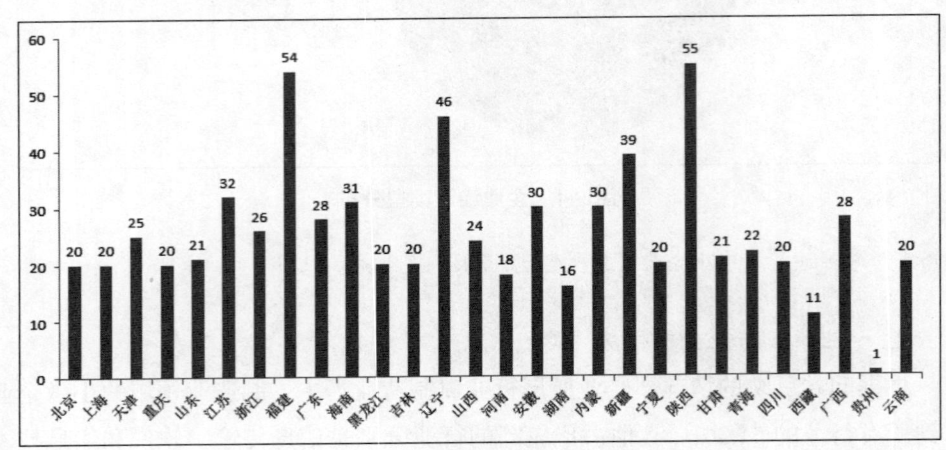

图 5-3　企业所在地区分布情况

数据来源：赛迪智库中小企业研究所整理，2016 年 1 月。

4. 企业人数分布情况

超过 69% 的企业规模为 100 人以下，基本符合我国小微企业的现实情况。101—200 人的企业占 13.7%，201—300 人的企业占 7.7%，301—400 人的企业占 3.1%，401—500 人的企业占 2.2%，501 人以上的企业占 4.1%。

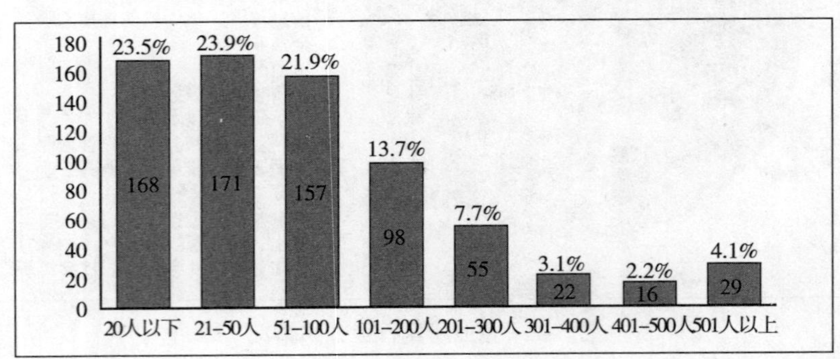

图 5-4　企业人数分布情况

数据来源：赛迪智库中小企业研究所整理，2016 年 1 月。

5. 企业年销售额分布情况

根据回收问卷分析显示，年销售额 2000 万以上企业所占比例最高，占 39.8%，100 万以下占比为 13.6%，1000 万—2000 万占比为 13.3%，500 万—1000 万占比为 10.3%，300 万—500 万占比为 9.0%，100 万—200 万占比为 8.5%，200 万—300 万占比为 5.5%。

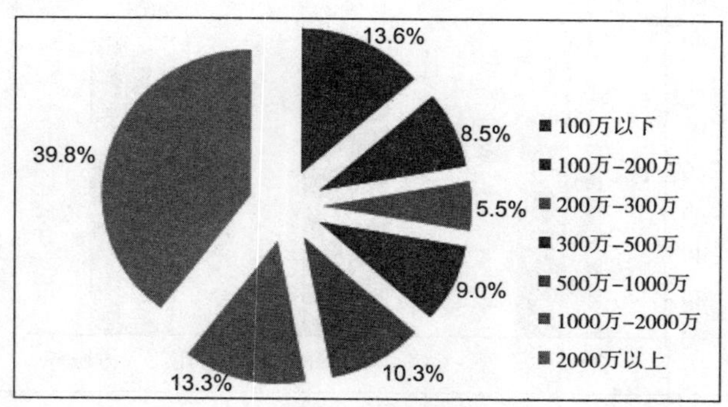

图 5–5 企业年销售额分布情况

数据来源：赛迪智库中小企业研究所整理，2016 年 1 月。

6. 企业信息化建设的途径以采用第三方服务为主

（1）总体情况

根据问卷显示，目前我国小微企业信息化建设的主要途径是采用第三方服务，占比为 40%，其次是自己开发，占 31.7%，最后是完全委托开发，占 28.3%。

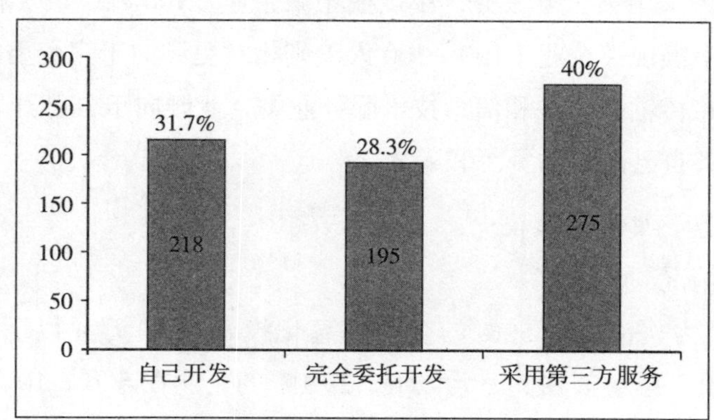

图 5–6 企业信息化建设的主要途径

数据来源：赛迪智库中小企业研究所整理，2016 年 1 月。

（2）制造业情况

就制造业而言，其分布与总体情况基本吻合，企业信息化建设的主要途径也是采用第三方服务，占比为40.3%。接下来稍有差异。占比第二的是完全委托开发，占33.3%，最后是自己开发，占26.4%。

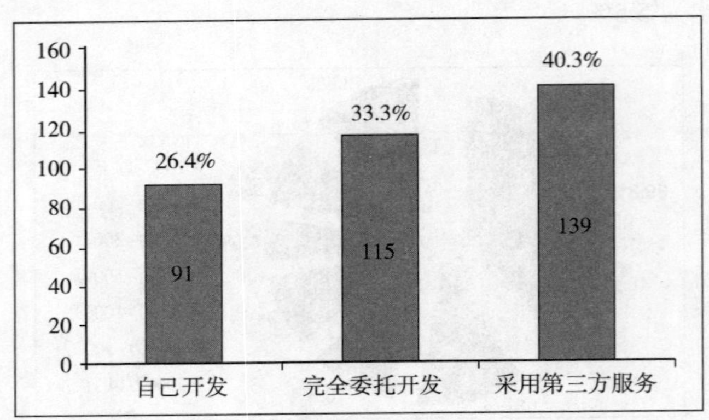

图 5–7　制造业企业信息化建设的主要途径

数据来源：赛迪智库中小企业研究所整理，2016 年 1 月。

（3）特征分析

企业信息化建设途径的选择差异主要体现出以下几个特征。

第一，采用第三方服务是各类企业首选的信息化建设途径，这一特征在年销售额大于 2000 万的企业中格外显著。

第二，除去采用第三方服务，小规模小微企业（100 人以下）相对更倾向于自己开发，而中等规模企业（100—300 人）则相对更倾向于完全委托开发。

第三，信息传输、软件和信息技术服务业类企业倾向于自己开发。企业本身性质决定其具备自己开发的资源和人才。

7. 企业信息化发展投入较少

（1）总体情况

以 2014 年为例，超过 50% 的企业信息化投入在 10 万元以下。具体来说，31.7% 的企业投入总金额在 5 万元以下，19.1% 的企业在 5 万—10 万元之间。其余占比较大的分别为：投入 10 万—20 万的企业占 12.9%，投入 20 万—30 万的企业占 8.1%。总体来说，企业在信息化发展上投入较少。

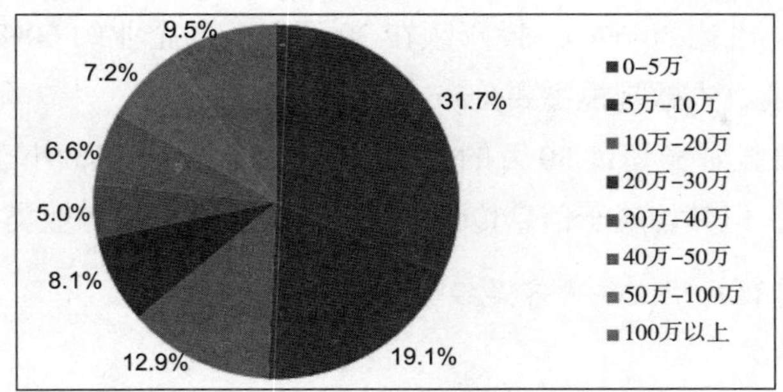

图 5-8　企业去年信息化发展投入总金额情况

数据来源：赛迪智库中小企业研究所整理，2016 年 1 月。

（2）制造业情况

制造业情况与总体情况类似。总体来说，制造业企业在信息化发展上投入也较少。45.9% 的制造业企业信息化投入在 10 万元以下。具体来说，30.4% 的企业投入总金额在 5 万元以下，15.5% 的企业在 5 万—10 万元之间。其余占比较大的分别为：投入 10 万—20 万的企业占 13.7%，投入 20 万—30 万的企业占 10.7%。

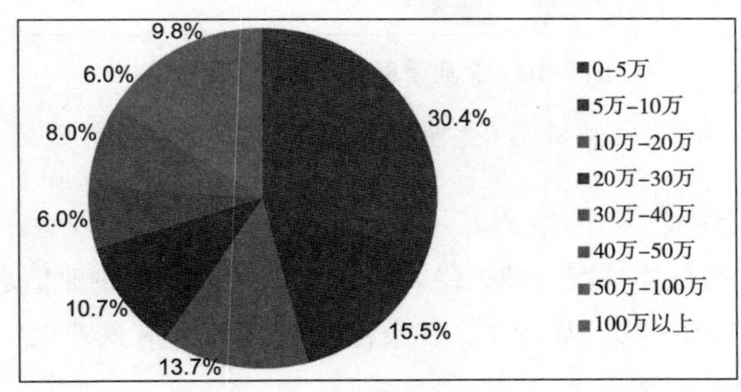

图 5-9　制造业企业去年信息化发展投入总金额情况

数据来源：赛迪智库中小企业研究所整理，2016 年 1 月。

（3）特征分析

企业信息化发展资金投入与企业人数规模和企业销售额密切相关，企业信息化投资资金有随着人数规模和销售规模扩大而增加的趋势，极少部分人数规模小、销售规模小的企业投资金额较大主要因为其属于信息传输、软件和信息技术服务业类企业，企业性质决定其对于信息化建设投入较高。

在信息化投入上投资金额 10 万以下的企业主要是人数 50 人以下，年销售额 200 万以下的企业。投资金额在 10 万—20 万元的主要是人数规模在 50—100 人的企业（34家，占比38.6%）。投资额在30万以上的企业约60%是年销售额超过2000万的企业，人数规模主要分布在101—200人。

信息化建设投资额超过30万的企业中，有5家年销售额小于100万，企业人数小于50人，但其均属于信息传输、软件和信息技术服务业类企业。

8. 企业信息化应用主要内容是经营管理和电子商务

（1）总体情况

经营管理和电子商务是企业信息化应用的最主要内容，占比超过一半，达到52%。其余占比较大的为信息获取，占比16%，物流配送，占比11%。

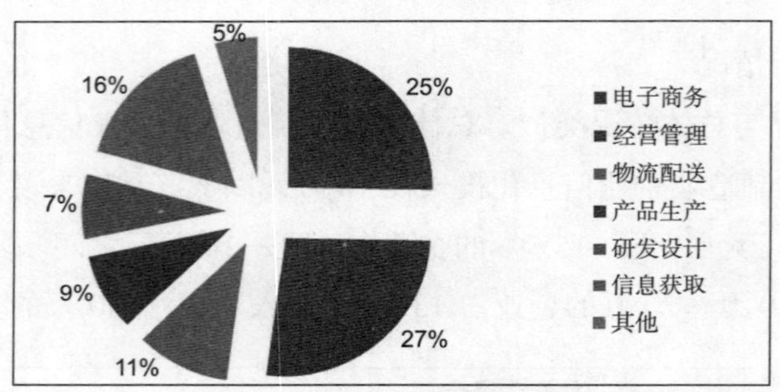

图5-10　企业信息化应用的主要内容

数据来源：赛迪智库中小企业研究所整理，2016年1月。

（2）制造业情况

制造业情况与总体情况一致，经营管理和电子商务是企业信息化应用的最主要内容，占比接近一半，为48%。其余占比较大的为信息获取，占比17%，产品生产，占比13%。

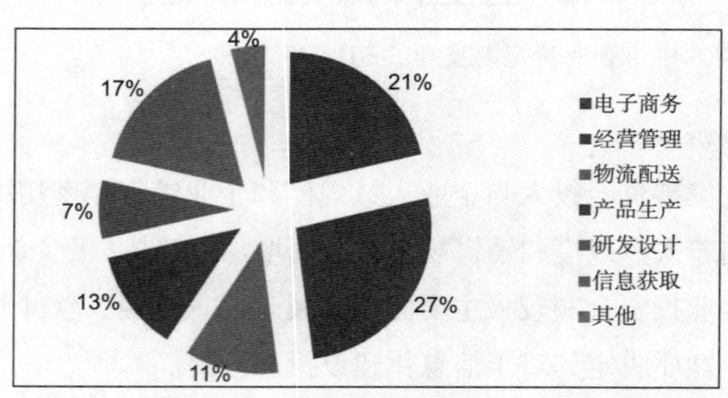

图5-11　制造业企业信息化应用的主要内容

数据来源：赛迪智库中小企业研究所整理，2016年1月。

（3）特征分析

企业的信息化应用呈现以下特征。

第一，应用电子商务的企业往往能获得更多的销售收入，电子商务应用类中52.9%企业的年销售收入均大于1000万。

第二，年销售收入越大的企业越倾向于将信息化应用于经营管理，年销售收入大于1000万的企业中69%将信息化应用于经营管理，因此说，从电子商务到经营管理是信息化应用不断提升的过程。

第三，销售规模大的企业更需要物流配送信息化服务，且主要分布在制造业、农林牧渔业和批发零售业领域，物流配送信息化应用企业中67.3%年销售收入大于1000万。

第四，将信息化应用于产品生产的企业以制造业为主，78.7%的企业是制造业。

第五，将信息化应用于研发设计的企业多为年销售额较大的企业，研发设计应用类企业中57.9%年销售收入大于1000万，这与研发本身需要较大的资金支持有一定的关系。

第六，通过信息化途径获取信息是企业信息化应用中的辅助功能，信息获取通常于其他应用结合在一起，极少企业会单独将信息化应用于信息获取领域。

9. 企业网上销售收入占全部销售收入的比率较低

（1）总体情况

72.5%的企业上年网上销售收入占企业全部销售收入的比率在20%以下，其中10%以下的占55.8%，超过总数的一半。将近九成（88.8%）的被调查企业网上销售收入占全部销售收入的比率在50%以下。这意味着，大多数企业网上销售占总销售收入的比例较低。

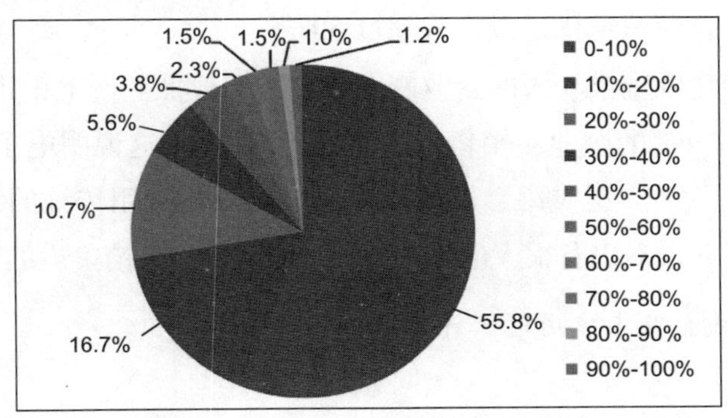

图5-12 企业去年网上销售收入占企业全部销售收入的比率分布

数据来源：赛迪智库中小企业研究所整理，2016年1月。

（2）制造业情况

制造业情况与总体情况类似，大多数制造业企业网上销售占总销售收入的比例较低。74.6% 的企业上年网上销售收入占企业全部销售收入的比率在 20% 以下，其中 10% 以下的占 57.1%，超过总数的一半。超过九成（95.8%）的被调查企业网上销售收入占全部销售收入的比率在 50% 以下。

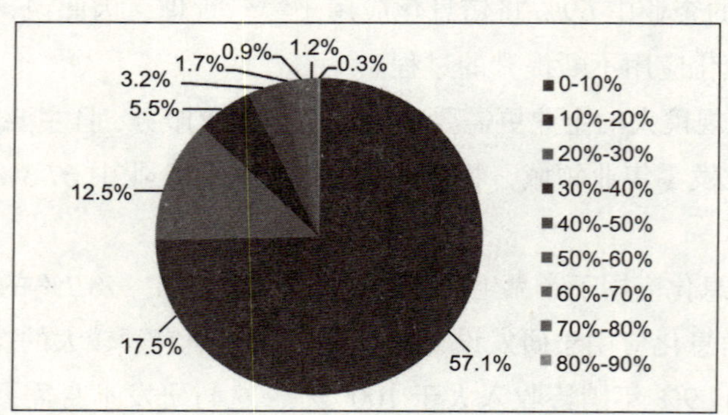

图 5-13　制造业企业去年网上销售收入占企业全部销售收入的比率分布

数据来源：赛迪智库中小企业研究所整理，2016 年 1 月。

（3）特征分析

企业网上销售收入占总销售收入的比率与两个因素相关，通常信息化建设投入较大的企业网上销售收入占比较高，年销售规模较大的企业（如 1000 万以上）网上销售收入占比较低。

第一，网上销售收入占比较高的企业通常信息建设投入较大。据统计，仅 51 家企业网上销售收入占比超过 50%，其中 39.2% 的企业信息化建设投入超过 30 万，29.4% 的企业信息化建设投入超过 50 万。

第二，年销售额规模较大的企业网上销售占比较低。网上销售收入占比低于 10% 的企业中 50.4% 的企业年销售收入超过 1000 万。这说明电子商务目前主要在规模偏小的企业中广泛应用，规模较大企业仍主要采用传统的线下销售模式，这意味着电子商务未来仍有很大的增长空间，其对传统营销渠道的改造方兴未艾。

10. 超过七成企业未使用过云计算服务

（1）总体情况

“因为不了解”是当前企业普遍反应未使用云计算服务的最主要原因，占比为 41.8%。这可能由于目前利用云计算服务模式为小微企业提供信息化服务仍处于探索阶段，市场对云计算的认知度仍相对有限，因此企业对云计算缺乏了解。这一问题有望随着云计算服务模式认可度的不断上升得到解决。这一判断也可以从35%的企业正在了解云计算，准备试用云计算中得到证明。

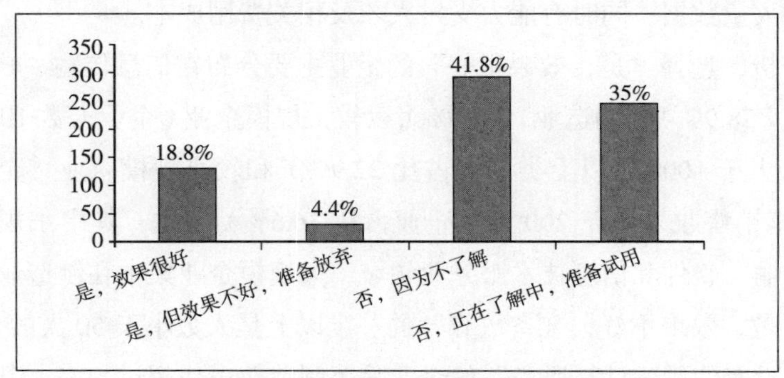

图 5-14　企业是否使用过云计算服务

数据来源：赛迪智库中小企业研究所整理，2016年1月。

（2）制造业情况

制造业企业和总体情况一致。“因为不了解”也是制造业企业普遍反应未使用云计算服务的最主要原因，占比为44.9%。

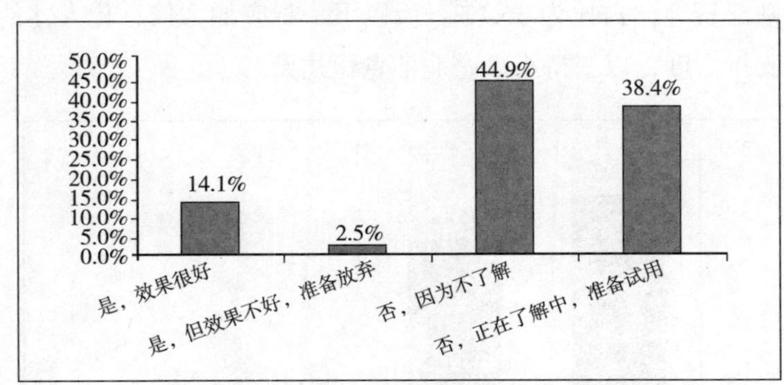

图 5-15　制造业企业是否使用过云计算服务

数据来源：赛迪智库中小企业研究所整理，2016年1月。

（3）特征分析

是否使用过“云计算”服务及其试用效果与企业所属行业性质及企业规模存在一定的关系。使用过“云计算”，且认为效果很好的企业主要集中在小规模信息传输、软件和信息技术服务类企业，以及大规模制造业类企业。“云计算”的使用对于人才科技水平要求较高，信息服务类企业属于云计算较为了解，相对而言更具备此类人才，制造业企业中只有规模较大的企业才更需要“云计算”科技处理和储存大量数据，同时有能力支付人才及相关费用成本。

具体分析，选择“是，效果很好”的企业主要分布在信息传输、软件和信息技术服务业（38.9%）和制造业（37.4%），以较大规模企业（企业人数100人以上，年销售收入大于1000万以上类企业占比22.9%）和较小规模企业（企业人数小于50人，年销售收入小于200万类企业占比36.6%）为主，其中小规模企业集中在信息传输、软件和信息技术服务业领域，大规模企业集中在制造业领域。

选择“是，效果不好，准备放弃”的一半以上是人数小于50人的企业。“因为不了解而没有使用云计算服务”的企业除了制造业占比超过50%，其次是农林牧渔业类企业占比13.6%。“正在了解，准备试用云计算”的企业81.2%集中在人数小于200人的企业。

11. 缺乏信息化人才是当前中小企业信息化建设的最主要困难

（1）总体情况

“缺乏信息化人才（42.5%）”是当前小微企业信息化建设中面临的最主要困难。其次是缺乏资金，占比为36.4%。所以下一步应加大信息化人才的培养力度和专项资金支持力度，以支持小微企业信息化建设。

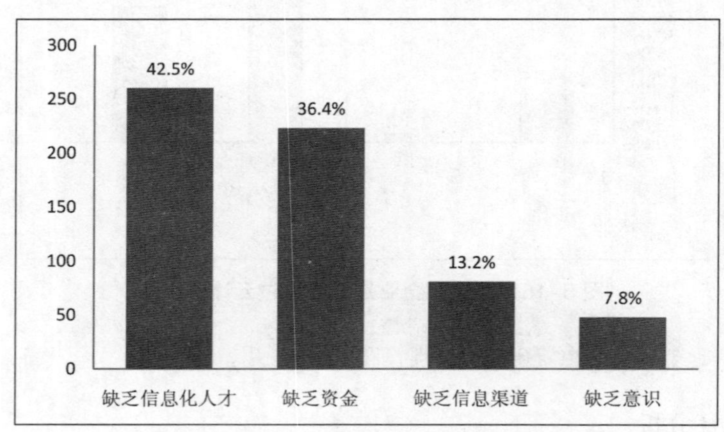

图 5–16　企业当前信息化建设的主要困难

数据来源：赛迪智库中小企业研究所整理，2016年1月。

（2）制造业情况

制造业情况与总体趋势一致。“缺乏信息化人才（46.5%）”也是当前制造业小微企业信息化建设中面临的最主要困难。其次是缺乏资金，占比为29.8%。

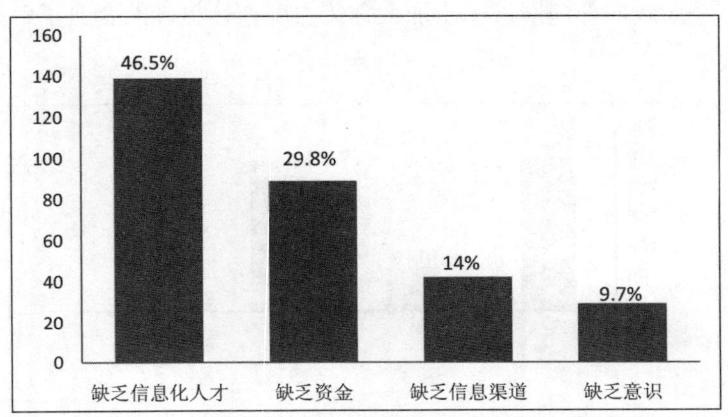

图 5-17　制造业企业当前信息化建设的主要困难

数据来源：赛迪智库中小企业研究所整理，2016 年 1 月。

（3）特征分析

当前企业信息化建设过程中的主要困难体现出以下特征。

第一，缺乏信息化人才成为各类企业信息化建设中面临的困难，推进小微企业信息化建设，不仅要加大信息化人才培养力度，还要采取一定的政策措施加强相关人才的培养。

第二，较小规模企业信息化建设过程中还面临缺乏资金的困难，据统计100人以下的企业主要困难集中体现在缺乏信息化人才和资金（占比69.6%）。加速完善小微企业信息化建设专项资金扶持体系是解决小微企业信息化建设资金缺乏的重要途径。

第三，较大规模企业除了缺乏信息化人才，其困难还主要体现在缺乏信息渠道和意识（占比18.5%）。由于调研企业中多为制造业企业，该类企业发展模式相对传统，对于信息化建设意识淡薄，亦缺乏了解渠道。进一步加大制造业领域信息化应用相关宣传推广工作仍是推动制造业企业信息化建设的重要工作抓手。

12. 超过半数的企业未使用过政府提供的信息化公共服务

（1）总体情况

54.7%的企业未使用过政府提供的信息化相关公共服务。这其中31.3%的企业表示对相关的公共服务不太了解，23.6% 的企业表示正在了解中，准备试用。表示使用过相关服务，且认为服务效果很好的占 35.2%。

这说明，仍有半数以上（54.7%）的企业未使用过政府提供的信息化相关的公共服务，今后政府部门应进一步加大宣传力度，让更多的企业了解并享受到相应的公共服务。

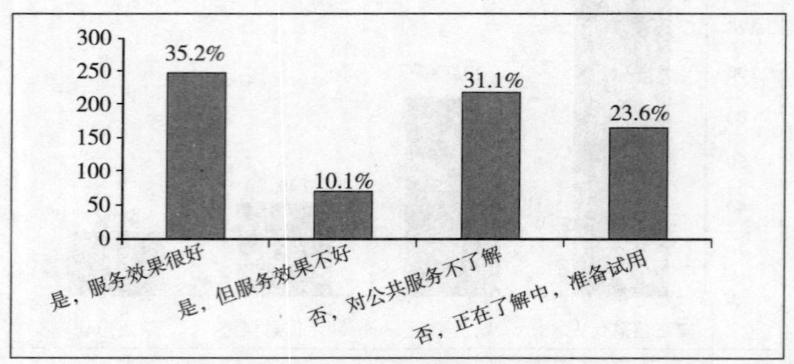

图 5-18　企业是否使用过政府提供的信息化相关的公共服务

数据来源：赛迪智库中小企业研究所整理，2016 年 1 月。

（2）制造业情况

制造业情况与总体情况一致。53.5% 的制造业企业未使用过政府提供的信息化相关公共服务。这其中 28.9% 的企业表示对相关的公共服务不太了解，24.6% 的企业表示正在了解中，准备试用。表示使用过相关服务，且认为服务效果很好的占 34.6%。

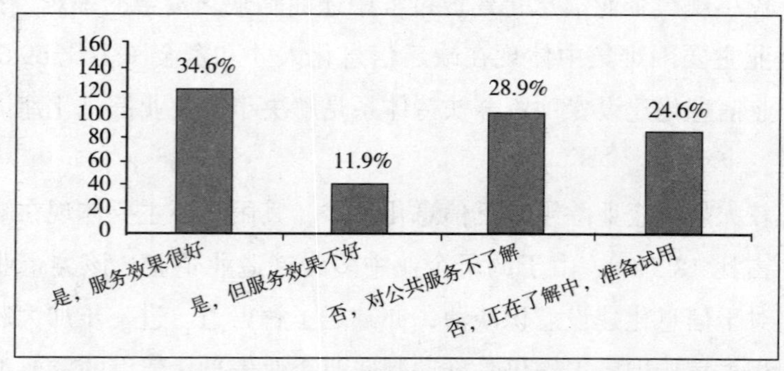

图 5-19　制造业企业是否使用过政府提供的信息化相关的公共服务

数据来源：赛迪智库中小企业研究所整理，2016 年 1 月。

（3）特征分析

较大规模的企业更易获得政府提供的信息化相关公共服务，具备更多的渠道了解相关公共服务。较小规模企业相对欠缺了解和享受相关公共服务的渠道。

享受过政府提供的信息化相关公共服务的企业中 32.6% 属于年销售收入大于 1000 万的制造业企业。“正在了解，准备试用”的企业中 51.8% 为年销售收入大于 1000 万的企业。“对公共服务不了解”的企业中 65.3% 是人数规模小于 100 人的企业。说明传统的信息化公共服务模式对较小规模企业的效果有待加强，对较小规模企业的宣传力度不足。

13. 大多数企业信息化应用未因“带宽”不足受到影响

（1）总体情况

52.6% 的企业表示“带宽”可以满足应用需要，相信随着我国“宽带”费用的进一步降低，以及速度的进一步提升，会有越来越少的企业因为费用和速度问题影响到信息化应用。

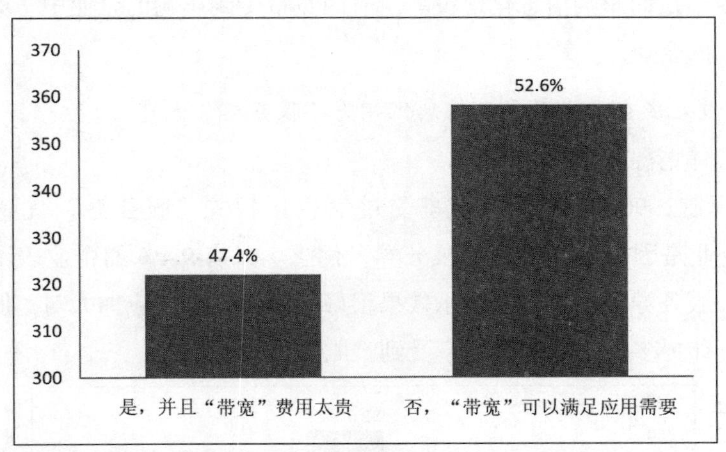

图 5-20　企业信息化应用是否因“带宽”不足而受到影响

数据来源：赛迪智库中小企业研究所整理，2016 年 1 月。

（2）制造业情况

制造业情况与总体趋势一致，54.6% 的制造业企业表示“带宽”可以满足应用需要，比总体情况略高。

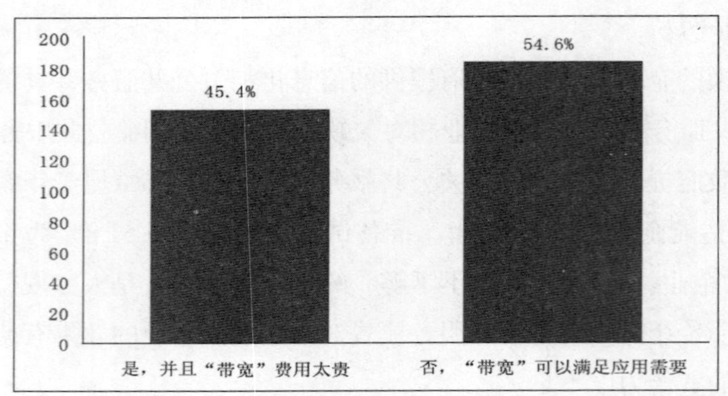

图 5-21　制造业企业信息化应用是否因“带宽”不足而受到影响

数据来源：赛迪智库中小企业研究所整理，2016 年 1 月。

（3）特征分析

企业信息化建设是否因“宽带”不足或费用太贵而受到影响主要与企业规模大小相关。规模相对大的企业相对小规模企业配备更为完善的基础设施，多数不会因为宽带不足而影响信息化建设。所有因宽带受到影响的企业中 70.2% 是人数小于 100 人的企业。

14. 超过九成企业未享受过信息化相关“服务券”优惠

（1）总体情况

问卷反映，90.6% 的企业未享受过信息化相关“服务券”优惠，这其中 52.6% 的企业是因为没听说过“服务券”优惠。只有 9.4% 的企业表示享受过信息化相关“服务券”优惠，并表示效果很好。所以，今后应加大对“服务券”的宣传力度，让更多的企业了解并享受到“服务券”优惠。

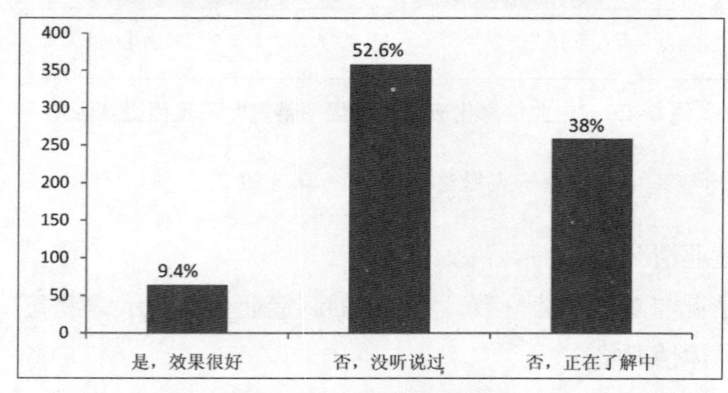

图 5-22　企业是否享受过信息化相关“服务券”优惠

数据来源：赛迪智库中小企业研究所整理，2016 年 1 月。

（2）制造业情况

制造业情况与总体情况类似。91%的企业未享受过信息化相关"服务券"优惠，这其中53.6%的企业是因为没听说过"服务券"优惠。只有9%的企业表示享受过信息化相关"服务券"优惠，并表示效果很好。

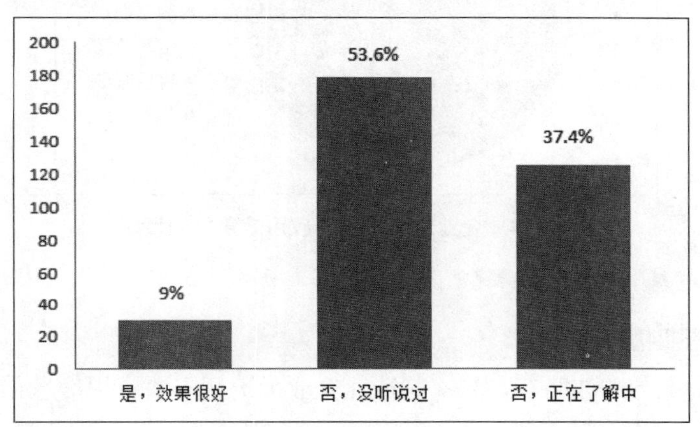

图 5–23　制造业企业是否享受过信息化相关"服务券"优惠

数据来源：赛迪智库中小企业研究所整理，2016年1月。

（3）特征分析

信息化相关"服务券"优惠普及范围主要在制造业领域少数规模较大的企业和信息传输等信息服务领域的规模较小的企业。这可能是由于信息传输等信息服务类的企业或者较大规模制造业企业更具备途径了解并享受到相关优惠。

具体分析，享受过信息化相关"服务券"优惠的企业仅64家，其中30家（占比46.8%）属于制造业，该类制造业企业中73.3%均为年销售收入超过1000万的较大规模企业。另外23家（占比35.9%）均属于信息传输、软件和信息技术服务业类企业，且该类企业中65.2%同时符合企业人数20人以下，年销售额100万以下，以规模偏小的企业为主。

15. 企业最迫切需要应用信息化的领域是市场营销和经营管理

（1）总体情况

据问卷显示，目前企业最迫切需要应用信息化的领域是市场营销和经营管理，分别占比为24%和20%。其余占比较大的分别是产品研发占17%，产品生产占比16%，物流配送占比11%，售后服务占比10%。

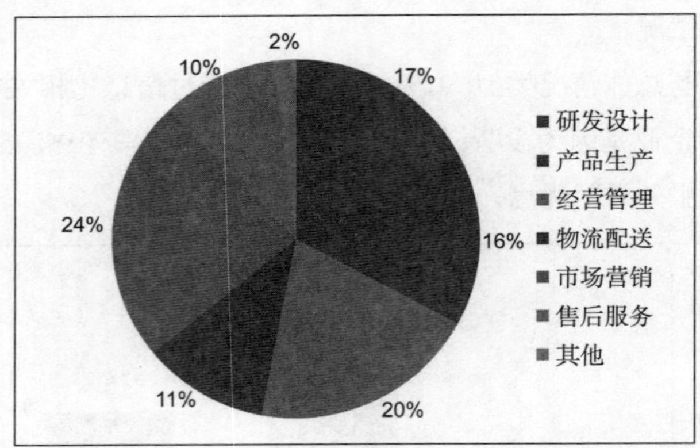

图 5-24　企业最迫切需要应用信息化的领域

数据来源：赛迪智库中小企业研究所整理，2016 年 1 月。

（2）制造业情况

制造业情况与总体略有差异。制造业企业最迫切需要应用信息化的领域是市场营销和产品生产，分别占比为 22% 和 21%。其余占比较大的分别是研发设计占 19%，经营管理占比 17%，物流配送占比 11%，售后服务占比 9%。

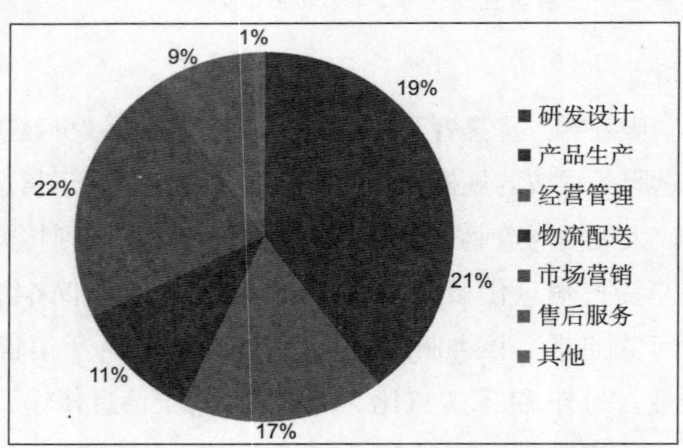

图 5-25　制造业企业最迫切需要应用信息化的领域

数据来源：赛迪智库中小企业研究所整理，2016 年 1 月。

（3）特征分析

企业信息化最迫切需要的领域与企业所属行业相关。制造业企业最迫切需要产品生产和市场营销，研发设计的需求主体主要是信息传输、软件和信息技术服务类企业（该类企业中超过 50% 的企业迫切需要研发设计应用）。因此，对不同行业企业的信息化应用推广要采取差异化的政策侧重点。

16. 绝大多数企业未用过互联网“众筹”模式进行融资

（1）总体情况

94% 的企业未使用过互联网“众筹”的模式进行融资，这其中 56% 的企业是因为不了解，38% 的企业正在了解中，准备试用。仅有 4% 的企业表示使用过互联网“众筹”的模式进行过融资，且效果很好。所以今后应加大对互联网“众筹”的宣传力度，让更多的企业了解互联网“众筹”方式，鼓励并引导企业采用互联网“众筹”的模式进行融资。

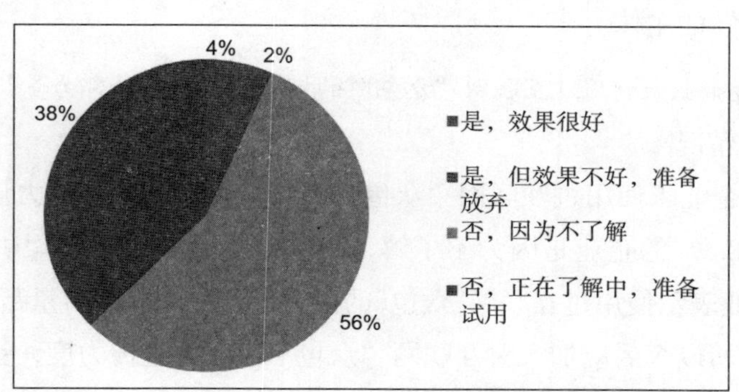

图 5-26　企业是否利用过互联网“众筹”的模式进行过融资

数据来源：赛迪智库中小企业研究所整理，2016 年 1 月。

（2）制造业情况

制造业情况与总体情况一致。96% 的企业未使用过互联网“众筹”的模式进行融资，这其中 61% 的企业是因为不了解，35% 的企业正在了解中，准备试用。仅有 3% 的企业表示使用过互联网“众筹”的模式进行过融资，且效果很好。

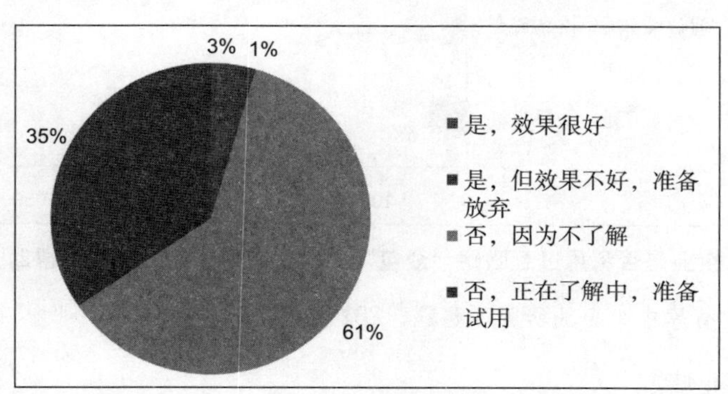

图 5-27　制造业企业是否利用过互联网“众筹”的模式进行过融资

数据来源：赛迪智库中小企业研究所整理，2016 年 1 月。

（3）特征分析

是否利用过互联网“众筹”模式融资与企业规模有一定关系。较小规模企业由于更缺乏资金，尝试用新兴“众筹”模式融资的比例较大，较大规模企业对于该模式有一定了解并有尝试的欲望。

利用过互联网“众筹”模式融资的企业中84.8%属于人数少于100人的规模偏小微的企业。未利用过互联网“众筹”模式融资但正在了解的企业主要是年销售收入大于1000万的企业（占比32.1%）。说明规模较大的企业在未来有望成为互联网“众筹”的主体。

17. 大多数企业未利用过互联网“众包”的模式借助企业外部力量帮助企业发展

（1）总体情况

89.8%的企业未使用过互联网“众包”的模式借助企业外部力量帮助企业发展，这其中58.2%的企业是因为不了解，31.6%的企业正在了解中，准备试用。仅有6%的企业表示使用过互联网“众包”的模式借助企业外部力量帮助企业发展，且效果很好。所以今后应加大对互联网“众包”模式的宣传力度，让更多的企业了解互联网“众包”模式，鼓励并引导企业采用互联网“众包”的模式借助企业外部力量帮助企业发展。

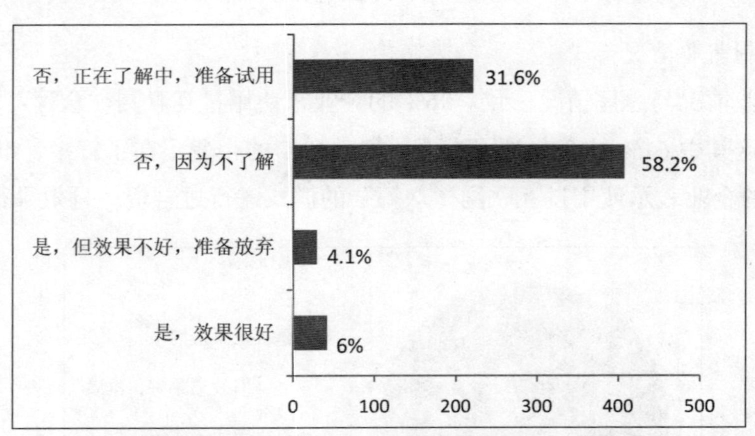

图5–28　企业是否利用过互联网“众包”的模式借助企业外部力量帮助企业发展

数据来源：赛迪智库中小企业研究所整理，2016年1月。

（2）制造业情况

制造业情况与总体趋势一致。超过九成（92.9%）的企业未使用过互联网“众包”的模式借助企业外部力量帮助企业发展，这其中62.3%的企业是因为不了解，

30.6% 的企业正在了解中,准备试用。仅有 3.1% 的企业表示使用过互联网“众包”的模式借助企业外部力量帮助企业发展，且效果很好。

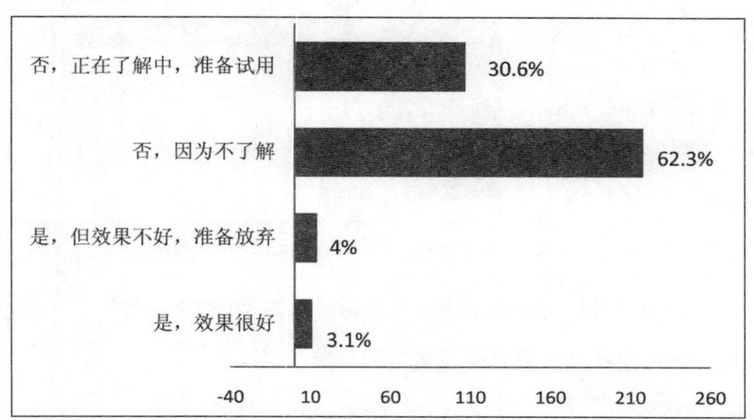

图 5-29　制造业企业是否利用过互联网“众包”的模式借助企业外部力量帮助企业发展

数据来源：赛迪智库中小企业研究所整理，2016 年 1 月。

（3）特征分析

利用过互联网“众包”模式帮助企业发展的主要是人数规模较小的小微企业，该类企业在发展中为了拓展企业业务和影响力，借助外力壮大企业成为其重要的手段之一。未利用过但正在了解有尝试欲望的企业主要是大规模制造企业和小规模信息服务类业内企业。

具体来讲，利用过互联网“众包”模式借助外部力量帮助企业发展的 69% 集中在规模小于 100 人的企业。未利用过互联网“众包”模式但正在了解该模式的企业中，主要分布在年销售收入大于 1000 万的制造业企业（30.3%）和企业人数小于 50 人或者年销售额小于 200 万的信息传输、软件和信息技术服务业类企业（14.9%）。

18. 超过八成企业未通过互联网实现“个性化定制”

（1）总体情况

85.7% 的企业未通过互联网实现“个性化定制”，这其中 47.6% 的企业是因为不了解，38.1% 的企业正在了解中，准备试用。仅有 10.9% 的企业表示通过互联网实现了“个性化定制”，且效果很好。所以今后应加大宣传力度让更多的企业了解互联网“个性化定制”，鼓励并引导企业通过互联网实现“个性化定制”。

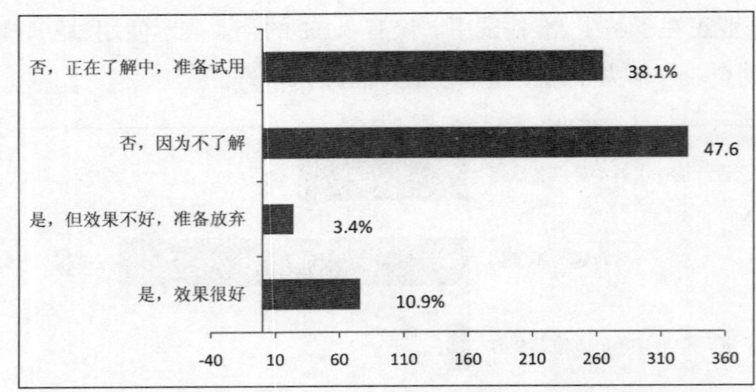

图5-30　企业是否通过互联网实现了“个性化定制”

数据来源：赛迪智库中小企业研究所整理，2016年1月。

（2）制造业情况

制造业情况与总体趋势一致。92.9%的企业未通过互联网实现“个性化定制”，这其中62.3%的企业是因为不了解，占比更高，所以尤其应在制造业企业中加大互联网“个性化定制”的宣传力度，鼓励并引导企业通过互联网实现“个性化定制”。

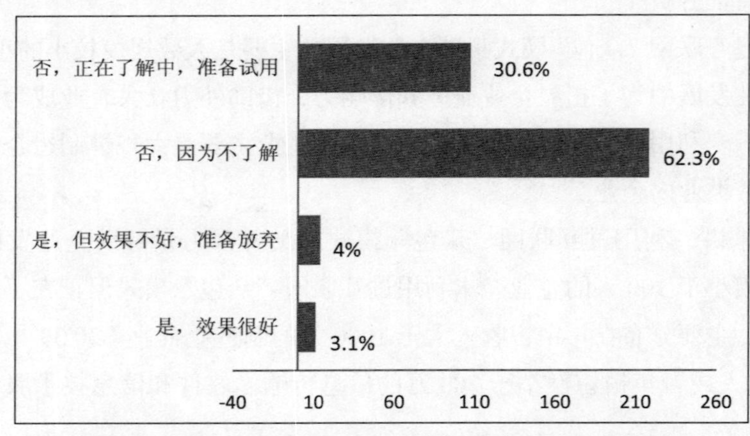

图5-31　制造业企业是否通过互联网实现了“个性化定制”

数据来源：赛迪智库中小企业研究所整理，2016年1月。

（3）特征分析

规模偏小微的企业更倾向于通过互联网实现“个性化定制”帮助企业发展，规模较大的企业更多是处于了解阶段。通过互联网实现了“个性化定制”的企业69%集中于人数小于100人的企业。表示“正在了解、准备试用”的企业中53.2%的是年销售收入大于1000万的企业。

19. 大多数企业未通过互联网实现“协同创新”

（1）总体情况

85.2% 的企业未通过互联网实现“协同创新”，这其中 45.9% 的企业是因为不了解，39.3% 的企业正在了解中，准备试用。仅有 10.4% 的企业表示通过互联网实现了“协同创新”，且效果很好。所以今后应鼓励更多的企业了解互联网“协同创新”，并引导更多的企业通过互联网实现“协同创新”。

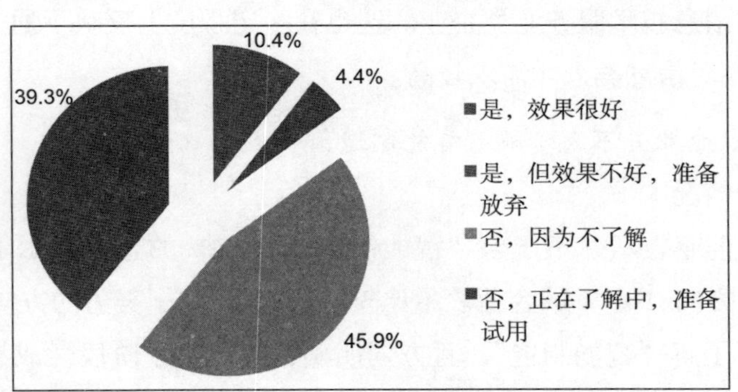

图 5–32　企业是否通过互联网实现了“协同创新”

数据来源：赛迪智库中小企业研究所整理，2016 年 1 月。

（2）制造业情况

制造业情况与总体情况一致。超过九成（90.1%）的企业未通过互联网实现“协同创新”，这其中 45.9% 的企业是因为不了解，44.2% 的企业正在了解中，准备试用。仅有 5.4% 的企业表示通过互联网实现了“协同创新”，且效果很好，比例较之总体情况更低。

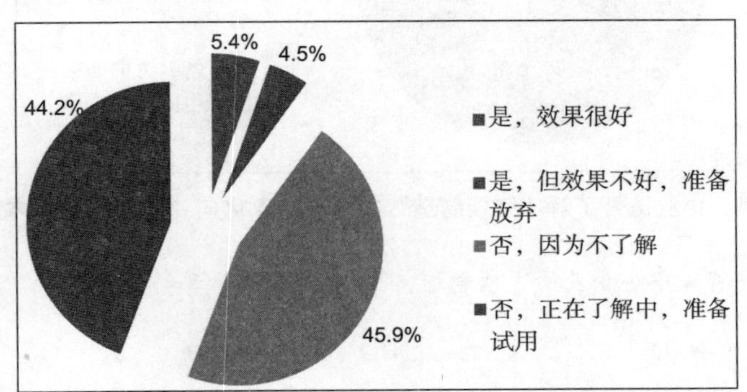

图 5–33　制造业企业是否通过互联网实现了“协同创新”

数据来源：赛迪智库中小企业研究所整理，2016 年 1 月。

（3）特征分析

是否通过互联网实现“协同创新”且效果是否好与企业规模相关和行业性质存在一定关联。较小规模的小微企业通过互联网实现“协同创新”的比例较高，但接近一半是信息传输、软件和信息技术服务类企业，该类企业掌握较多互联网业内资源，更善于利用互联网实现“协同创新”。据统计，通过互联网实现“协同创新”的企业70.2%集中在人数规模小于100人的企业，其中43.8%属于信息传输、软件和信息技术服务业类企业。这也在一定程度上反映了通过互联网实现“协同创新”亦对信息类人才需求较高。

20. 大多数企业并不太了解“智能制造”

（1）总体情况

36.6%的企业表示并不了解“智能制造”。40.9%的企业表示了解一点，但并没有具体的方向；16.7%的企业表示比较了解，也树立了努力的方向。仅有5.8%的企业表示很了解“智能制造”，且方向明确，并产生了阶段性成果。所以，今后应进一步加大对小微企业的指导，出台相关的政策法规，让更多的企业了解“智能制造”，并通过企业间示范效应，引导更多的企业通过信息化向“智能制造”方向努力。

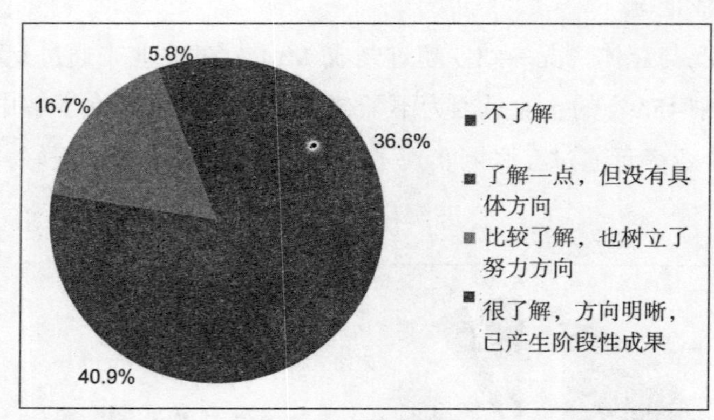

图5–34 企业是否了解“智能制造”并通过信息化向“智能制造”方向努力

数据来源：赛迪智库中小企业研究所整理，2016年1月。

（2）制造业情况

制造业情况略好于总体情况。31.3%（低于总体情况的36.6%）的企业表示并不了解“智能制造”。44.1%（高于总体情况的40.9%）的企业表示了解一点，但并没有具体的方向；19.4% 的企业表示比较了解，也树立了努力的方向。

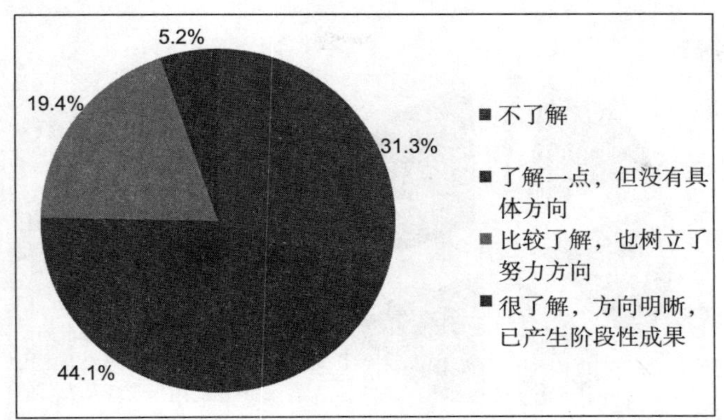

图 5-35　制造业企业是否了解“智能制造”并通过信息化向“智能制造”方向努力

数据来源：赛迪智库中小企业研究所整理，2016 年 1 月。

（3）特征分析

是否了解“智能制造”并是否产生阶段性成果与企业规模有关。是否了解“智能制造”主要反映该概念的普及程度，大规模制造类企业更重视也更易获得该方面的信息；是否产生阶段性成果则需要一定的财力和人力作为支撑，年销售收入越大，人数越多的企业越可能产生“智能制造”阶段性成果。

了解“智能制造”并已经产生阶段性成果的企业主要是年销售收入大于 2000 万，人数大于 200 人的企业。

对“智能制造”了解一点或者比较了解的企业集中在销售收入大于 1000 万的制造业企业，具体来讲，表示“比较了解，也树立了努力方向”的企业中 40.9% 属于年销售收入大于 1000 万的制造业企业；表示“了解一点，但没有具体方向”的企业中 35.8% 属于年销售收入大于 1000 万的制造业企业。

21. 政策环境不足仍是信息化建设中面临的最主要困难

（1）总体情况

回收的问卷显示，企业在信息化建设中最主要的困难仍是政策环境不足，占比最高为 30.9%。其次是第三方机构和社会服务平台所构建的信息化服务支撑环境不足，占比为 19.1%。排在第三位的是信息化服务商缺少针对性较强的产品、服务和解决方案，占比为 18.4%。所以，今后在企业信息化建设过程中，仍需要进一步优化政策环境，并且确保政策落地，同时要进一步引导第三方机构和社会服务平台发展，针对企业的需求设计产品、服务和提供解决方案。

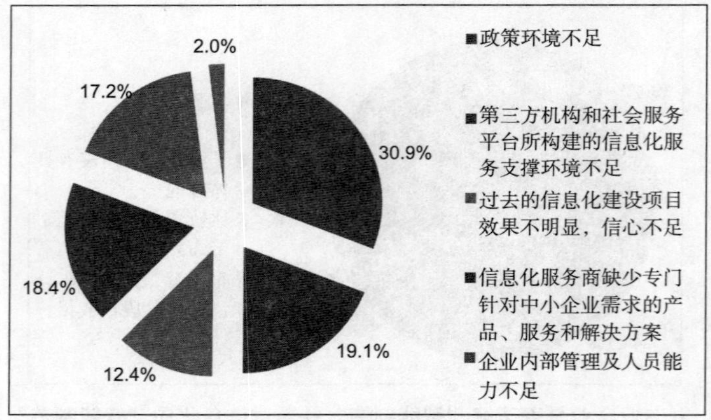

2.0%
17.2%
30.9%
18.4%
19.1%
12.4%
■政策环境不足
■第三方机构和社会服务平台所构建的信息化服务支撑环境不足
■过去的信息化建设项目效果不明显，信心不足
■信息化服务商缺少专门针对中小企业需求的产品、服务和解决方案
■企业内部管理及人员能力不足

图 5-36　企业在信息化建设中最主要的困难

数据来源：赛迪智库中小企业研究所整理，2016 年 1 月。

（2）制造业情况

制造业情况与总体类似。制造业企业在信息化建设中最主要的困难也是政策环境不足，占比最高达到 30.3%。其他占比较高的略有差异。排在第二位的是企业内部管理及人员不足，占比为 21.2%。第三位是第三方机构和社会服务平台所构建的信息化服务支撑环境不足，占比为 18%。

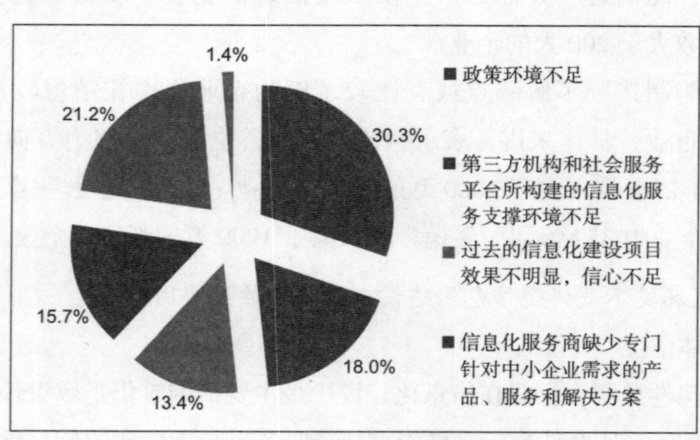

图 5-37　制造业企业在信息化建设中最主要的困难

数据来源：赛迪智库中小企业研究所整理，2016 年 1 月。

（3）特征分析

小微企业在信息化建设中面临的困难主要有以下特征：

第一，政策环境不足是各类型小微企业共同面临的宏观环境困难。

第二，人数较少的小规模企业往往存在企业内部管理及人员能力不足的困难。

第三，销售规模大的企业对外部信息化服务支撑体系需求较高，同时面临"第三方机构和社会服务平台所构建的信息化服务支撑环境不足"和"信息化服务商缺少专门针对中小企业需求的产品、服务和解决方案"两方面困难的企业中69.9% 属于年销售收入大于 1000 万的企业。这说明规模偏大的企业对信息化的潜在需求依然较大。

第三节　政策建议

一、完善中小企业信息化相关政策体系

一是结合现有推进中小企业信息化发展的相关政策措施，配套出台更有针对性和更具操作性的促进中小企业信息化发展的指导意见，对不同行业企业的信息化应用推广要采取差异化的政策侧重点（制造业企业最迫切的信息化需求在产品生产和市场营销，信息传输、软件和信息技术服务类企业最迫切的信息化需求在研发设计），尤其加大对国家倡导的重点产业（战略性新兴产业、现代服务业、先进制造业）领域中小企业发展信息化的支持力度，进一步明确政策配套措施，对地方主管部门推进中小企业信息化相关工作给予全面指导，提高地方落实相关政策的可操作性，提高地方推进中小企业信息化工作的政策依据。

二是研究建立中小企业信息化工作的评估体系，推动中小企业信息化服务规范、标准的建立。对中小企业信息化发展普遍关注的关键问题加强调研，通过对当前新形势下信息化发展新模式（云计算、众筹、众包等）的有效评价来激发中小企业主动发展信息化，提高中小企业信息化发展的积极性和创造性。引导中小企业通过信息化促进转型升级，通过降低成本，提高管理效率来实现创新发展。

三是加强中小企业云计算应用的信任保障环境建设。云计算是中小企业，尤其是小微信息化发展的重要新途径，因此，通过对云服务提供商加强规范和引导，完善相关政策法规，降低云端数据信息安全隐患，培养社会对云计算的信任氛围，建立监督保障机制，加强对云计算服务的监督检查力度，消除地方保护主义，发

挥舆论监督作用，促进中小企业云服务市场上供需双方的有效对接。

二、强化中小企业信息化服务体系建设

一是推动各地中小企业公共服务平台网络整合信息化服务资源，保障平台网络互联互通，推进信息化服务资源共享，扩展服务功能，提高信息化服务的针对性和实效性。适时对各地平台网络信息化服务解决方案服务绩效进行评估，总结并推广信息化应用新模式，提高资源利用率。

二是鼓励国家中小企业公共服务示范平台与信息化服务提供商加强合作，通过云计算等多种方式，在平台上搭载各类信息化服务，通过国家示范平台来统一规划信息化服务的内容和方式，为中小企业提供适用、价低、一站式信息化解决方案。

三是引导鼓励组建中小企业信息化服务联盟。对中小企业公共服务平台提供信息化服务的服务内容、服务方式、服务质量提供指导。探索开展对服务商信息化服务能力的评估工作，通过评估工作找出不足，有针对性地支持信息化服务提供商扩大服务规模，做大做强。规范信息化服务市场，鼓励中小企业信息化建设采用云服务模式，促进云服务提供商和中小企业供需双方规范对接。

三、加大宣传培训提升中小企业信息化意识

一是要加大中小企业发展信息化的宣传力度。推动中小企业提高对信息化的认识，尤其加大对小微企业的宣传推广力度，以中小企业信息化推进工程为载体，依托信息化服务提供商组织中小企业信息化应用宣传活动，鼓励信息化服务提供商培育树立一批中小企业信息化应用典型案例，通过实际成功案例宣传，组织企业实地参观等形式，强化示范效应，加速信息化应用新模式在广大中小企业中的普及，推动中小企业接受云计算等信息化服务新业态的进程加速，营造良好的中小企业信息化应用社会氛围，解决中小企业在“互联网+”形势下对各类信息化新应用了解不足，信任度不高的问题。

二是要加强中小企业信息化专项培训，并纳入到银河培训工程中。一方面对企业的培训重点要从帮助中小企业了解传统信息化模式转到促进中小企业在“互联网+”新形势下充分利用信息化实现创新发展，推动中小企业发展电子商务，通过云计算等模式采纳各类信息化应用改进传统业务流程和客户管理服务，要把云计算的实际应用放在突出位置。另一方面，需进一步加强对政府职能部门在信

息化领域的培训，从而使中小企业相关主管部门更深刻地理解当前中小企业信息化发展的新趋势，以便职能部门更好地落实中小企业信息化方面的相关政策。

三是对中小企业利用“众筹”、“众包”解决融资、技术难问题给予专业的培训指导。融资难、创新难是制约中小企业、尤其小微企业发展的首要问题，引导中小企业利用“众筹”模式对新创意实践、新产品开发进行融资，推动中小企业利用“众包”模式借助企业外部的技术力量，解决困扰企业内部的技术难题，解决企业面临的信息不对称制约。

四、以规模效应推动信息化平台特色化发展

一是充分发挥中小企业信息化服务平台集聚服务商的规模效应。通过统一规划、鼓励信息化服务平台将同类型专业的信息化服务商整合在一起，发挥大型信息化服务提供商共同集聚中小企业信息化平台后产生的规模效应，增强不同服务商信息化模块彼此间的互补性，提升平台信息化服务应用的低成本和便捷化，显著提升中小企业信息化服务平台服务的专业水平，低成本、高效率地解决中小企业信息化应用问题。

二是打造服务特定行业、特定领域的专业信息化公共服务平台。在部分地区试点建设一些信息化服务示范平台，可以聚焦在特定行业，例如制造业行业打造专门服务制造业“智能制造”的信息化服务平台，专门为制造业企业提供信息化解决方案，为工业设计和先进制造提供一个信息化专业服务平台，帮助制造业企业提速信息化改造进程；也可在某些特定领域，例如人力资源管理、财务等领域等建立共性信息化服务平台，可以采取先免费后付费的形式引导中小企业广泛采用。

三是为特定地域的中小企业集群提供信息化服务共享平台。依托园区、产业集群窗口，打造服务特定地域的中小企业信息化服务平台，结合区域产业特征，帮助中小企业筛选信誉良好的信息化服务提供商，为中小企业提供共性信息化技术和服务，引导中小企业更广泛地采用信息化服务，促进各类信息化应用在本地区中小企业集聚区迅速推广（如中关村软件园云服务综合应用平台）。

五、加大信息化应用推广的资金引导

一是加大资金的扶持力度。对中小企业信息化应用给予资金补助，进一步发挥各级专项资金的作用，对中小企业尝试信息化新应用、新模式给予适当费用补

贴或奖励，降低中小企业采用信息化服务的直接成本，引导中小企业创新发展。

二是创新财政资金的使用方式，重点探索通过发放“代金券”的形式引导中小企业采用信息化服务。借鉴欧盟、新加坡等地区通过“代金券”创新财政资金使用方式的成功经验，引导中小企业根据自身需求特点选择适合的信息化服务，推动财政资金使用方式改革。例如“代金券”计划已经成为欧盟第七框架计划（2007—2013）的重要组成部分，政府通过向中小企业提供代金券（小额资金的优惠券），替中小企业支付采用第三方服务时的费用支出，是一种引导中小企业采用某种社会服务的政策工具。

三是对中小企业集聚区建立信息化服务平台给予资金支持。加大对中小企业集聚区信息化公共服务平台的资金支持力度，鼓励融资担保机构为集聚区中信息化相关的公共服务项目提供融资担保，对具有明显公益特征的信息化相关项目建设给予一定的资金补贴和税收政策优惠。

第六章 中小企业公共服务平台服务规范研究

第一节 中小企业公共服务规范的理论基础

一、中小企业公共服务的内涵

（一）中小企业公共服务的概念

公共服务(Public Service)是一个"舶来品",最初由德国社会学家瓦格纳提出,后经法国学者莱昂·狄骥阐释而日渐流行。然而，有关公共服务的内涵，目前国内外学术界尚未形成统一的共识。

莱昂·狄骥从公法视角对"公共服务"进行了阐释，认为是"任何因其与社会团结的实现与促进不可分割、而必须由政府来加以规范和控制的活动"，而且强调"公共服务"必须借助政府干预才能保障服务效率。马庆钰也认为，公共服务是法律授权有关政府部门、非政府组织和企业等提供公共物品、准公共物品和特殊私人物品过程中所应承担相应职责和义务，其供给的动力源于对人权、道德和政府使命的尊重。张馨、江明融、李军鹏、李燕、孙春雷等则从公共物品非排他性和非竞争性的角度探讨了公共服务的内涵，基本上都把公共服务等同或基本等同于公共物品，认为二者的区别仅仅在于实施公共服务人员的文化素质、精神面貌、服务方式和服务态度等软服务的不同。李军鹏和陈昌盛、蔡跃洲等则融入了公平、平等发展理念,将公共服务视为公共部门及受其委托非公共部门提供的、所有公民可以共同消费、平等享有的社会产品和服务，在范围不应包括市场供不应求的产品或服务。刘尚希、王浦劬等从消费者行为视角将"公共服务"看作是通过分担消费风险而促使公民或企业消费均等化的所有有形产品和无形服务。马国贤则认为，公共服务供给主体是多元的，任何由政府部门直接或间接提供给公民、企业的无偿或低收费的有形产品和无形服务都应纳入公共服务的范畴。

综合以上学者有关公共服务内涵的界定，笔者基于中小企业这一特定服务对象，对中小企业公共服务概念的内涵和外延进行界定。笔者认为，中小企业公共服务是为了满足中小企业这一特定的服务对象、由政府部门直接或间接提供的、通过分担风险而促进中小企业消费公平的、任何无偿或低收费的任何活动，包括政策信息推送、创业培训、创业辅导、融资服务、管理咨询、法律援助、知识产权服务等所有活动，但是不包括中小企业公共服务平台提供的、市场供不应求的特色增值服务。显然，笔者对中小企业公共服务概念的界定借鉴了公共物品、消费公平、市场化等观点的合理内核。满足中小企业公共需要是中小企业公共服务供给内在动因，是界定公共服务概念不可或缺的前提条件。享受公共服务是中小企业践行社会发展权的重要内容，体现消费的公平正义是中小企业公共服务的灵魂。市场化是中小企业公共服务供给的主要模式，体现了社会主义市场化经济的时代特征。因此，中小企业公共服务具有需求的公共性、消费的公平性、供给的多元性等多重特性。

（二）中小企业公共服务的分类

按照学术界对公共服务的分类方法，中小企业公共服务可以从服务功能、服务性质、受益范围、服务水平以及是否收费等方面进行归类。

1. 功能分类法。根据功能分类法，中小企业公共服务平台提供的中小企业公共服务功能可以分为维护性公共服务、经济性公共服务和社会性公共服务。维护性公共服务是指政府为了确保中小企业政策服务信息通达、保障良好的中小企业经营发展环境而提供各种活动。经济性公共服务是指政府为了促进中小企业更好、更快发展而提供的各种人才培训、市场拓展、平台网络建设、融资对接等活动。社会性公共服务是指政府为了推动中小企业享有平等的发展而提高知识产权服务、管理提升服务、法律援助服务等活动。

2. 性质分类法。根据性质分类法，中小企业公共服务平台提供的中小企业公共服务划分为监督类服务、纯公共服务和准公共服务三个层次。监督类公共服务主要是指政府为规范、引导中小企业健康发展而制定的各种经济政策、法律制度、部门规章、地方法规等。纯公共服务是指涉及中小企业整体利益的、有利于优化创业创新环境的平台网络、科创平台、电商平台、科技孵化器等基础设施建设、基础服务性投入。这类服务投入一般短期内很难取得经济回报，完全依靠市场化手段难以实现，但可以借助市场化机制提升服务供给效能。准公共服务是指针对创业型、科技型等特殊中小企业所提供的产品中试、检测、检验、检疫等服务。这类公共服务有明确的受益主体、但对产业发展、结构升级等具有重要价值，可以实行政府支持的市场化供给模式。

3. 受益范围分类法 。根据受益范围分类法，中小企业公共服务平台提供公共服务供给导致中小企业受益范围的不同而划分为全国性公共服务和地方性公共服务两个不同的受益层次。全国性公共服务的受益对象是所有的中小企业，如互联互通的中小企业平台门户网站服务等。地方性公共服务的受益对象为域内的中小企业，如政策宣讲活动、产品中试服务等。

4. 收费分类法。根据收费分类法，中小企业公共服务平台提供中小企业公共服务的服务收费的方式可以划分免费的公共服务和低收费的公共服务。免费的公共服务具有显著的消费非竞争性和非排他性，其服务成本理应由政府财政负担，如公开发布小微企业税收优惠政策享受指引、再就业技能培训等。低收费的公共服务具有显著的消费非竞争性或非排他性，其服务供给存在显著的规模效益或者更加多元化，供给优势明显，如中小企业公共服务平台门户网站建设就具有显著的规模效益，需要通过构建互联互通的平台网络节省资源共享成本。

二、中小企业公共服务规范的标准

所谓规范，是指在一定经济、政治、文化和道德等社会制度体系下人们的行为标准。从理论上说，在公共服务语境下，规范则是指在既有的社会法律制度条件下实施公共服务供给所应具备的基础设施、技术、制度等保障标准以及实施人员的行为过程、载体、结果等可控、可追溯、可衡量、可评价的最佳标准。但对于是否存在这样一个公共服务规范或者说最佳的公共服务供给体系，目前学术界并没有系统探讨，也没有形成共识。本文试图从中小企业公共服务平台服务供给的视角提出平台服务规范的标准，以期对中小企业公共服务平台服务规范建设提供有益的参考。

中小企业公共服务平台服务规范应该涵盖三个层次，即在宏观层面上要不断推动中小企业公共服务供给质和量的持续提升，以满足广大中小企业政策服务信息需求、提供政府政策服务效能；在中观层面上则所有中小企业公共服务平台要

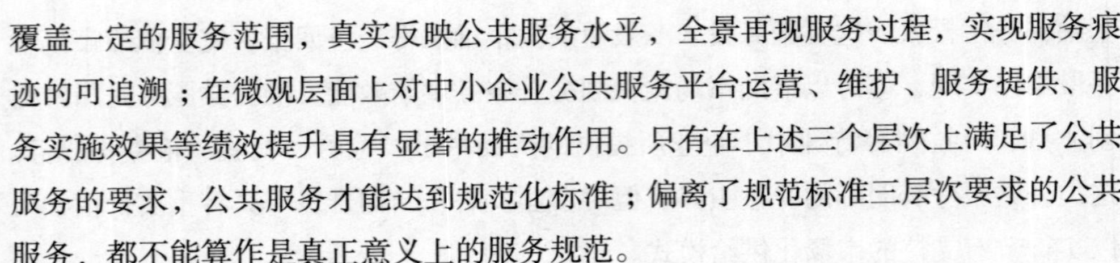

覆盖一定的服务范围，真实反映公共服务水平，全景再现服务过程，实现服务痕迹的可追溯；在微观层面上对中小企业公共服务平台运营、维护、服务提供、服务实施效果等绩效提升具有显著的推动作用。只有在上述三个层次上满足了公共服务的要求，公共服务才能达到规范化标准；偏离了规范标准三层次要求的公共服务，都不能算作是真正意义上的服务规范。

（一）宏观标准

中小企业公共服务平台服务规范的第一条标准就是要在宏观层面上满足推动广大中小企业创业创新发展、实现转型升级。利奥尼德·赫维茨认为，“无论经济活动的范围大小，只要经济活动涉及不止一个经济人，关于经济环境的关键信息散布于经济人之间的事实成为经济机制设计问题的根源所在”。中小企业创业创新和转型升级发展之所以是中小企业公共服务平台服务规范的首要标准，是因为推动中小企业创业创新发展和转型升级是中小企业公共服务水平提升的根源，是中小企业公共服务供给的内在动力和根本束缚。中小企业公共服务作为一种社会福祉，是广大中小企业获得生存和发展的基本权利，信息、培训、知识产权保护、法律援助等任何一项公共服务都离不开中小企业创业创新的根本束缚，离开了转型升级目标，任何一项中小企业公共服务就成了雾中花水中月。因此，中小企业创业创新发展水平是影响中小企业公共服务平台服务规范的第一要素，是平台服务规范标准体系的第一标准。中小企业公共服务供给的目的不是服务的本身，而是要推动中小企业转型升级和创业创新发展。中小企业公共服务平台服务供给本身实际上也是中小创业创新、转型升级发展的重要组成部分，是中小企业健康、可持续发展的内在因子。信息咨询、融资服务、知识产权保护、法律援助、人才培训等中小企业公共服务对中小企业创业创新和转型升级提升的推动作用越大，或者说中小企业创业创新和转型升级的效果在一定程度上依赖于中小企业公共服务体系生产效率的改善。欧美等发达国家公共服务供给的经验表明，中小企业公共服务与中小企业发展之间的关系既要相互促动又要适度超前，即通过规范化公共服务的导向和引领作用，促进中小企业创业创新持续稳定发展。

如20世纪50年代美国政府大幅增加R&D经费占GDP的比重，由1953年的1.43%增加到1958年的2.43%，很好地奠定了中小企业创业创新基础。《哥本哈根宣言和行动纲领》也曾指出，现代社会发展的核心就是创造公正、公平的社会环境，推动人的基本权利不断实现。中小企业公共服务的目标也要服从和服务于现代社会发展目标，以中小企业为本，推动中小企业素质、效益和可持续发展能力不断提升。所以，推动中小企业创业创新和转型升级发展水平不断提升，是检验中小企业公共服务是否规范的第一标准。

（二）中观标准

中小企业公共服务平台服务规范的第二条标准是在中观层面上中小企业公共服务平台服务规范要满足一定程度的服务范围覆盖、达到相应的标准水平。在现有的中小企业创业创新和转型升级发展的约束条件下，中小企业公共服务规范必然是整个公共服务体系优化的具体体现，应具备相当程度服务覆盖面和服务水准。基于当前我国中小企业创业创新发展的现实约束，本书所定义的中小企业公共服务应涵盖信息、投融资、创业辅导、人才培训、技术创新和质量管理、管理咨询、市场开拓、法律八项内容。具体地说，融资难、融资贵是制约中小企业发展的世界性难题，而美国中小企业局对中小企业融资支持的成功范例也在一定程度上说明通过充分公共性融资服务供给，中小企业融资难、融资贵在经济层面的解决是可行的。作为现代市场经济发展较短的发展中国家，我国中小企业在信息对称、管理提升、市场拓展、法律援助、技术创新等方面的需求十分强烈，制约中小企业转型升级的关键性公共技术创新环节亟待打通，保护中小企业公平竞争的市场地位亟待改善，等等。这些现阶段制约中小企业发展的瓶颈因素的成功解决对推动中小企业健康发展具有重要的实践价值，因而，必须纳入中小企业公共服务的范围。具体到中小企业公共服务规范水平，则应该为涵盖八大标准服务功能的若干子项标准，随着发展环境、发展阶段、发展目标的变化，这项子项的标准体系而要适时做出相应调整。换句话说，中小企业服务规范标准是一个涵盖八大类服务功能的一系列动态变化的标准体系。

（三）微观标准

中小企业公共服务平台服务规范的第三标准是在微观层面必须满足平台运营、维护和提供服务产品、协同服务资源、沟通政企关系等方面绩效要求。在第一、第二标准的束缚条件下，第三标准要在微观层面确保公共服务运行机制高质、高效和经济。目前，发达国家改善公共服务绩效的最主要途径就是公共服务供给市场化和多元化，也就是公共服务的供给主体从纯公共部门扩大到非公共部门，公共服务的供给手段从垄断授权走向市场竞争。通过微观层面供给绩效的改善，中小企业公共服务服务规范才能得以健康发展。

三、服务规范背景下中小企业公共服务运作机制

目前，公共服务供给模式基本上是由政府相关部门负责制定公共服务政策、监督管理预算支出、服务执行单位负责实施服务的多元化运作模式。中小企业主管部门基于本部门的政策目标、管理水平和市场条件制定中小企业公共服务供给的制度安排，连接国家中小企业发展宏观战略与中小企业公共服务平台实施公共服务的纽带，对推动中小企业公共服务平台服务规范建设具有纲举目张之效。按照中小企业公共服务规范的三个标准层次，中小企业公共服务供给运作机制也可以从宏观、中观和微观三个层次来阐释。

（一）宏观层次

当前，我国经济社会发展进入新常态，“三期”叠加的阵痛犹在，化解过剩产能和推动转型升级发展的挑战与机遇并存。作为践行创业创新发展的主力军，中小企业发展面临较大环境制约，深入推动政府职能转变，增加公共服务供给，不断优化创业创新环境，也已成为社会各界推动经济结构转型的重要抓手。基于目前体制机制环境，党中央和国务院高度重视中小企业公共服务工作，立足优化创业创新环境、健全公共服务体系，中央政府必须从中小企业创业创新发展实际出发，统筹安排公共服务供给，全面、合理、科学地谋定中小企业公共服务构架，明确公共服务供给总体目标、服务水平、实现策略以及服务规范标准、层次、内容和评价机制等宏观层次的战略布局。

（二）中观层次

结合中央决策勾勒中小企业公共服务供给的宏观框架，中小企业主管部门具体执行中小企业公共服务的供给，部署中小企业公共服务体系架构建设、服务规范标准制定、服务监督管理制度选择等中观层次的中小企业公共服务执行规划，明确各个中小企业公共服务平台公共服务实施绩效考核评价机制，清晰界定中小企业公共服务平台公共服务的覆盖范围、服务规范标准和水平，指导中小企业公共服务平台科学制定服务规范框架，引领中小企业服务规范化发展。

（三）微观层次

中小企业公共服务平台是中小企业公共服务供给的直接实施主体，其中小企业公共服务规范建设的水平和质量直接决定了中小企业公共服务供给绩效。公共

服务规范框架的构建和执行，直接决定了中小企业公共服务平台服务绩效的高低，而服务绩效评价及相应的激励机制是推动中小企业公共服务平台服务规范建设的动力所在，也是微观层次中小企业公共服务供给的核心内容。

从微观层次来看，中小企业公共服务平台的服务规范主要是指保障中小企业公共服务供给效果的主要环节、手段、过程等内容，主要包括公共服务平台运营维护、发展规划、服务产品标准制定、服务流程标准、服务效果评价和激励措施等。中小企业公共服务平台运营维护主要是指平台门户网站、在线服务产品提供、盈利模式探索和服务评价在线处理等。中小企业公共服务平台发展规划主要包括中小企业服务环境评估、标准化公共服务的目标和标准、具体实施方案、服务计划执行情况和服务绩效评价机制，等等。而中小企业公共服务的资金来源主要是财政划拨、私筹公助和平台自筹三种类型。其中，政府划拨是指中小企业公共服务的成本由财政预算资金直接拨付，全额覆盖平台中小企业公共服务的供给成本。私筹公助则由中小企业公共服务平台自己筹集中小企业公共服务所需资金，政府部门采用专项资助、奖励、税收减免或政府采购等扶持手段予以支持。平台自筹指中小企业公共服务成本完全由中小企业公共服务平台通过收费等形式实现自担。中小企业公共服务规范建设的目的就是要通过明确服务规范标准、量化服务指标推动中小企业公共服务供给效率不断改善。

第二节　当前平台服务规范建设的现状

一、当前平台服务规范建设的现状

（一）平台普遍高度重视服务规范建设

中小企业公共服务平台经过多年的建设与发展实践，日益意识到推动平台服务规范的重要性。从省级中小企业主管部门对中小企业公共服务平台的管理看，绝大部分省市都出台了有关中小企业公共服务平台服务规范的文件。据调查问卷数据显示，在 28 个省市中有针对中小企业公共服务平台出台全面规范的省市有 6 个，出台简易规范的省市有 16 个，仅有 6 个省市没有出台有关规范。从中小企业公共服务平台运营管理看，狠抓服务规范日益成为平台运营管理的共识。据调研统计，有 312 家中小企业公共服务平台有服务规范，占比 77.42%。而其他 91 家中小企业公共服务平台没有平台服务规范或者正在研究制定平台服务规范。

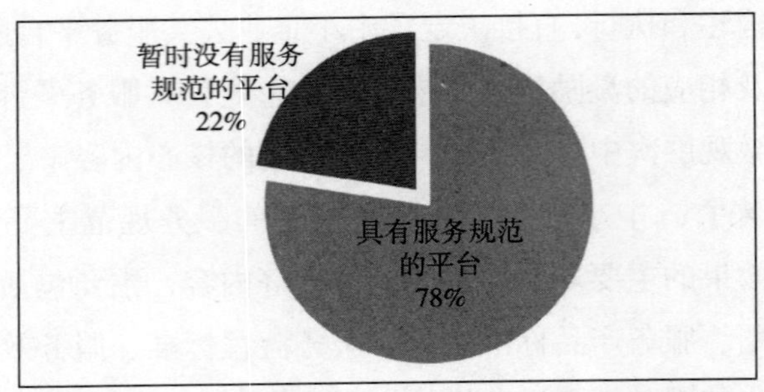

图6-1 中小企业公共服务平台拥有服务规范情况

数据来源：赛迪智库中小企业研究所，2016 年 1 月。

（二）平台服务规范的层次整体较低

中小企业公共服务平台服务规范建设缺乏统一的标准。在具有规范的 312 家中小企业公共服务平台中，有 81% 的平台服务规范都是平台自身制定的，由于各个平台在服务要求、服务流程、服务诉求等方面的存在一定的差距，各个平台的服务规范都有所不同，缺乏客观性，规范性不强，因此缺少对所有中小企业公共服务平台统一的服务规范。

中小企业公共服务平台服务规范的实施效果不明显。从中小企业公共服务平台的服务效果反馈情况来看平台的服务规范性，据调查问卷数据显示，仅有 25% 的平台没有建立对服务效果的反馈渠道，让受服务企业无法反馈其享受服务的效果，有 40% 的平台建立了服务效果的反馈渠道，但是对反馈的结果处理情况没有完整记录。另外，有 11% 的平台不仅建立了服务效果的反馈渠道，并且可以在收到服务效果反馈的同时迅速的对反馈结果做出回应，改进服务中的不足。

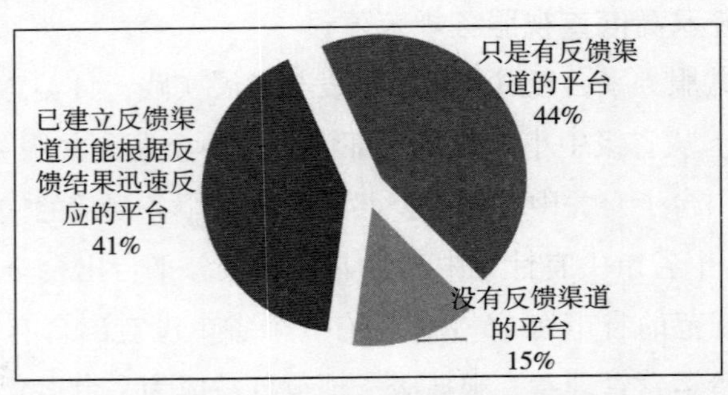

图6-2 中小企业公共服务平台服务效果反馈情况

数据来源：赛迪智库中小企业研究所，2016 年 1 月。

（三）平台服务规范评价标准亟待统一

中小企业公共服务平台服务规范评价方式多样、内涵不一。从调研实际来看，中小企业公共服务平台对服务规范评价的理解尚存一定的偏差。入驻服务机构服务规范的绩效是否纳入中小企业公共服务平台服务规范绩效评价仍然存在争议。从统计结果看，20% 的受访平台未开展对入驻平台服务机构服务规范的绩效评价，80% 的受访平台已经开展对入驻平台服务机构服务规范绩效展开了评价，但评价方式各异。在开展对入驻服务机构绩效评价的平台中，有受第三方机构评价的，有受被服务的中小企业评价的，有由平台主管部门来进行评价的。部分受访的中小企业公共服务平台对国家出台具体的平台规范指导提出了明确诉求，希望在服务流程、服务质量、服务收费、服务机构考核、服务监督等服务规范评价的关键环节做出明确指引，引导平台更好地开展服务规范建设。

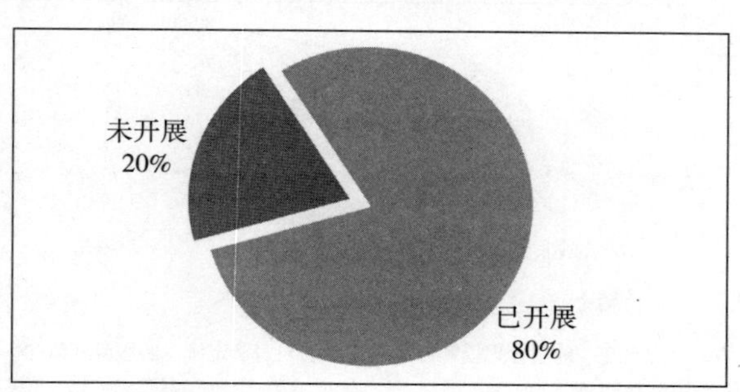

图6–3　中小企业公共服务平台对入驻服务机构的绩效评价开展情况

数据来源：赛迪智库中小企业研究所，2016 年 1 月。

二、平台服务规范建设存在的主要问题

（一）缺乏统一的服务规范标准，层次不高

在收回来的调研问卷中超过 70% 的服务平台拥有统一的服务规范和标准，但其中有 80% 的服务平台拥有的服务规范和标准为平台自身制定的服务规范。各省市服务平台缺乏统一的服务规范和标准，导致各服务平台的服务自成一套标准，规范性不高。

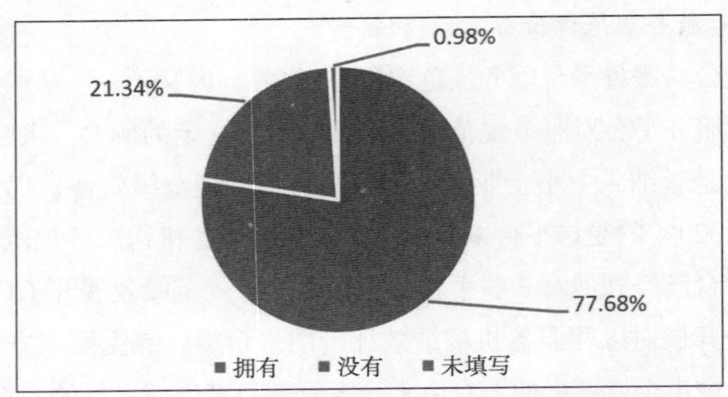

图6-4　各服务平台服务规范和标准拥有情况

数据来源：赛迪智库中小企业研究所，2016 年 1 月。

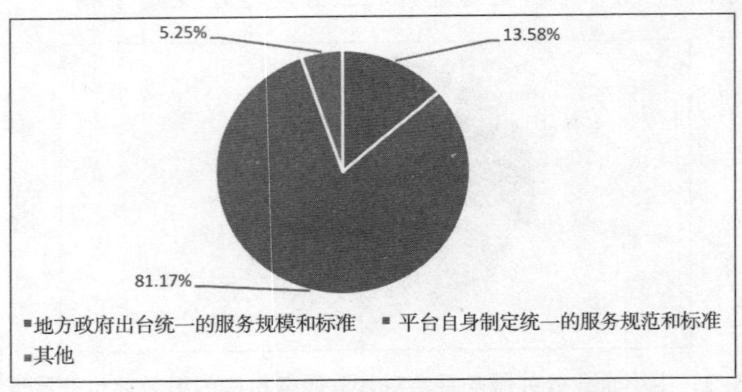

图6-5　各服务平台服务规范和标准的制定类型

数据来源：赛迪智库中小企业研究所，2016 年 1 月。

（二）平台服务规范评价指标过于简单，量化程度低

根据平台服务规范的上报结果，大部分服务平台的服务规范只对服务要求进行简单陈述，缺乏详细明确的服务标准描述。部分服务平台的服务标准方面主要是以简单的文字描述，未将服务标准进行量化，不利于对服务平台的服务进行评估。

（三）平台服务规范定位不清晰，评价水平参差不齐

根据平台网络建设规划总体思路，省级平台和地市级平台都由政府投资建设，产业集群则由政府给予一定奖励的自我筹资建设，各级平台以市场化运营、自负盈亏的方式，为中小企业提供公益性与市场化服务。但实际上由于各层级中小企业公共服务平台缺乏明确统一的服务规范，各层级的服务定位不清，服务目标不

明确，缺乏有效的系统协同服务，存在省枢纽平台、地市级和重点产业集群窗口平台间定位趋同的现象。

（四）服务机构资源共享不高，尚未形成合力

中小企业公共服务平台的服务目标是致力于服务区域内的所有中小企业，解决制约其发展面临的各类问题，例如工商、税务、金融等多个方面。因此公共服务平台应具备集聚各类社会性专业服务机构的能力，但目前中小企业公共服务平台资源共享程度不高，各级平台处于单项集聚阶段，缺乏集聚后的反馈输出环节，制约中小企业公共服务平台发挥整体体系的作用。

（五）服务反馈方式较单一，反馈监督制度尚不健全

根据收集上来的平台调查问卷，约有 85.39% 的中小企业公共服务平台已建立对服务效果的反馈渠道，但普遍反映反馈渠道相对较为单一，以服务后企业填写满意度调查问卷的形式为主，对提供服务前、服务过程中及服务后三个阶段的监督反馈制度尚不健全，缺乏对服务质量的整体把控。

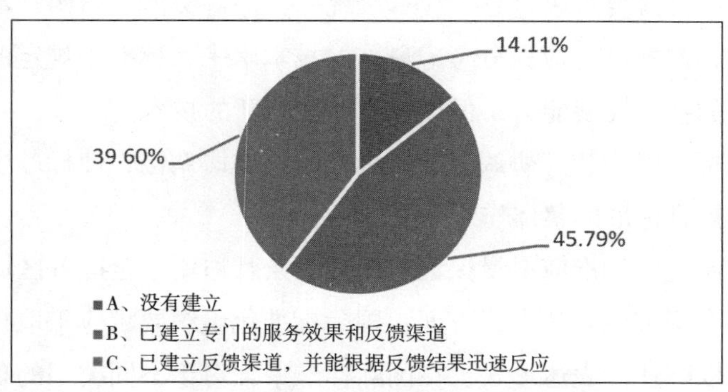

图6–6　平台服务效果的反馈渠道建立情况

数据来源：赛迪智库中小企业研究所，2016 年 1 月。

第三节　国际经验借鉴

一、国际标准化组织（ISO）

（一）国际标准化组织概况

国际标准化组织（International Organization for Standardization，简称 ISO）是

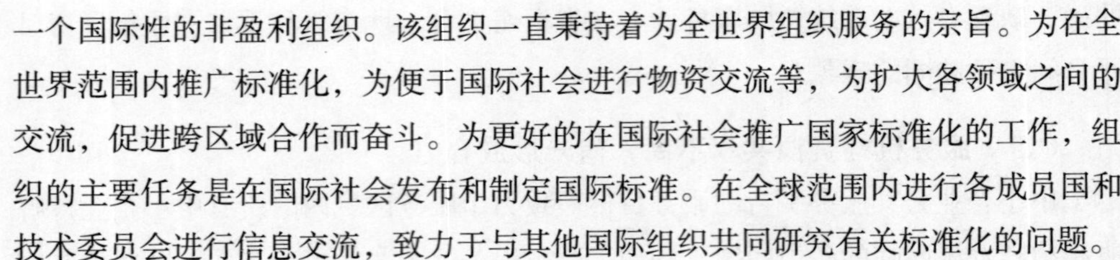

一个国际性的非盈利组织。该组织一直秉持着为全世界组织服务的宗旨。为在全世界范围内推广标准化，为便于国际社会进行物资交流等，为扩大各领域之间的交流，促进跨区域合作而奋斗。为更好的在国际社会推广国家标准化的工作，组织的主要任务是在国际社会发布和制定国际标准。在全球范围内进行各成员国和技术委员会进行信息交流，致力于与其他国际组织共同研究有关标准化的问题。

（二）国际标准的制定原则

为保持标准指定的统一规范性，国际标准化组织（ISO）对于国际标准的制定拥有一套完整的基本要求，主要内容包括：（1）标准的内容应尽量完整。（2）协调统一，标准的条文尽量清楚、准确。（3）技术设定应考虑考虑时效性。（4）内容相互协调。（5）保证标准的适用性。（6）保持标准语言的简单易懂性。

完整性。要求标准制定在其划定的范围内尽可能完整，内容规定完整，尽量覆盖标准涉及的各个方面。

统一性。要求中对标准的统一性、协调性、适用性和条款的标书都有较为明确的要求。统一性既要求表达方式应尽量统一，保持文体、结构、术语的统一。

时效性。标准的制定应充分考虑最新的技术水平，标准中规定的各项内容应充分考虑最新的技术发展能力，保证标准涉及最新的技术。

协调性。标准间应相互协调，保持标准的整体协调性，使标准中各条款间相互协调配合，提升标准的整体作用效果。

适用性。制定的标准应尽量保证适用性，条款适用于全国各区域。

规范性。在标准的表达方式方面，国际标准化组织要求应采取规范的文件表述方式，多采取陈述性表达形式。在国际标准中，对于不同类型的条款会借用不同的助动词加以表述。

（三）国际标准的制订程序

国际标准化组织（ISO）执行严格的国际标准制订程序，遵循以下六个阶段：提案阶段—准备阶段—委员会讨论阶段—询问阶段—批准阶段—出版阶段。

提案阶段：国际标准化组织的标准提案主要是由委员会、成员国、工作组提出提案，再将提案提交给所述的技术革新委员会或分委员会的全体成员。在提案阶段的结尾，若委员会内多数“P”成员赞成并至少有5位成员愿意参与这项工作，则该提案将被列入工作计划。

准备阶段：待提案通过，工作组将着手为标准草案的起草工作做准备，收集草案起草所需要的资料，进而根据收集上来的资料进行草案起草工作。待草案起草完毕后，由提案发起人发给委员会成员为下一阶段做准备。

委员会讨论阶段：起草好的标准草案将被分发给所属技术委员会的全体成员，待技术委员会浏览完草案内容后进行投票，若统计出的数据中 2/3 成员投赞成票，标准草案将上升为国际标准草案，交由组织内各成员国浏览。

询问阶段：国际标准草案将由国际标准组织中央秘书处递交给所有成员国，成员国团体将在 5 个月内对标准草案内容进行投票，此次投票也是以 2/3 为界限，超过 2/3 的成员赞成，并且反对票不超过投票总数的四分之一时草案通过，由中央秘书处登记为最终国际标准草案。

批准阶段：在各成员国对询问阶段的草案进行讨论并完善后，由中央秘书处将最终国际标准草案发送给各成员国进行为期 2 个月的投票。若 2/3 的成员国投赞成票并且反对票不超过投票总数的 1/4，则草案通过。若草案没有通过则将有关文件退回至有关技术委员会或分技术委员会，根据意见进行修改。

出版阶段：在国际标准整个流程的最后阶段，若国际标准草案通过，则由中央秘书处在两个月内按意见进行修改，最终印刷出来。

（四）国际标准的管理和维护

ISO 对国际标准的维护主要包括后续修改、系统复审和维护组建立三个方面。后续修改即对已出版的国际标准通过技术勘误表和修改单两种出版物进行后续修改。为保证国际标准尽量精准，国际标准化组织（ISO）会派专人进行至少每五年一次的系统复审。复审后由“P”成员对国际标准下一步是否需要重新确认、修订或撤销进行投票，结果按投票多数决定。国际标准化组织组建的维护组主要由该委员会正式成员指派的专家组成，其职责为保持已出版的国际标准实时更新。

国际标准化组织（ISO）对已出版的国际标准制定了严格的管理办法，对国际标准的标准执行情况、标准描述、工作计划、工作目标等方面进行监督管理。对这些方面的管理覆盖标准日常管理的各方各面，从定期复审到工作分配再到工作执行进度均派人监督。

（五）ISO9000 质量管理体系

ISO9000 质量管理体系作为国际上服务质量管理的经典体系，对于制定标准化的服务规范将具有较好的借鉴作用。ISO质量管理体系的基本原则为：以顾客为关注焦点；领导作用；全员参与；过程方法；管理的系统方法；持续改进；基于事实的决策方法。在基本原则中，“以顾客为关注焦点”即聚焦于服务对象。原则中的“领导作用”即制定统一的标准和目标。“全员参与”即全面覆盖指标体系的指标认证对象。“过程方法”让指标的认证对象了解指标体系的重要性。原则中的“系统的管理方法即提高标准体系的有效作用”。“持续改进”即伴随指标体系的实施不断更新，保持指标的实时性。原则中“基于事实的决策方法”即在设定规范标准是应充分考虑实际情况，提高规范标准的实用性。ISO9000质量管理体系最初源自于制造业，由于其具有高效的质量提升作用而被推广到服务业和公共管理部门。

近年来，ISO9000质量管理体系在我国政府部门中广泛得到应用，尤其在税务、公检法、质检、海关、体育、卫生等部门，我国政府部门不断改进服务管理，期望通过规范化的质量管理体系提高部门的服务管理质量。

大连市近5年来先后在多个政府部门展开ISO9000质量管理体系试点工作。经过这几年的运行，大连市政府部门的行政效率明显提高，各类行政许可事项按期办结率达99%，总体审批时限也比之前缩短53%，群众满意度也明显提升。

二、美国

相对于其他发达国家，美国的服务规范程度早已走在世界的前列。在美国的服务规范标准一般是相关组织根据实际需要进行设计，协调全国各方的意见，最终达到标准适用于全国各地。在征求过意见后，服务规范交由美国国家标准化学会（简称ANSI），经学会认可后方可列为国家标准在全国范围内实行。

取得国家层面认可的服务标准很少。一般是由企业组成的服务行业协会等社团组织通过对市场需求的不断追踪和分析，提出对服务规范标准的需求，由服务行业协会组织制定。美国的服务规范标准主要是以市场导向为主，战略性标准化为辅。

为更好地提升美国服务规范的政府效能，美国在1993年成了绩效评鉴委员会（NPR），主要任务为改进政府工作效能，提升服务规范度。该组织在1994年出版了美国第一部服务标准手册《顾客至上：服务美国民众的标准》，一年后对该服务标准进行更新改版，发布了《顾客至上：95服务美国民众的标准》。这两本服务标准手册成为美国政府管理和服务的指导性文件，帮助政府部门提高办事效率，服务规范了。

三、英国

英国的服务规范化相对历史比较悠久，国际标准化组织（ISO）和国际电工委员会（IEC）等许多服务规范制定机构均在英国设有秘书处。英国政府在许多服务领域制定了多种服务规范，例如金融、保险行业，服务规范标准共计达 20 多项，其中采用的 ISO 标准约为 16 项。工业服务领域则制定了 4 项标准，具体涉及建筑物维护管理、设备维修以及清洁服务等方面。运输服务领域则制定过 6 项标准，设计包裹运输安全操作规程等。在消费者服务方面制定了 2 项关于家具搬运方面的服务规范和服务条款等。

为便于管理服务规范的推行工作，英国政府在首相办公室设立了宪章运动领导小组，专门负责管理服务规范的实施。同时，由商界代表、顾客代表和教育界人士组成专家委员会，与领导小组一同推动服务规范的实行。英国首相会定期召开会议听取各部门的实施报告并讨论下一步改进计划。

英国政府 1979 年在英国境内开展了“效率评审计划”，在英国政府机关中广泛实施，这一计划普遍提高政府机关内部的管理效率，但对公共服务的效能提升却作用不明显。为推动服务规范标准在公共服务组织中的应用，英国政府在 1991 年推出“公民宪章”运动。英国政府为提升英国列车系统的服务质量，建立了明确的服务规范标准和服务反馈机制，对列车的到达时间进行了规定，并建立了顾客投诉反馈机制。

政府要求其对地方公共服务、医疗保健等按照服务标准进行监督，并公布其服务绩效比较数据一览表。若公共服务组织在顾客选择、服务质量标准、绩效独立认证、持续改进服务质量和顾客满意度等宪章标准中达到 9 项合格，可被授予“宪章”标志，以表彰其服务先进。该标志每隔三年就要重新申请一次，公共服务组织必须证明其绩效处于持续改进过程中，才能继续获得这一荣誉。在推行该服务标准后，美国大部分公共服务组织均取得了显著地服务改进。

四、经验借鉴

（一）服务规范制定系统化

在服务规范的制定原则方面，应强调指标体系的系统性和完整性。在制定指标体系时，应在体系原则中明确提出坚持系统性原则，充分并全面的考虑评价体系的各方面，借鉴国际标准化组织（ISO）的制定原则，保持国际标准内容的完整，保证标准的制定尽量涉及服务规范的多个方面，保证指标体系全面系统。

（二）服务规范应及时更新

在服务规范的维护方面，应及时更新服务指标，保证指标体系体现最新技术水平，可参考国家标准化组织（ISO）的运作模式，在标准规范制定后应组织专人对标准规范的实行进行跟踪，并对过时或失效的指标尽快更新，以此提升指标体系的实时性。

（三）建立反馈及奖惩制度

借鉴英国和德国服务规范实践经验，在评价过程中建立快捷的反馈机制，借助顾客投诉、服务反馈表等形式帮助管理机构快速统计服务规范的实施效果，提升服务规范的针对性。在服务规范中设立奖惩制度，对服务先进的机构单位进行先进表彰，以此促进各服务平台间的竞争，提升整体服务平台的服务水平。

（四）服务规范统一管理

根据国际标准化组织（ISO）和美国的服务规范设置经验，在服务规范的实施过程中设置统一管理机构，在各地方设置支部。考虑到各地方的实践过程中存在的差异性，可制定地方管理机构有针对性的实施服务规范，制定管理机构统一把控整体实施过程及地方实施过程中存在的困难和问题。

（五）明确实施团队组成

在评价团队方面，应在服务规范中尽量明确评价团队的组成，可以借鉴国家标准化组织（ISO）、美国、德国服务规范的制定经验，指定专门的服务团队负责标准的制定，并对各级服务团队的职能进行清晰地划分，促进标准规范有效快速实施。

第四节　推动平台服务规范的政策建议

一、建立完善制度体系，增强平台服务规范外在约束

建立国家级中小企业公共服务示范平台建设试点制度。研究制定《国家级中小企业公共服务示范平台建设管理办法》，明确中小企业公共服务示范平台的功

能定位，突出国家级中小企业公共服务平台在服务规范方面的示范带动效应，指导各级中小企业公共服务平台服务规范健康发展。按照自愿申报原则，工信部每年组织国家级中小企业公共服务示范平台进行组织申报、评选和公告管理工作，重点扶持一批服务规范、示范带动效应强、对推动平台间协同发展具有重要价值的国家级中小企业公共服务规范示范平台，推动国家级中小企业公共服务规范示范平台健康发展，不断增强中小企业政策服务效能。

建立健全国中小企业公共服务平台服务规范评价制度。研究制定国家中小企业公共服务平台服务规范评价体系，明确国家级服务规范示范平台在服务规范保障能力、实施内容、实施效果和带动引领等方面应具备的条件，指导各级中小企业公共服务平台服务规范建设合规发展。科学、合理、客观设置国家级中小企业公共服务示范平台各级评价指标权重，力图再现示范平台服务规范建设进程的全景，不断增强国家级中小企业公共服务平台服务规范评价的实践价值，指导更多中小企业公共服务平台服务规范建设。引进第三方评估制度，增强国家级中小企业公共服务示范平台服务规范评价的客观公正性、专业权威性和社会影响力。

建立完善中小企业公共服务平台服务规范监督惩戒机制。对中小企业公共服务平台实施动态管理制度，工信部每年组织一次国家级中小企业公共服务示范平台申报、评选、公示和挂牌活动，从服务规范建设方面对拟入围企业进行全面评估，确保国家级中小企业公共服务示范平台数量、影响力不断增加。同时，工信部每年还组织入围示范平台上报平台服务规范自评材料和经验总结，及时总结、推广服务规范建设中的先进经验，改进服务规范质量；对入围满三年的国家级中小企业公共服务示范平台服务规范建设进行一次综合评估，对评估不合格的平台及时取消国家级中小企业公共服务示范平台荣誉称号，收回其间平台享受各级财政的资金支持。

二、加大政策支持力度，提高平台服务规范建设保障

鼓励和支持各级中小企业发展基金、专项资金等加大对示范平台的支持力度，引导服务规范健康发展。推动国家中小企业发展基金将国家级中小企业公共服务平台服务规范建设纳入支持范围，优先支持服务规范保障能力突出、实施内容雄厚、成效显著、示范带动作用明显的国家级中小企业公共服务示范平台服务规范建设，引导更多的社会资本投资中小企业公共服务平台，切实解决国家级中小企

业公共服务示范平台服务规范建设的资金不足问题，促进国家级中小企业公共服务示范平台服务规范建设健康、有序、高效发展。

鼓励地方中小企业主管部门联合财政部门建立国家级中小企业公共服务示范平台专项支持机制。鼓励地方中小企业主管部门建立完善中小企业公共服务平台服务规范绩效考核机制，完善中小企业公共服务平台评价考核指标体系，每年对各级中小企业公共服务平台服务规范绩效进行全面考核。支持地方中小企业主管部门建立平台服务规范绩效考核与政策支持挂钩制度，把中小企业公共服务平台作为政策支持的重要依据，对服务规范绩效考核结果优良的平台优先给予公共服务采购、财政资金支持以及服务规范建设财政补贴和奖励等支持。

加大对国家级中小企业公共服务示范平台的金融服务支持。鼓励天使投资、创业投资基金等社会资本支持示范平台服务规范建设，支持符合条件的平台运营企业在创业板、新三板、区域股权交易市场等上市融资，不断增加示范平台直接融资比重。支持示范平台建立小微企业转贷资金池，鼓励金融机构与示范平台合作按照利润共享、风险共担的原则大力推动金融产品和服务创新，积极开展小微企业转贷业务。鼓励和支持政策性融资担保机构和银行业金融机构合作为符合条件的中小企业公共服务示范平台运营企业提供快捷、低成本的融资服务。

三、加大宣传推广力度，增强服务规范平台品牌效应

鼓励地方建立中小企业公共服务示范平台服务规范建设领导小组，加强组织领导，完善工作协调机制，推进示范平台服务规范有序开展。中小企业公共服务示范平台服务规范建设领导小组负责对辖区内中小企业公共服务示范平台服务规范建设的协调、推进工作，整体把控中小企业公共服务平台服务规范建设进度，切实保障示范平台服务规范建设成效。

建立统一的中小企业公共服务示范平台标识，打造中小企业公共服务知名品牌，提升中小企业公共服务平台整体形象，不断提升中小企业公共服务平台的社会影响力和关注度。广泛征集、评选、确定统一的中小企业公共服务示范平台标识、名称和图案，由国家中小企业公共服务示范平台管理办公室尽快组织相关标识、名称和图案的商标申请、注册和管理，对商标使用实行免费授权许可制度。入围中小企业公共服务示范平台名录的平台运营单位均可申请免费使用中小企业公共服务示范平台统一的标识、名称和图案，获得中小企业公共服务示范平台商标使

用许可。研究制定统一品牌推广方案，各个平台可以充分利用电视、报纸、广告等传统媒体以及微信、微博、彩信、QQ 等现代媒体广泛开展品牌宣传，多法并举，不断提高中小企业公共服务示范平台的影响力与知晓度。

四、推动服务资源集聚，提升平台政策服务效能

鼓励地方中小企业主管部门推动建立涉企政府部门中小企业政策服务联席工作小组，完善协调联动机制。中小企业公共服务示范平台积极联系经信、发改、财政、工商、国税、地税、教育、科技、国土、环保、知识产权、商务、质检、人力资源与社会保障、安监、建设、监察、国资、人行、银监、证监、保监、法制办、统计、工商联等涉企政府部门，推动建立涉企政府部门中小企业服务协同机制，集聚政府服务资源，嫁接政府与企业沟通的桥梁，不断扩充示范平台提高中小企业政策服务范围的领域，提升中小企业公共服务供给能力，切实发挥“政府的助手、企业的帮手”作用，提高中小企业政策服务效能。

建立中小企业公共服务平台服务联盟，完善平台发展协同机制，增强示范平台服务规范建设示范带动效应。研究制定统一的中小企业公共服务平台服务机构准入、管理与退出管理制度，推动平台对入驻服务机构的审核与管理，促进入驻平台服务机构的整体素质，切实保障平台集聚服务机构提供服务的规范化。研究制定中小企业公共服务平台间资源共享机制，促进各平台集聚融资、担保、技术、管理咨询、信息化、人才培训、市场开拓等各类优秀专业服务资源共享、共荣，提升中小企业公共服务平台的整体服务能力，不断提升服务规范水平，放大示范带动效应。

加强平台服务规范建设指导，积极推动各种社会服务资源向国家级中小企业公共服务示范平台集聚，不断提高服务规范质量和效果。中小企业主管部门要提高认识，创新工作方法，优化工作机制，积极引导和调动各类社会服务资源向中小企业公共服务示范平台集聚，不断增强示范平台服务规范的层级，最大化提升政策服务效能。充分发挥大型企业、软件服务商和电信运营商的资源优势、技术优势，为示范平台服务规范提高坚实支撑。充分运用互联网等现代信息技术手段，整合、规范示范平台的各种服务资源，增强服务资效果，便捷高效地为中小企业提供各种服务。

五、探索平台盈利模式，促进服务规范持续发展

理顺中小企业公共服务示范平台盈利格局架构，夯实服务规范建设基础。坚持公益性与盈利性相结合，坚持政府引导与市场化运作相结合，科学区分平台服务的性质类别，探索代行政府职能类服务、政府购买类服务与市场化服务的不同盈利模式。代行政府职能类服务主要是指平台运营机构负责对合作平台的技术支撑和条件保障，包括软硬件系统开发与维护、服务协同、指导平台服务规范建设等体现政府职能的服务，这类服务应该由各级财政给予无偿划拨。政府购买类服务是指平台为中小企业提供的公益性服务（包括针对中小企业共性需求的普惠性免费或低收费服务以及由政府购买服务形式实现服务机构的免费或低收费）、中小企业运营监测、平台网络服务资源与服务统计上报、政策方向引导、政府工作支撑等服务，应由各级财政以政府购买的形式予以支付。市场化服务是指平台与市场化服务机构针对企业个性化需求提供的各类深度服务、特色化服务、增值服务，理应按照市场收费价格予以覆盖。

积极引导示范平台拓展新盈利渠道，实现服务规范建设的可持续性。鼓励和支持地方政府设立中小企业公共服务示范平台服务规范发展公益基金。创新支持理念，统筹使用各种扶持中小企业发展的财政支持资金，支持地方中小企业主管部门推动设立中小企业公共服务示范平台服务规范发展公益基金，积极推动“两创”基地城市示范支持资金将中小企业公共服务示范平台服务规范建设纳入其中，拓展中小企业公共服务示范平台服务规范建设资金渠道，切实奠定中小企业公共服务示范平台服务规范建设的基石，全面提升平台服务规范建设成效。

拓宽发展思路，引入社会资本。借鉴台州平台引入电信、绍兴平台引入浙江股权交易中心等成功经验，中小企业公共服务示范平台依托自身雄厚的中小企业资源、品牌价值，积极寻求与社会影响大、资金实力雄厚、对中小企业资源有诉求的机构合作，开发打造新的规范化服务产品，形成以公益性服务为主、市场化服务为辅的双重模式，实现平台与社会机构资源互补、合作共赢。

第七章　中小企业跨区域合作

第一节　中小企业跨区域合作现状

近期，受劳动力价格等生产要素成本上升影响，国内企业利润空间受到挤压，企业发展面临转型升级的任务。推动我国中小企业“走出去”拓展海外市场，整合企业在国际市场的上下游产业链已经成为企业发展的客观需要，受“走出去”内生动力推动，我国中小企业“走出去”步伐不断加快。同时，我国积极引进国外资金和技术等工作也取得了积极进展。

一、我国中小企业“走出去”基本情况

（一）中小企业进出口增速不断回落

出口贸易的统计按照企业类型划分为国有、外资和其他性质企业三类，其中其他性质企业的主体是中小企业。从出口来看，我国其他性质企业的出口额从2010年的4812.7亿美元增长到2014年的10115.9亿美元，增长2.1倍，但出口额同比增长率从2010年的42.2%逐渐回落为2014年的10.4%，反映出我国其他性质企业出口额增长速度有所放缓。从进口来看，我国其他性质企业的进口额从2010年的2692.8亿美元增长到2014年的5601.6亿美元，进口额同比增长率在经历了2013年27.7%的短暂回升之后，2014年骤降至冰点，同比增长率下降到2.8%，创2010年以来新低。

表 7–1　2010—2014 年其他性质企业进出口数额

时间	出口		进口	
	绝对值（亿美元）	同比（%）	绝对值（亿美元）	同比（%）
2010年	4812.7	42.2	2692.8	56.6
2011年	6360.5	32.2	3852.3	42.9
2012年	7699.0	21.1	4511.5	17.2
2013年	9167.7	19.1	5764.8	27.7
2014年	10115.9	10.4	5601.6	–2.8

数据来源：海关信息网，2016 年 1 月。

据海关总署统计，2015 年 1—10 月，我国其他性质企业进口 12582983 万元，同比上年回落 76.4%。7—10 月份期间，我国其他性质企业进口额同比降幅不断增大，从 7 月份的 63.15% 降低到 10 月份的 83.50%。2015 年 1—10 月，我国其他性质企业出口 27445447 万元，同比上年下降 4.3%。7—10 月份期间，我国其他性质企业出口启动倒 V 行增长模式。7—9 月，我国其他性质企业出口实现了平稳回升之后，9 月份出口同比由冰点之下增长为 2.65%，10 月份出口同比骤降至 –11.85%。

表 7–2　2015 年 1—10 月我国其他性质企业进出口数据

	进口		出口	
	绝对值（万元）	同比（%）	绝对值（万元）	同比（%）
2015年1月	1267126	—	2861031	—
2015年2月	1087322	—	2511098	—
2015年3月	1269932	—	2192884	—
2015年4月	1356171	—	2680970	—
2015年5月	1071125	—	2999883	—
2015年6月	1340875	—	2719574	—
2015年7月	1422346	–63.15	2836199	–8.59
2015年8月	1303954	–64.45	2893491	–2.76
2015年9月	1339494	–79.65	3064944	2.65
2015年10月	1124638	–83.50	2685373	–11.85
2015年1—10月	12582983	–76.4	27445447	–4.3

数据来源：根据海关总署数据整理，2016 年 1 月。

（二）民营企业成为对外直接投资的主力军

受国内劳动力价格上升、环境压力等因素影响，我国民营企业近年来积极拓展海外市场，不断寻求技术突破，塑造国际品牌形象。同时，相关部门修改了对外投资审批办法，放宽了对外投资的限制，提高了民营企业的海外投资积极性。民营企业充分发挥自身优势，利用自有品牌、自主知识产权和自主营销渠道，进行全球采购、生产、销售，积极建立国际产业价值链。

中国与全球化智库及社科文献出版社联合发布的企业国际化蓝皮书《中国企业全球化报告(2015)》指出，2014年，我国民营企业对外投资呈现高速增长，同比增加295%，相当于2013年的三倍，占当年总投资案例数的69%。我国企业小规模投资主要集中在美国、澳大利亚、日本及韩国等少数国家，其中，投资额在1亿美元以下的投资分布在科技、传媒和通讯行业；规模在1亿—10亿美元之间的对外投资大约占总投资的63%，主要集中在传统行业如采矿业、制造业、交通运输及房地产业，10亿美元以下规模的投资平均比重高达84%。2014—2015年，民营企业年均投资案例数高达256起，是2008—2013年间年均投资案例的7倍，呈现爆炸式增长。

各地中小企业对外投资实现高速增长。2015年前三季度，地方企业对外投资538.6亿美元，同比增长78.8%，占比首次超过六成，成为对外投资的重要力量。上海、广东、北京位列前三，其中上海市对外投资119.7亿美元，是上年同期的5.4倍，上海自贸区对外投资45.3亿美元，占上海市的37.8%。从新疆中小企业对外投资数据来看，对外投资统计年报数据显示，截至2014年底，新疆企业对外设立企业和机构170家，对外投资额约为22.5亿美元。2013年新疆新核准境外投资项目37个，完成投资4.3亿美元，同比增长37%；2014年核准境外投资项目58个，完成投资5亿美元，同比增长30%。对外承包工程领域近年来发展迅猛，2013年完成投资接近14.5亿美元，2014年达到15.9亿美元。截至2015年7月，新疆一共批设境外投资企业137家，境外机构81家。2015年境外投资企业10家，增资1家，新批境外机构7家，新增企业机构数量是上年同期的1.86倍。1—7月，兵团预计完成对外投资2000万美元，同比增长400倍。从辽宁省对外投资数据来看，2015年上半年，沈阳市新设境外投资企业23家，协议投资额3.25亿美元，同比增长228%，增速为近年来最高。大连市2599家，实现出口交货值1035.93亿元，截至2015年上半年，大连市核准境外投资项目62个，协议投资额21.4亿美元。从广东省对外投资数据来看，截至2014年，广东省中小企业协议投资新设境外企业1354家，新增地方协议投资额88.3亿美元，同比分别增长43.7%、108.7%，分别占同期全省对外投资的83.2%、70.7%。经广东省备案、国家发改委核准或备案的境外投资项目共21个，其中由中小企业实施的项目共17个，占项目总数的81.8%。该省中小企业作为全省境外投资的主力，其境外投资具有三方面主要特征：一是项目规模大幅提升。中小企业对外投资项目平均规模从2013年的449万美元增至2014年的652万美元。超千万美元的项目有77个，金额高达56.8亿美元。超亿美元的项目达11个，包括广州东送能源集团的乌干达磷酸岩开发项目（6.2亿美元）、湛江华大贸易柬埔寨甘蔗种植加工一体化项目（4.5亿美元）、南方石化刚果（布）石油勘探开发项目（1.4亿美元）等；二是投资领域不断拓展。中小企业更多参与到境外农林、矿项目的投资，改变过去由国有企业主导的局面。广州东送能源集团的乌干达磷酸岩矿区的综合开发项目协议投资额达6.2亿美元，是迄今为止广东省对非投资也是对外投资协议金额最大的一个单体项目。南方石化集团在刚果（布）的油田收购项目（1.4亿美元）是广东省首个境外石化开采项目。湛江华大在柬埔寨协议投资4.5亿美元的甘蔗种植和制糖项目是该省最大的境外农业种植加工一体化项目；三是投资方式渐趋多元化。中小企业对外投资从过去的以绿地投资为主发展到参股、并购、绿地等多种方式并存。2014年，中小企业实施境外参股并购项目103个，金额9.1亿美元，分别占同期中小企业对外投资的7.6%、10.3%。南方石化的刚果（布）石油开采项目（1.4亿美元）、海普瑞美国研究中心项目（9990万美元）、合力海外的马达加斯加农业种植项目（5000万美元）等均为并购项目。

（三）国际市场需求分化，进一步挤压中小企业市场空间

对新兴市场出口保持稳定增长，但是对日欧出口增速下滑较大。欧美日发达国家作为我国制造业出口的主要市场，占同期我国制造业出口总额的40.08%。今年前10个月，我国制造业对美国出口339764943千美元，同比增长5.2个百分点，实现平稳增长。但是，对日欧两大市场出口增速出现下滑，其中，对欧盟出口292333213千美元，同比回落4.1个百分点，对日本出口111954667千美元，同比回落9.5个百分点。同期，对印度、东盟、南非等新兴经济体出口均呈现不同程度增长，其中对印度出口48151929千美元，同比增长8.4个百分点，对东盟出口225810672千美元，同比增长3.7个百分点，对南非出口13629279千美元，同比增长5.5个百分点。对上述新兴经济体出口占同期我国制造业出口总额的15.48%，占比较为可观。中国香港地区作为我国主要的出口市场，占同期制造业出口额的13.54%，但是与上年同期相比回落12.2个百分点。总体而言，我

国制造业对主要出口市场增长缓慢，甚至出现回落，表明海外市场需求乏力，严重挤压了我国中小企业的市场空间。

表 7–3 2015 年 1—10 月我国出口市场情况

国家/地区	绝对值（千美元）	同比（%）	占比（%）
中国香港	251315768	–12.2	13.54
印度	48151929	8.4	2.59
日本	111954667	–9.5	6.03
韩国	83102817	1.1	4.48
中国台湾	37343644	–3.2	2.01
东南亚国家联盟	225810672	3.7	12.16
欧盟	292333213	–4.1	15.75
俄罗斯	28456167	–35.7	1.53
南非	13629279	5.5	0.73
巴西	23721364	–17.2	1.28
加拿大	24543932	0.4	1.32
美国	339764943	5.2	18.30
澳大利亚	32751622	3.1	1.76
新西兰	4008483	4.6	0.22
总计	1856447581	–2.2	100

数据来源：根据海关总署数据整理，2016 年 1 月。

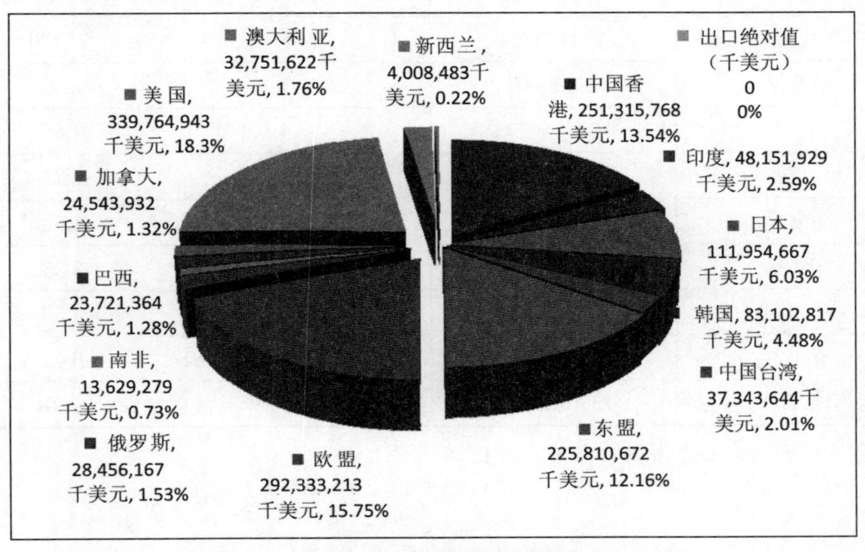

图7–1 2015年1—10月我国出口市场分布情况

数据来源：赛迪智库中小企业研究所，2016 年 1 月。

中小企业海外市场需求偏弱，内需增长动力不足。2015年前十个月除加拿大以外，我国主要的进口市场较上年同期均出现下滑。美日欧作为我国主要的进口市场，2015年1—10月期间，我国从这三大市场的进口额占全部进口的三成左右，其中，我国从欧盟进口173129764千美元，同比回落14.6个百分点。从美国进口121427068千美元，同比回落6.5个百分点。从日本进口117883624千美元，同比回落12.7个百分点。除美日欧发达国家以外，东盟和韩国成为我国主要的进口市场。其中，我国从东盟进口153339633千美元，同比回落11.9个百分点。我国从韩国进口141857309千美元，同比回落10.0个百分点。我国对海外市场需求严重不足，折射出我国中小企业经济活力不够，处境不容乐观。

表7-4　2015年1—10月我国进口市场情况

国家/地区	绝对值（千美元）	同比（%）	占比（%）
中国香港	8659843	–10.6	0.63
印度	11109144	–20.7	0.81
日本	117883624	–12.7	8.60
韩国	141857309	–10.0	10.35
中国台湾	115893652	–6.5	8.46
东南亚国家联盟	153339633	–11.3	11.19
欧盟	173129764	–14.6	12.63
俄罗斯	27450607	–20.7	2.00
南非	22625477	–33.4	1.65
巴西	37299973	–19.3	2.72
加拿大	21589402	6.6	1.58
美国	121427068	–6.5	8.86
澳大利亚	61631501	–26.0	4.50
新西兰	5624928	–33.3	0.41
总计	1370516564	–15.7	100

数据来源：根据海关总署数据整理，2016年1月。

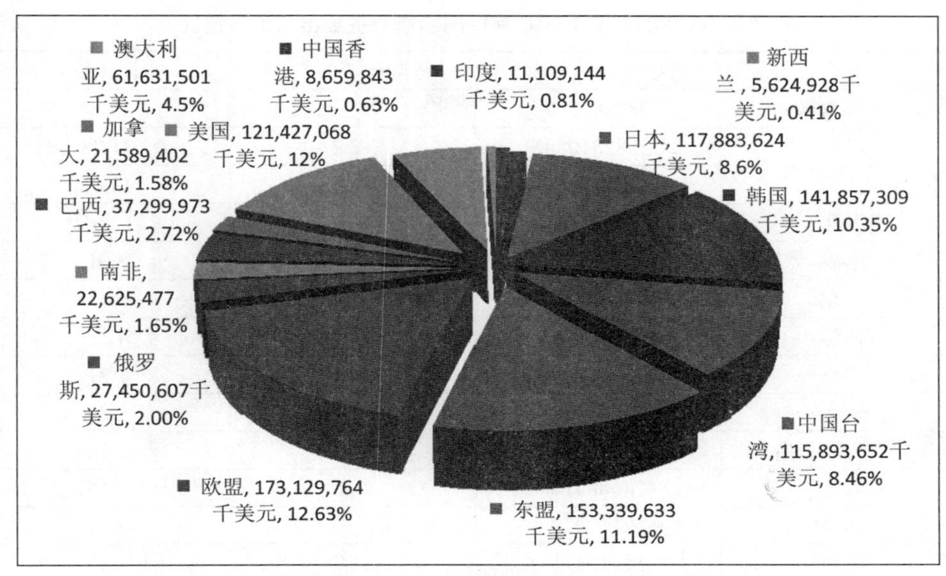

图7–2　2015年1—10月我国进口市场分布情况

数据来源：赛迪智库中小企业研究所，2016 年 1 月。

（四）东部省市进出口欠佳，中西部部分省市表现活跃

东部地区出口占据绝大部分比重，东部地区各省作为我国制造业的主要聚集地，其出口额占据我国制造业出口总额的 86.14%，尽管如此，从出口额本身来看，东部地区 986683509 千美元的出口表现却不尽如人意。具体而言，出口大省广东出口出现 2.2% 的下降，为 358281088 千美元。江苏省出口 178771848 千美元，与上一年基本持平。北京市出口较上年同期相比滑落 13.2 个百分点，上海市出口较上年同期相比下降 5 个百分点。与东部地区不同，得益于国内制造业的区域转移，我国中西部地区部分省市出口态势良好。具体而言，贵州省出口 2685056 千美元，较去年同期增长 50 个百分点。河南、广西和江西省三个地区出口均呈现出两位数增长，其中河南地区出口 22683537 千美元，较上年增长 15.2 个百分点。广西出口 7059870 千美元，较上年同期增长 14.0 个百分点。江西出口额为 15415111 千美元，增长 11.9%。

表 7-5　2015 年 1—10 月中国制造业主要出口省市情况

省市	绝对值（千美元）	同比（%）	占比（%）
东部地区	986683509	—	86.14
广东	358281088	-2.2	31.28
江苏	178771848	0.2	15.61
浙江	144417847	1.5	12.61
上海	91742819	-5.0	8.01
山东	75912213	-2.6	6.63
福建	48313985	-2.1	4.22
北京	13858680	-13.2	1.21
辽宁	25745538	-8.0	2.25
天津	24951077	-5.1	2.18
河北	24688414	0.2	2.16
中部地区	52110977	—	4.55
江西	15415111	11.9	1.35
河南	22683537	15.2	1.98
安徽	14012329	4.6	1.22
西部地区	70041454	—	6.11
重庆	20910823	-21.4	1.83
四川	14904346	-18.9	1.30
广西壮族自治区	7059870	14.0	0.62
新疆维吾尔自治区	6506850	-27.0	0.57
陕西	7401052	8.7	0.65
云南	5105793	-1.9	0.45
甘肃	1012993	-6.0	0.09
贵州	2685056	50.0	0.23
宁夏回族自治区	1221367	-4.0	0.11
内蒙古自治区	3233304	5.8	0.28
总计	1145404828	-2.0	—

数据来源：根据海关总署数据整理，2016 年 1 月。

从进口来看，各地进口大幅滑落，西部地区个别省市增长明显。广东、上海、江苏作为我国进口大省，其进口额分别占我国制造业进口额的比重为 25.07%、14.75% 以及 14.07%，但是这三个省市在今年前十个月表现欠佳。具体而言，广东省进口 212120724 千美元，与上年同期相比回落 14.7 个百分点。上海市进口 124796199 千美元，滑落 5.5 个百分点。江苏进口 119075633 千美元，较上年同期相比降低 10.9 个百分点。甚至个别地区进口出现大幅下滑，如河北、天津、浙江等地进口分别下降 29.4%、24.3% 和 22.1%。在经济乏力，我国对海外市场需求不足背景下，西部地区个别省市进口增长明显，如河南、陕西以及贵州分别进口 16031019、8066250 以及 845387 千美元，较上年同期相比分别增长 31.0%、16.5% 和 6.9%。

表 7–6　2015 年 1—10 月中国制造业主要进口省市情况

省市	绝对值（千美元）	同比（%）	占比（%）
东部地区	724258934	—	85.58
广东	212120724	–14.7	25.07
江苏	119075633	–10.9	14.07
浙江	39058888	–22.1	4.62
上海	124796199	–5.5	14.75
山东	67350431	–24.7	7.96
福建	28081587	–17.6	3.32
北京	52368165	–7.5	6.19
辽宁	28506045	–21.6	3.37
天津	36198758	–24.3	4.28
河北	16702504	–29.4	1.97
中部地区	28706269	—	3.39
江西	5349613	–12.9	0.63
河南	16031019	31.0	1.89
安徽	7325637	–14.5	0.87
西部地区	58673451	—	6.93
重庆	9582592	–41.3	1.13
四川	9465284	–23.6	1.12
广西壮族自治区	13878100	–13.0	1.64
新疆维吾尔自治区	7732551	–30.7	0.91
陕西	8066250	16.5	0.95
云南	3410815	–29.3	0.40
甘肃	1227630	–26.1	0.15
贵州	845387	6.9	0.10
宁夏回族自治区	490031	–21.1	0.06
内蒙古自治区	3974811	–10.2	0.47
总计	846257860	–15.2	—

数据来源：根据海关总署数据整理，2016 年 1 月。

（五）民营企业出口发展势头优于国有和外资企业

随着各项支持外贸稳定增长的政策措施逐步落实，企业经营环境进一步改善，通关效率和贸易便利化程度日益提高，民营企业活力持续释放，首次超过外资企业成为最大出口主体。2015 前三季度，我国民营企业出口 7460.9 亿美元[1]，比国有企业出口高 5649 亿美元。比外资企业多出口 92.4 亿美元。民营企业出口占全国出口贸易额的 44.8%，高于国有企业 10.9% 以及外资企业 44.3% 的水平。同时，今年前三季度，我国民营企业出口较上年同期增长 2.1 个百分点，高于国有企业 –4.4% 以及外资企业 –5.1% 的增长速度。

表 7–7　2015 年 1—9 月我国企业进出口贸易方式和企业性质情况

项目		出口			进口		
		金额（亿美元）	同比（%）	占比（%）	金额（亿美元）	同比（%）	占比（%）
总值		16641.2	–1.9	—	12400.3	–15.3	—
企业性质	国有企业	1812	–4.4	10.9	3097	–17.6	25.0
	外资企业	7369	–5.1	44.3	6165	–8.2	49.7
	其他企业	7461	2.1	44.8	3138	–24.6	25.3

数据来源：国家商务部，2016 年 1 月。

二、“引进来”基本情况

（一）外商投资总体规模稳定增长

我国实际利用外资金额平稳回升。2010 年，我国实际利用外资达 1057.35 亿美元，同比增长 17.44 个百分点，进入 2011 年后实际利用外资增速有所放缓，2012 年降低最低点，同比回落 3.7 个百分点。步入 2013 年后，我国实际利用外资开始筑底回升，增速在当年再次恢复至冰点之上。其中，2013 年，我国实际利用外资 1175.86 亿美元，同比增长 5.25%。2014 年，我国实际利用外资金额 1195.6 亿美元（折合 7363.7 亿元人民币），同比增长 1.7%。2015 年前三季度，我国实际使用外资金额 5847.4 亿元人民币（折 949 亿美元），同比增长 9%。

[1] 数据来源：国家商务部。

表 7-8　我国利用外资及设立外商投资企业数据

时间	实际利用外资		设立外商投资企业	
	利用外资金额（亿美元）	同比（%）	设立外商投资企业（家）	同比（%）
2010年	1057.35	17.44	27406	16.94
2011年	1160.11	9.72	27712	1.12
2012年	1117.16	–3.7	24925	–10.06
2013年	1175.86	5.25	22773	–8.63
2014年	1195.6	1.7	23778	4.4
2015年1–9月	949	9	18980	10.1

数据来源：国家商务部，2016 年 1 月。

我国设立外资投资企业数量大幅增长。2010 年，我国设立外商投资企业数量为 27406 家，同比增长 16.94 个百分点，进入 2011 年后设立外资投资企业数量增长速度有所放缓，2012 年降低到最低点，同比回落 10.06 个百分点。步入 2013 年后，我国设立外资投资企业数量开始筑底回升，增速在 2014 年再次恢复至冰点之上，并在 2015 年前三季度恢复至两位数增长。其中，2014 年，我国设立外资投资企业 23778 家，同比增长 4.4%。2015 年前三季度，我国设立外资投资企业 18980 家，同比增长 10.1%。

2015 年前三季度我国吸收外资呈现出三个主要特点：一是产业结构进一步优化。高技术服务业和高技术制造业吸收外资继续保持上升势头。1—9 月，服务业实际使用外资 579.9 亿美元，同比增长 19.2%，在全国总量中的比重为 61.1%；其中高技术服务业实际使用外资 61.6 亿美元，同比增长 57.6%，占服务业（除房地产外）实际使用外资总量的 17.1%。其中，研发与设计服务、信息技术服务、科学研究增幅较大，同比分别增长 49.5%、37.2% 和 102.5%。制造业实际使用外资 298.4 亿美元，同比增长 0.7%，在全国总量中的比重为 31.4%；其中，高技术制造业实际使用外资 70.0 亿美元，同比增长 10.4%，占制造业实际使用外资总量的 23.5%。其中，电子元件制造、集成电路制造、通信设备制造、航空航天及设备制造实际使用外资同比分别增长 25.6%、75.5%、171.7% 和 49.2%。二是东、中、西部地区实际使用外资均呈现增长。1—9 月，东部地区实际使用外资金额 805.3 亿美元，同比增长 10.1%；中部地区实际使用外资 86.2 亿美元，同比增长 0.3%；西部地区实际使用外资 57.5 亿美元，同比增长 2.2%。三是外资并购交易活跃。外商投资并购规模和比重均有较大幅度提高。1—9 月，以并购方式设立外商投资企业 1016 家，合同外资金额 189.3 亿美元，实际使用外资金额 152.9 亿美元，同比分别增长 16.5%、155.3% 和 204.5%。2015 年 1—9 月全国实际使用外资中并购所占比重由上年同期的 5.8% 上升到 16.1%。

同时，我国各地在吸引外资方面都取得了不俗的成绩。如江苏省。2014 年，江苏省实际利用外资达 281.7 亿美元，规模连续 12 年位居全国前列。与此同时，江苏利用外资呈现出结构持续优化的良好态势，全省服务业利用外资占比提升，服务业实际使用外资 122.7 亿美元，占比 43.5%，较上年提高 1.6 个百分点。该省新认定 49 家外资总部企业，新设外资独立研发机构 12 家，全省跨国公司地区总部和功能性机构总数达到 134 家。截至 2015 年 9 月，江苏太仓累计引进德资企业 230 多家，且以每年 15—20 家的速度递增，项目总投资额接近 20 亿美元，年工业产值近 300 亿元。从广东省吸引外资数据来看，2015 年 1—9 月，全省吸收实际外资 207.03 亿美元，同比增长 -0.27%；新批设立外商直接投资项目 4727 个，同比增长 11.22%。从上海吸引外资数据来看，2014 年，上海利用外资规模再创新高，增速高于全国和东部地区。2014 年上海地区合同外资 316.09 亿美元 [1]，突破 300 亿美元，同比增长 26.8%。实际吸收外资 181.66 亿美元，同比增长 8.3%，连续 15 年保持增长。截至 2014 年底，上海累计引进合同外资 2741.1 亿美元，实际吸收外资 1691.59 亿美元，引进外资项目 7.63 万个，累计在上海落户的跨国公司地区总部 490 家，投资性公司 297 家，外资研发中心 381 家，上海已成为我国内地跨国公司总部落户最多的城市。

（二）主要国家 / 地区对华投资总体保持稳定

2015 年前三季度，前十位对华投资的国家 / 地区（以实际投入外资金额计）实际投入外资总额 894.4 亿美元，占全国实际使用外资金额的 94.2%，同比增长 8.8%。对我国投资的前十位国家 / 地区依次为：中国香港对我国内地投资 696.4 亿美元，占比 77.86%；新加坡对我国内地投资 50.7 亿美元，占比 5.67%；中国台湾对我国内地投资 34 亿美元，占比 77.86%；韩国对我国内地投资 30.8 亿美元，占比 3.44%；日本对我国内地投资 25.4 亿美元，占比 2.84%；美国对我国内地投

[1] 数据来源：上海市商务委员会。

资 18.6 亿美元，占比 2.08%；德国对我国内地投资 11.4 亿美元，占比 1.27%；法国对我国内地投资 10.2 亿美元，占比 1.14%；英国对我国内地投资 9.4 亿美元，占比 1.05%；中国澳门对我国内地投资 7.6 亿美元，占比 0.85%，具体如图 7–3 所示。

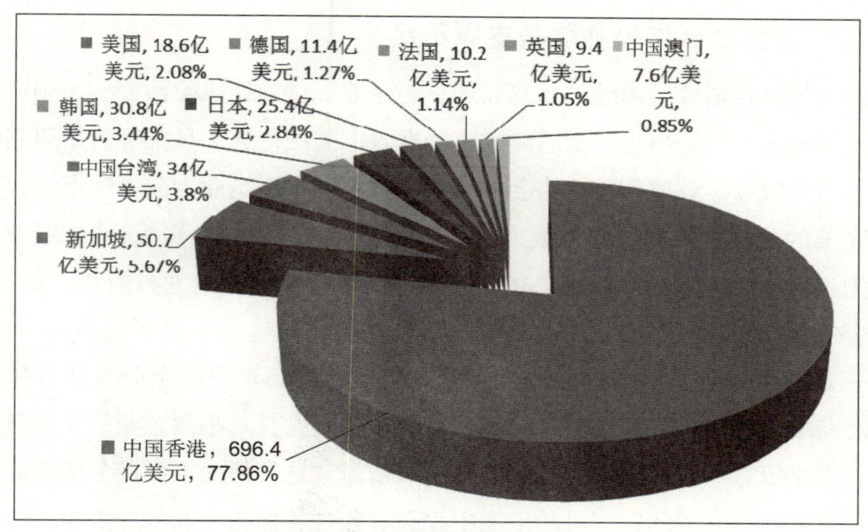

图7–3　主要国家/地区对我国投资分布图

数据来源：赛迪智库，2016 年 1 月。

（三）我国利用外资结构更趋合理

中部地区实际使用外资增长较快，东西部地区实际使用外资规模稳定。2014 年，我国东部地区实际使用外资金额 6014.9 亿元人民币（折合 979.2 亿美元），同比增长 1.1%；中部地区实际使用外资 666.9 亿元人民币（折合 108.6 亿美元），同比增长 7.5%；西部地区实际使用外资 661.6 亿元人民币（折合 107.8 亿美元），同比增长 1.6%。

第二节　中小企业跨区域合作存在的突出问题

一、缺乏全面高效的政策支持

当前，政府大力鼓励企业参与国际竞争，并出台一系列支持政策措施，但大多政策措施尚未实现针对中小企业克服自身缺陷的引导政策，如国务院出台的《关于鼓励支持和引导个体私营等非公有制经济发展的若干意见》《关于鼓励和引导非公有制企业对外投资合作的若干意见》提出将在信贷政策上逐渐给予民营企业以国有企业同等待遇，但是相较于国企，民营企业在自身实力方面与之差距较大，即便给予与国企同等待遇，资金、投融资问题仍然成为制约民营企业对外合作的瓶颈。

二、跨区域合作公共服务支撑不足

跨区域合作需要境内外的信息联通，为企业提供前期风险预警、国别产业政策、投资准入、市场信息以及后续的市场准入、国民待遇、日常经营中遇到的问题等一系列服务。政府和行业协会虽然强调、鼓励中小企业走向国际市场，但是缺少完整的公共服务支撑体系成为中小企业开展对外合作的短板，“缺服务”已经成为当前中小企业跨区域合作的重要瓶颈。我国中小企业对外合作“缺服务”主要表现在以下几方面：

一是中小企业获取信息渠道少，中介服务费用高。中小企业对外合作离不开及时获取各种信息，但目前，绝大多数中小企业尤其是小微企业信息服务来源单一，主要依靠熟人或朋友相互介绍来获取信息。这种情况不可避免地造成信息不足、精确性不够等问题。虽然市场中存在着各种各样的专业服务机构，但大多数中介服务机构要价奇高，只有少部分资金实力雄厚的企业有能力聘请国际知名的中介服务机构满足其国外市场调研、项目可行性研究、政策法律咨询、专项人才引进等深层次服务的需求。“一带一路”沿线国家比较多，投资环境差别很大，相关信息资源比较零散，缺乏权威的、固定的信息查询和咨询渠道，公共信息服务缺失导致的信息渠道不顺畅严重制约了我国中小企业国际合作机会的获得。

二是缺少中小企业海外维权服务，维权机构不足。企业对海外市场环境不熟悉，也缺少相应的维权服务机构，一旦我国中小企业在海外市场的合法权益受到损害，其海外投资利益很难得到有力保护，使得中小企业进行海外投资的热情大打折扣。虽然，近年中国企业海外诉讼获胜案件日渐增多，如三一重工集团投资开拓美国风电市场被叫停后成功维权、中兴华为在美胜诉“337”调查、金龙集团在美打赢反倾销官司，但前商务部中国企业走出去研究中心专家顾问吴东华教授以及中国社会科学院世界经济与政治研究所研究员张金杰研究员表示，中国企业海外维权成功的案例屈指可数，折射出中国企业海外维权之艰难。

三、海外投资保险制度不健全

中国企业特别是民营企业“走出去”，70% 以上不盈利，主要原因是政治风险，如政策变动风险、外汇管制、战争和恐怖主义等。除欧洲之外，绝大多数“一带一路”沿线国家处于经济转轨期，社会矛盾复杂积聚，内部政局不稳，民主进程相对缓慢，政治体制矛盾重重。同时由于大多数国家资源丰富，地理位置显要，也是大国拼抢和施加影响的核心区域，地缘政治问题和宗教冲突突出，投资目标国的一次执政党更替，有可能对已确定或在建项目带来颠覆性影响。如果出现政局动荡或爆发内战，则可能对企业投资设备财产甚至人员安全带来威胁。

四、对外合作国内区域分布不均衡

2015 年前三季度，我国进出口总额实现 29041.4 亿美元，同比回落 8.1 个百分点，东部地区进出口总额为 24809.5 亿美元，占全国进出口总额的 85.4%，中西部进出口总额分别为 2091.4 亿美元和 2140.6 亿美元，中西部地区进出口总额共占比 14.6%。

东部地区进口占比较高，西部地区进口额滑落幅度高于其他两个地区。2015 年前三季度，东部地区进口额 10884.0 亿美元，占全国进口总额的 87.8%，远高于中西部地区 12.2% 的水平。同期，西部地区进口较上年同期回落 21.9 个百分点，均高于东部地区 –15.1% 以及中部地区 –12.2% 的水平。

中部地区出口增长稳定，西部地区出口降幅度高于其他两个地区。2015 年前三季度，我国出口仍以东部沿海地区为主，该地区出口占比高达 83.7%，反映出我国东中西部出口贸易发展不均衡，东部沿海地区走在全国前列，中西部地区的对外合作仍有待发展。同期，东西部两地区出口出现回落，中部地区出口较上年同期增长 0.6 个百分点，好于东西部两地区。西部地区出口较上年同期回落 6.3 个百分点，降幅高于其他两地区。

表 7–9　2015 年前三季度我国东中西部进出口情况

		进出口	出口	进口
全国	金额（亿美元）	29041.4	16641.2	124000.3
	同比（%）	–8.1	–1.9	–15.3
	占比（%）	100.0	100.0	100.0
东部	金额（亿美元）	24809.5	13925.5	10884.0
	同比（%）	–8.0	–1.6	–15.1
	占比（%）	85.4	83.7	87.8

（续表）

		进出口	出口	进口
中部	金额（亿美元）	2091.4	1264.4	827
	同比（%）	–5.0	0.3	–12.2
	占比（%）	7.2	7.6	6.7
西部	金额（亿美元）	2140.6	1451.3	689.3
	同比（%）	–12.0	–6.3	–21.9
	占比（%）	7.4	8.7	5.6

数据来源：国家商务部，2016 年 1 月。

五、国内不同区域间缺少联动机制

企业跨区域合作进程中，我国不同省份间各自为政，缺少资源共享，也未实现优势互补，导致“双断裂”，相互断裂成为我国各地跨区域合作的显著特征。

各地方政府间相互断裂，缺乏配合、协调、互补和规划，没有形成区域性联动。跨区域合作进程中，我国不同地区形成了自己独有的优势，如果不同地区能重视并充分利用沿线节点省市的区位优势、基础设施等条件，通过构建共同的规划目标，实现双向合作，将会达到事半功倍的效果，例如内陆地区可以依托兰州新区开通的“兰州号”中欧货运国际班列，实现产品向德国汉堡的输出。沿海地区可以利用浙江“义新欧”铁路实现小商品向亚欧大陆、中亚及欧洲地区的输出。但是，我国各地“行政区划式”的发展现象突出，不同省市间缺乏省际的政策协调和项目联合推进机制，这种区域间断裂的发展方式将会造成两个严重后果。第一，各省不能形成合力，甚至造成内部竞争消耗的局面。例如，西北五省都是陆上丝绸之路的节点省市，但目前西北五省联合发力的现象很少见，依然是传统的各自规划，各自落地。新疆、青海、甘肃等省区都在积极寻找主导权和优势资源，难免造成“抬高自己、排挤别人”的不良竞争局面。第二，节点省市同沿线国家合作大多依据地缘优势，造成产品单向输出、经济结构高度单一、高度同质等弊端。为寻求便利，节点省市跨区域合作进程中大多采用地缘就近的合作模式，而非需求导向模式，例如内蒙古连通外蒙及俄罗斯远东、云南连通孟中印缅经济走廊、广西对接东盟十国、新疆对接中亚五国，但是这种地缘就近的合作不是双向的互补，而是单向的输出，甚至有低水平重复竞争的色彩，不符合当下经济合作的新趋势。例如，2015 年 9 月新疆举办的亚欧博览会很少有其他省份企业参加，缘于其他很多省市都认为只是新疆企业服务于欧亚国家，与自己关系不大。正是这种落后的跨区域合作思维和模式，使本地失去了在更大范围内配置资源、拓展海外市场的机会。

中小企业与不同类型企业间相互断裂。全国工商联的数据显示，67% 的民营企业在出海进程中遭遇挫折，仅有 10% 成功实现盈利，这与民营企业应对海外市场风险以及化解技术创新水平低、品牌影响力弱、海外渠道关系缺失等问题能力较弱有关。“抱团出海”方式有助于帮助中小企业应对上述问题，提升成功进入海外市场的几率。但是当前我国民营企业参与“一带一路”建设大多数依靠“单打独斗”方式，主要表现为对境外工业园的利用程度较低，对大企业的生产协作配套能力不足，与其他中小企业的联合较少等，不能很好地发挥其他资源的作用，在一定程度上影响了中小企业进入海外市场的步伐和成功率。

第三节　中小企业跨区域合作的国内成功经验

我国在推动中小企业“走出去”和“引进来”进程中建立了很多国内外知名园区，如中德中小企业合作示范园区。很多地方政府也起到表率作用，积累了丰富经验。“一带一路”战略背景下我国其他省市应吸取现有成熟经验，以实现中小企业的快速发展。

一、广东省推动中小企业跨区域合作经验总结

为推动中小企业境外投资，广东省充分发挥海外渠道广、影响力大等优势，多措并举推动当地中小企业对外合作，并取得了良好成绩。

（一）利用各种平台推动中小企业对外交流合作

近几年，广东省选择国际上规模大、效果好的专业展览会、博览会，组织相关企业参展，帮助企业通过展览经贸活动尽快熟悉当地营商环境，为进一步对外合作打好基础。特别是已连续十二年举办的不以盈利为目的，以政府推动和市场运作相结合，旨在为国内外中小企业构建的“展示、交易、交流、合作”的平台——中国国际中小企业博览会。十届中博会累计使用展览面积 120 万平方米，国际标准展位 5.5 万个；参展中小企业 35613 家，其中境外 6999 家，境内 28612 家；

进场采购的客商和观众多达250万人次，为我国中小微企业的持续发展做出了重要贡献。从第二届起中博会实行联合主办国机制，先后邀请到法国、意大利、日本、韩国、西班牙、澳大利亚、泰国、俄罗斯、越南、厄瓜多尔、印度尼西亚、联合国南南合作办公室、墨西哥等13个国家和组织联合主办，担任主宾国、联合主办国和嘉宾国，此举带动了70多个国家和地区6999家境外中小企业前来参加中博会，与我国超过17400家中小企业进行对接洽谈，极大地推动中国小企业与世界各地中小企业特别是联合主办国家中小企业的交流和合作。第十二届中博会于今年10月在广州举办，展览面积约为11万平方米，其中境外企业展区超过2万平方米，专设中博会"一带一路"展区，并继续设立"亚欧中小企业合作交流展区"、"名誉主宾国展区"、"中东欧国家展区"。

除此之外，广东省还在东盟、中东、南亚、南美、非洲等新兴市场地区举办一定规模的经贸展览会，帮助企业抢占对外合作先机。

（二）发挥驻境外经贸代表处作用，支持企业对外合作

2013年10月以来，广东省相继在德国、美国、新加坡、阿联酋、荷兰、法国、英国、意大利、加拿大、中国香港和马来西亚等11个国家或地区设立了驻境外经贸代表处。代表处在协助当地企业开拓国际市场，支持企业和产品对外合作方面发挥了积极作用，已经跟进的对外合作项目多达24项，如驻德国代表处促成中国澳利斯事业有限公司投资Henk公司签署合作意向；驻美国代表处帮助广东酷科电气等企业开拓美国市场；驻法国代表处协助根源集团在法国设立采购中心；驻阿联酋代表处帮助中山木林森照明企业与迪拜Sallan Lighting签订中东总代理合同，协助佛山兴发铝业开拓中东市场等。

（三）加强境外商会建设，搭建对外合作服务平台

为推动当地企业对外合作并为之提供延伸服务，近几年来，广东省先后在美国、阿联酋、荷兰、俄罗斯、巴西、南非、柬埔寨、波兰、澳大利亚、新西兰和新加坡推动成立了11个境外广东商会。境外广东商会坚持"以粤商为本，为粤商服务"理念，积极开展经贸活动，大力促进广东企业与当地国工商企业界之间的交流与合作，积极为广东开拓国外市场和招商引资穿针引线，在服务当地粤企、帮助当地企业对外合作方面发挥了积极作用。如美国广东商会积极推动广州市拓璞电器发展公司在美国设立办事处，建立广东产品直销美国的绿色通道等。

（四）建立境外商品营销中心，带动企业“抱团出海”

近几年，广东省积极引导和支持广东国际商会会员、境外广东商会企业先后在阿联酋打造“中东中国商品采购中心”、“阿联酋中国手机批发城”、“中东中国建材批发中心”等商业城，在缅甸、泰国、坦桑尼亚等国建立广东酒店用品销售中心，在阿联酋、柬埔寨建立广东电子产品展销中心，并支持广东汽车配件协会在荷兰设立汽车配件展销中心、广东圣地集团在波兰建立皮革皮具城等。这些境外营销平台的搭建，对于发挥粤商集群优势，带动更多企业“抱团”走出去开拓国际市场起到了积极的促进作用。

（五）与国外经贸机构合作，构建良好的境外合作环境

积极与外国政府部门、投资促进机构和中外投资服务机构建立合作机制，有效整合国内外资源，提高为有意对外合作的广东企业的服务水平。目前，广东省已与全球近 200 个国家和地区的工商企业建立了直接的经贸联系，与 113 个境外对口机构签订了长期合作协议，分别与 15 个国家和地区的对口机构建立了 16 个双边企业家理事会。同时，加强与我国驻外使馆、中国贸促会 16 个驻外机构和其他商务机构的沟通衔接。近三年以来，广东省充分发挥省直有关部门的桥梁纽带作用，共组织、配合或带领企业参与国内外各类经贸洽谈会、推介会、宣讲会、论坛等经贸活动 150 余场，不仅开拓了国际市场，还促成洽谈项目近千个，为众多企业对外合作寻找到合作伙伴。同时，广东省政府积极影响和游说当地政府和工商业界消除市场准入障碍，保障中国企业合法权益并尽可能争取便利条件，进一步改善当地企业对外合作的外部环境。

二、山东省推动中小企业跨区域合作经验总结

（一）创建中小企业对外交流合作平台

为促进山东省中小企业“走出去”，开展国际交流合作，山东省中小企业局与省外办密切配合，于 2015 年共同开办成立“山东省中小企业对外交流合作平台”。1 月 28 日在济南举行启动仪式，来自美国、加拿大、澳大利亚、日本、法国和韩国等 9 个国家的 16 家驻华使领馆、地方政府驻华（鲁）办事机构代表及近 100 家省内中小企业代表 200 余人出席活动。截至 8 月中旬，平台运行平稳，已有 1200 余家省内中小企业入驻平台；与欧盟中小企业中心、美国纽约州中小企业署建立了工作联系；发布境外风险防范、国际投资环境、境外项目推介等信

息 1300 余条；已带领 100 余家中小企业“走出去”开拓国际市场。

（二）组织经贸团组

有计划组织了赴阿联酋、土耳其、立陶宛、法国、韩国、德国等多个经贸团组，积极引导中小企业抱团出海，大力开拓国际市场。5 月 18 日在立陶宛首都维尔纽斯举办“山东—立陶宛企业合作交流会”。会上，山东中小企业局与立陶宛企业局、投资发展局签署了《山东—立陶宛关于加强友好合作的备忘录》。参会的双方 100 多家企业进行了一对一交流，并达成一批合作意向。

（三）加强与驻华使领馆，地方政府驻华、驻鲁办事机构，境外企业等机构沟通联系

加强与驻华使领馆，地方政府驻华、驻鲁办事机构，境外企业等机构沟通联系，在推介该省中小企业“走出去”的同时，加大引进力度。截至 7 月底，共组织“待发现的立陶宛－中小企业推介会”、“走进美国—山东企业见面会”等五次专题活动，近 700 家企业参加交流，取得了良好效果。并与慕尼黑及上巴伐利亚工商联合会签署了《山东省中小企业局与德国慕尼黑及上巴伐利亚工商联合会关于加强经济贸易合作的备忘录》，相约加强进一步合作，共同为双方企业合作牵线搭桥。

（四）承办“中国企业融资大会”

2015 年 5 月 27 日，由香港贸易发展局主办的“转型升级·香港博览”系列活动在济南举办，山东省中小企业局承办了 14 场主题活动之一的“中国企业融资大会”。港交所等多家金融机构介绍了中小企业如何在港融资、上市、兼并收购等知识，为本地中小企业“走出去”解决了融资困难。

三、辽宁省推动中小企业跨区域合作经验总结

（一）搭建平台，扩大合作与交流

举办“中日韩（辽宁）中小企业对接洽谈会”。来自日本、韩国的企业、金融机构、中小企业服务机构及辽宁省中小企业和服务机构的代表近 300 人参加了洽谈会。来自日本、韩国的 50 余家企业与该省近百家企业在装备制造、冶金、化工、电子信息、农产品加工等行业领域进行了交流与对接，达成多项合作意向。邀请日本中小企业诊断咨询专家对该省部分中小企业开展现场咨询诊断，使该省的中小企业服务机构对日本特色的中小企业诊断及咨询服务有了深入的了解。

开展“万户企业国际行”活动。与辽宁省外经贸厅合作在全省面向中小企业开展“万户企业国际行”活动，联合中国国际电子商务中心，为该省中小企业尤其是小微企业搭建大规模、高性能、大容量、高可靠性、稳定安全的国际贸易平台。全省3000户中小企业完成会员注册，为培育出口外向型中小企业，推动更多中小企业迈向国际市场，促进中小企业出口快速增长，搭建广泛的国际贸易营销网络。

（二）推进项目合作，进一步拓展国际市场

与韩国大田广域市政府合作举办了“韩国大田优秀企业项目洽谈会”。韩国14家优秀企业和全省近50家民营企业参加了洽谈会，与韩方4家企业共签订项目合作意向书12件，累计金额达到310万美元，与8家韩国企业签订共同合作（技术转让等）协议22件，与10家韩国企业签订开设代理店协议22件。

与日本瑞穗银行共同举办“中日汽车零部件企业对接会”。来自日本瑞穗银行的7家汽车零部件客户企业与辽宁省6家汽车制造及零部件制造企业洽谈对接，并安排与会日本企业参观访问了华晨汽车集团。还与日本瑞穗银行产业调查部共同推进日本钢铁产业、环保及再生产资源产业项目与当地民营企业的合作。

推进日本IHI公司与辽宁北方重工合作开展盾构机（隧道掘进机）项目上的合作。法国万喜能源集团选定沈阳一家电气安装企业进入米其林二期工程施工，选定鞍山一家企业作为其供应商。辽宁省经信委会同省外办、省工商联、省贸促会共同商议推进民营企业持因公普通护照出访指定相关政策，还为8家企业21人办理申报了APEC商务旅行卡，已经有14人得到批准，为民营企业“走出去”创造良好条件。

（三）搭建国际融资平台，扩大境外融资的业务范围

推进韩国产业银行沈阳代表处升级为分行。经当地经信委大力推进，韩国产业银行已经向省银监局递交设立分行的申请，目前正在经国家银监会审批。

积极引入境外资金开展风投业务。日本日亚投资咨询有限公司已确定在辽宁省设立投资基金，针对当地中小企业开展风险投资和股权投资等业务。目前，当地经信委正与韩国产业银行积极洽谈沟通，大力推进与该省共同设立中小企业投资基金事宜。

推进中小企业境外上市。当地经信委与韩国产业银行、韩国HI投资证券等

合作共同推进企业私募融资及到韩国上市；与国泰世纪投资管理有限公司签订了推进该省中小企业境外上市合作协议，并合作举办了“辽宁省民营企业澳大利亚上市推介会”。

（四）加强沟通，扩大合作与交流的范围

扩大并密切与境外中小企业服务体系的合作。我们与日本生产性本部、德国中小企业联合会、日本北海道银行确定签署友好合作协议，就加强双方中小企业及中小企业服务体系间的合作与交流达成一致。

加大组织团组出访力度。近几年，当地经信委先后组团赴欧洲、美国、韩国、日本、南美和中国台湾等国家和地区进行经贸洽谈，就双方企业家交流洽谈达成合作意向。

密切与在沈境外机构的合作。当地经信委与日本、韩国、美国、法国等驻沈阳的领事馆保持良好的合作关系。并与在沈阳的日本地方政府交流平台、大韩贸易投资振兴公社沈阳代表处等机构保持密切合作关系，推动中日韩中小企业对接等相关活动。

四、浙江省推动中小企业跨区域合作经验总结

（一）依托浙江块状经济的优势，打造一批有规模、有实力、有地位、可持续发展的产业集聚区

通过加强产业集聚区统筹规划，强化省级集聚区在全省优化产业发展布局中的主平台地位，积极引导大项目、大企业、大产业向产业集聚区布点落户，有序推进产业集聚区内部各类开发区块整合，实施重点开发和有点开发，集中力量建设产业集聚区核心区块，重点发展和培育新一代信息技术、智能制造装备、先进交通运输设备、节能环保、生物医药、新材料、新能源、现代服务业等主导产业，着力打造了杭州大江东产业集聚区、杭州城西科创产业集聚区、宁波杭州湾产业集聚区、宁波眉山国际物流产业集聚区、温州瓯江口产业集聚区、嘉兴现代服务业集聚区等 15 个产业集聚区，为进一步开展国际产业合作奠定基础。

（二）依托浙江信息经济优势，打造“网上丝绸之路”试验区

浙江省通过大力发展信息经济，狠抓两化深度融合，使得该地区的信息化指数和信息社会指数均居全国首列，成为首个“信息化和工业化深度融合国家示范

区”。该地通过积极实施“电商换市”工程，大力推动了电子商务平台发展，有序推动了专业市场电子商务、农村电子商务、跨境电子商务、电子商务产业园、传统制造业电商化等建设。目前，全国约有85%的网络零售、70%的跨境电子商务、60%的企业间电商交易，依托浙江的电商平台完成。杭州、宁波、舟山、金华四个城市列入全国跨境电商试点城市，全国首个跨境电子商务综合试验区也落户杭州。

（三）依托浙江区位、专业市场、物流优势，打造海陆丝绸之路贸易物流枢纽区

充分发挥宁波—舟山港的优势，将其打造为集装箱、矿石、原油、液体化工等贸易、中转和集散中心，成为“海上丝绸之路”的起点。开通“义新欧”（义乌—新疆—欧洲）国际专列，该专列途径哈萨克斯坦、俄罗斯、白俄罗斯、波兰、德国、法国、西班牙7个国家，打通浙江与丝绸之路各节点城市的铁路运输通道，着力将义乌打造成集出口、进口、转口为一体的国际贸易枢纽城市，成为“路上丝绸之路”的起点。支持省内物流企业到率先开展电商的“一带一路”沿线国家布点，建立海外仓库、物流基地，开展配送业务。

（四）依托浙江民营经济优势，打造实施“一带一路”战略的经贸合作区

目前，浙江企业牵头实施的三家国家级境外经贸合作区和两家省级境外经贸合作区，均设置在“一带一路”沿线国家，且已形成一定的产业链，成为该省参与“一带一路”建设的境外产业合作平台，对当地过剩产能转移和输出起到了重要作用。

五、江苏省推动中小企业跨区域合作经验总结

（一）研究出台推进“一带一路”产业投资工作意见，为中小企业“走出去”提供政策支持

2014年年初，江苏省经信委联合省发改委、农委、文化厅等相关单位，成立了“一带一路”产业投资工作领导小组，讨论涉及该省在“一带一路”沿线国家开展产业投资工作的具体问题，形成了常态化工作机制。在调研该省“一带一路”节点城市的基础上，与相关单位共同研究制定了推动“一带一路”产业投资工作意见，提出了江苏“一带一路”产业投资工作的目标、国际产能合作方向以及政策措施意见。

意见提出研究设立“一带一路”产业投资引导基金，重点保障在“一带一路”沿线国家进行产业投资，主要用于两方面：一方面根据企业在海外投资的金额，按照项目金额1000万美元以下，1000万美元至1亿美元、1亿美元以上，分别给予一定的资金支持和奖励，用于提升企业的国际化水平；另一方面用于赴“一带一路”沿线相关国家进行投资宣传推介、考察调研、为该省急需的海外引进企业设立孵化器启动资金、与海外合作共建园区的产业引导基金、企业境外投资风险预警和防范体系建设等。

根据《江苏省鼓励发展的非金融类对外投资产业指导意见》，建立了江苏“一带一路”产业投资项目库，入库项目100多项，同时对项目进展进行动态跟踪，全面掌握江苏在“一带一路”沿线国家产业投资总体情况，引导和推动江苏纺织、化工、钢铁、水泥、建材等传统优势产业和光伏、造船等新优势和富裕产能向境外转移，规避贸易壁垒，提高研发水平，利用国际资源，拓展新的发展空间。

（二）构建中小企业“走出去”的服务支持体系，提高中小企业“走出去”组织化程度

一是编织中小企业“走出去”服务网络。江苏自2004年在日本福冈开设第一个江苏中小企业境外代表处以来，已先后在意大利、澳大利亚、尼日利亚和德国开办了中小企业代表处，并进一步加强驻外代表机构的建设和管理，修订了驻外代表处管理办法，积极探索省市共建、政企共建、部门联建等工作机制，根据“一带一路”战略实施重点，进一步完善境外代表处布局，加强与中东欧和东南亚国家的经贸联系，提高服务中小企业利用“一带一路”契机开展对外投资的能力。

二是推动“一带一路”沿线国家和地区产业投资载体建设。当地经信委密切跟踪柬埔寨西哈努克港经济特区和双马印尼农工贸经济合作区发展情况，着力加强中哈霍尔果斯国际边境合作中心合作园区投资管理，通过举办多种形式的活动，引导和鼓励省内中小企业利用这些投资载体平台作用“走出去”投资兴业。

三是推动组建企业战略联盟，打造企业“走出去”联合体。充分发挥民营企业机制灵活、国有外贸企业实力雄厚特点，积极探索组建企业战略联盟，鼓励流通大企业与中小工业企业联手开拓国际市场。2014年江苏省在非洲尼日利亚开设了中小企业代表处，代表处牵线由江苏汇鸿集团外经公司联合多家中小企业赴尼日利亚在电力和可可加工领域进行了一系列的项目合作，这一模式将会大力推广到“一带一路”沿线国家和地区。

（三）加强江苏与沿边省份产业合作，让中小企业分享沿边省份“一带一路”外向发展机遇

江苏省与沿边省份产业合作作为该省中小企业利用沿边省份独特的区位优势借势“一带一路”战略实施外向发展提供了机遇。2015年博鳌论坛期间，苏琼两省政府签署了加强战略合作的框架协议。3月份，江苏省配合青海省海南州经信委在南京举办了海南州企业家培训，并安排两家江苏制药企业作为培训班的见习基地，促进两地企业的合作交流。上半年，还与内蒙古经信委、鄂尔多斯江苏工业园开展两场苏蒙产业对接合作，制定产业合作办法，设立产业合作基金，专项用于邀请江苏企业赴鄂尔多斯苏蒙工业园开展产业对接合作。

（四）组织开展“一带一路”培训、对接、交流活动，推动中小企业国际化发展

2015年上半年，为推动企业“走出去”进程中利用国际国内两种资源、两个市场谋求国际化发展，支持企业在“一带一路”沿线国家开展海外并购重组，江苏省经信委开展了一系列培训、对接、交流活动。根据企业需求，为企业开展海外并购提供前期专题培训服务，提升企业全球资源整合能力，提升企业市场话语权；通过举办工程和农业机械产业中小企业协作配套对接会，提升企业产业协作配套能力，引导工程和农业机械企业充分利用“一带一路”战略机遇，率先“走出去”。策划了江苏中小企业国际化发展交流会系列活动，组织驻外代表处、驻华机构、“走出去”先进企业、商务服务机构和有意“走出去”谋求国际化发展的中小企业分国别地区进行专场交流。上半年已举办了意大利、日本和柬埔寨西港特区三个专场，目前正在筹备非洲专场，围绕“一带一路”国家和地区的其他专场活动正在筹划之中。

第四节　政策措施建议

一、推动建立针对沿线国家的跨区域合作机制

一是构建双边为主、多边为辅的政府间交流机制。在充分发挥现有的联委会、协委会、混委会、指导委员会等双边机制作用的基础上，尽快建立政府间中小企业合作交流机制，有组织地与沿线国家中小企业主管部门对接，协调推动合作项目实施。争取对外投资方向和项目与各国的现实项目合作和战略对接，拓宽与“一

带一路”沿线国家在各相关领域全方位、多层次、宽领域交流合作。

二是探索建立跨区域共建机制。与合作意愿较强的国家共同成立“一带一路”建设合作规划编制小组，签署双边合作备忘录或协议，确定双方合作的领域、项目、投资主体等内容，尽早建设一批取得积极成效的中小企业合作典型项目，并对其他沿线国家产生示范效应。建立中小企业跨区域合作的管理机构，专职负责中小企业跨区域合作发展的服务协调工作。同时，探索建立中小企业跨区域合作的沟通协调、项目对接、技术支撑、分工协作等相关机制，促进我国中小企业与“一带一路”沿线国家中小企业的务实合作。

三是建立跨区域合作规则对接机制。充分研究现行的国际贸易规则，将国际通行的贸易规则与我国和“一带一路”国家的合作规则相结合，正确把握国际贸易规则的趋同化及国别化关系。通过针对国际惯例的规则统一化与针对国别市场差异的规则个性化，最大限度的实现我方利益，增强我国中小企业在“一带一路”沿线国家，甚至是国际市场上的话语权。

二、完善中小企业跨区域合作的融资体系

发挥担保基金对中小企业跨区域合作的支持作用。建议中小企业管理部门设置国际贸易担保基金，政府定期注资。根据不同服务对象、领域设置不同的放大倍数，银行与中小企业管理部门共同承担风险，发生贷款损失时由银行进行追偿，中小企业管理部门负责赔付抵扣担保贷款不足的部分。

探索设立中小企业跨区域合作基金。通过政府牵头，金融机构跟进，民间资本参与的方式，探索建立“一带一路”股权投资基金、风险投资基金、中小企业海外投资基金等专项基金，努力形成层次多样、形式丰富的海外投资发展基金体系，把分散在民间的大量现金转化为资本，促进中小企业对外开放发展。

加大境外资金对中小企业跨区域合作的支持力度。推动沿线省市对境外金融机构的引入力度，设立中小企业投资基金，开展风险投资和股权投资等业务。加大与境内外投融资机构和上市中介机构的合作力度，推进企业境外上市。支持符合条件的中小企业通过发行股票、增资扩股、发行企业债券、非金融企业直接债务融资工具等方式满足“走出去”的融资需求。

三、构建面向沿线国家的国内跨区域协调体系

制定海陆节点地区对接联动机制，按市场需求导向拓展沿线市场空间。制定

"海上丝绸之路"和"陆上丝绸之路"相关省份的政策协调机制，以及海陆对接的联动协调机制，实现国内不同区域、省份间的协同合作，超越地缘就近的合作模式，按市场需求导向决定合作模式，实现本地与周边、非周边海外市场的双向性、互补性合作，为本地集聚发展资源，拓展发展空间。

制定内陆和节点省市联动机制，打造国内联动国际联通的格局。打破我国各地"行政区划式"的发展格局，依托西部沿边地区的区位优势、成本优势以及东部沿海地区的技术优势、经验优势以及区位优势，从规划编制、目标设定、措施落实等方面实现对接，推动我国内陆非节点地区和沿边、沿海地区的联动发展，一方面促进国内各地的均衡发展，另一方面提升我国各地区的对外合作程度。

四、建立健全企业海外投资保护制度

通过对外投资磋商保障中小企业对外投资的利益。与"一带一路"沿线国家建立制度性或非制度性的工作机制，加快推进多边、区域和双边投资磋商，落实自由贸易区、双边投资保护和避免双重征税协定，就企业在市场准入、国民待遇、日常经营中遇到的歧视性待遇，与对方进行外交磋商或交涉，以保障我国中小企业在海外市场的利益。

以立法形式保障中小企业在海外市场的利益。加强顶层设计，做好宏观规划和引导，尽快制定出台一部系统的，既符合国际规范又符合我国国情的《海外投资法》，使得我国中小企业海外投资有法可依，降低企业海外投资的风险，保障企业的海外投资收益。

设立针对中小企业的海外法律援助制度。在司法机关等专业人士的帮助下在沿线国家设立针对中小企业的海外法律援助制度，依托一体化的海外援助服务平台，实现服务区域、服务对象全覆盖，满足中小企业在海外市场合同谈判、签订履行合同等日常经营中需要的法律、法规问题提供援助，帮助中小企业维护其在沿线市场的合法权益。

建立对沿线国家的风险预警及风险补偿机制。发挥工商联、行业协会、地区性商会等企业自组织的作用，建立公共信息服务平台，加强对重点国家和地区的风险评估和风险信息发布。当风险发生时除依托企业自组织的作用外，还可以通过设立政策性保险等手段完善投资风险补偿机制，依托市场化方式最大程度降低中小企业损失。

五、搭建中小企业跨区域合作服务体系

建立统一的对外投资信息查询平台，便捷中小企业对外合作信息查询。建议由商务部牵头整合对外投资备案/核准、外汇汇出登记、年检、统计等业务数据资源。建立商务部门和外汇部门的对外投资跨部门联网监管系统，加强对企业对外投资的事中、事后监管，收集有关信息进行实时动态分析，并逐步联合海关、税务、外事、出入境、银行等部门，建立企业对外投资信息数据库，实现有效的大数据管理，方便中小企业对外投资信息查询。

搭建境外企业公共服务平台，助推我国中小企业“走出去”。依托政府牵线搭桥的方式，鼓励中小企业服务机构“走出去”，在沿线国家建立专司为中小企业服务的“中国中心”，为打算或已经在沿线国家发展的我国中小企业提供目标市场需求预测、市场统计资料、贸易保护、法律法规等方面的信息服务，为本国中小企业在东道国寻求潜在的合作伙伴，向出口商提供有关政府贸易促进措施及获取金融、保险等方面的服务。另外，“中国中心”可设立强大的信息交流平台，使中小企业间共享知识、转让技术、寻找合作伙伴，促成交易达成。

打造我国同沿线国家双向的交流平台，助推国外中小企业“引进来”。为增强国外企业对我国的了解，我国中小企业管理部门可在海外市场成立驻外办事处，目的在于将我国的投资咨询窗口移到国外，增强这些国家企业对我国的了解以及来我国投资的意愿和机会。同时，结合海外国家经济、社会、文化的特点，在这些国家积极举办东道国感兴趣的活动，加强双方交流合作，增强海外国家企业对我国的了解和关注。

第八章　中小企业信用担保体系研究

第一节　中小企业信用担保体系建设现状

一、我国担保行业发展概况

当前，我国中小企业信用担保机构发展稳中求进，主要表现为以下几个特点：

一是担保机构规模缩减。担保机构数量从 2012 的 8590 家减少到 2014 年的 7898 家，年均下降 4.11%；其中国有控股担保机构逆势增长，国有担保机构占比从 2012 年 22.2% 上升到 2014 年的 26.3%，年均增长 4.36%。

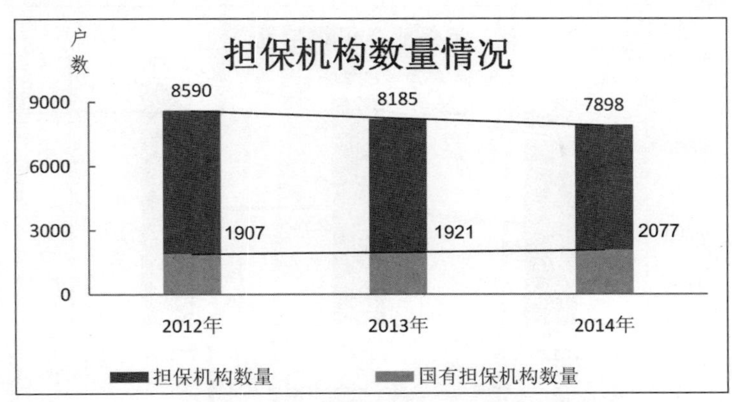

图8–1　2012—2014年担保机构数量

数据来源：赛迪智库中小企业研究所，2016 年 1 月。

二是担保机构资本实力增强。尽管担保机构数量有所减少，但是其资本实力不断扩充。2012 年、2013 年、2014 年担保机构实收资本总额分别为 8282 亿元、

8793亿元、9255亿元，保持快速增长状态。担保机构资产总额以年均7.5%的速度从2012年的10436亿元增长到2014年的12060亿元，担保机构实力不断壮大。

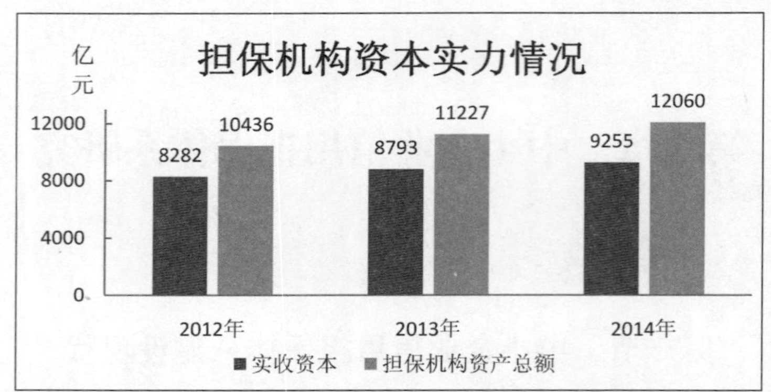

图8-2　2012—2014年担保机构资本实力

数据来源：赛迪智库中小企业研究所，2016年1月。

三是担保业务规模稳中有增。2012年、2013年和2014年的担保机构在保余额分别是20890亿元、25723亿元和27436亿元，年均增长14.6%。行业放大倍数从2012年的2.1上升到2013年的2.34，2014年降为2.31，近两年基本持平。

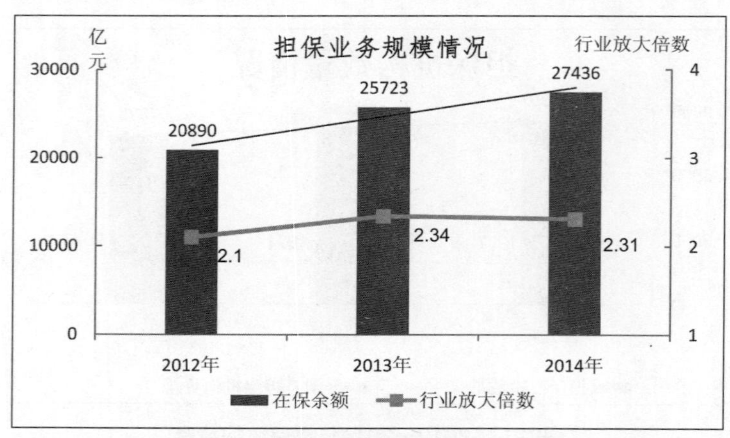

图8-3　2012—2014年担保机构担保业务规模

数据来源：赛迪智库中小企业研究所，2016年1月。

四是担保业务收入下滑，利润空间不断收缩。尽管2013年担保业务收入比2012年增加了82亿元，但是2014年担保业务收入略有下降，跌至467亿元。

担保行业净利润与其业务收入趋势一致，2012 年至 2013 年期间，担保机构净利润增加了近 35%，但 2014 年净利润减少明显，比 2013 年下降了 12.2%。

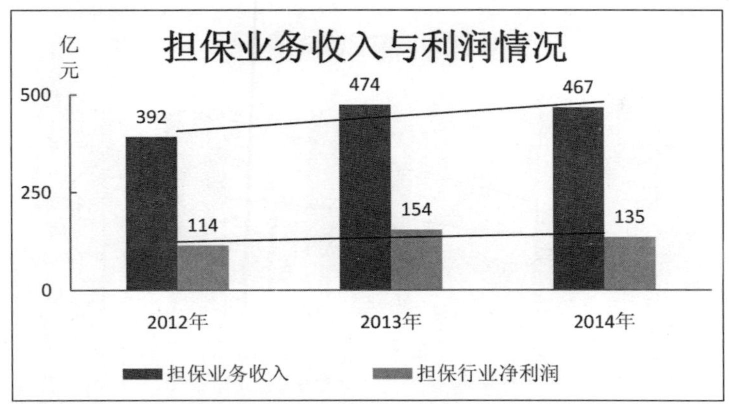

图8-4　2012—2014年担保机构担保收入与利润

数据来源：赛迪智库中小企业研究所，2016 年 1 月。

五是银担合作进一步加大，合作规模持续稳定。2012 年、2013 年、2014 年与担保机构开展业务合作的银行业金融机构分别为 15414 家、15807 家和 19615 家，年均增长率为 12.81%，整体保持增长趋势。2014 年开展银担合作的担保机构为 8063 家，较 2013 年的 7879 家增加了 184 家。

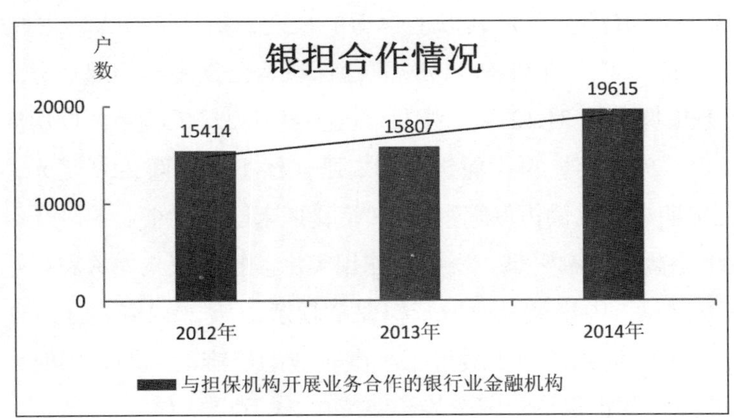

图8-5　2012—2014年银担合作情况

数据来源：赛迪智库中小企业研究所，2016 年 1 月。

六是担保机构代偿率提高，风险系数增大。近三年，担保机构风险大幅提升，

2014 年担保代偿金额为 415 亿元，较 2012 年增加了 94.84%。同时，担保代偿率也保持上升趋势，从 2012 年的 1.3% 上升至 2014 年的 2.17%。

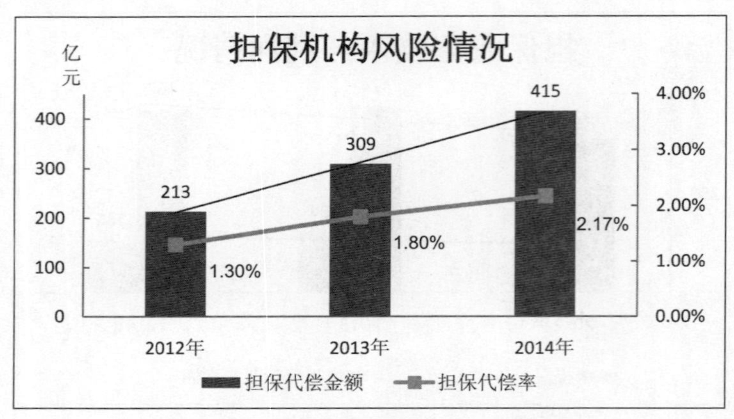

图8-6　2012—2014年担保机构风险状况

数据来源：赛迪智库中小企业研究所，2016 年 1 月。

七是再担保机构的资本实力持续增强，分险作用逐步显现。截至 2014 年末，全国共有中小微企业信用再担保机构 17 家，其中省级再担保机构 13 家，已经覆盖 15 个省区市。截至 2014 年末，17 家再担保机构的注册资本达到 330.43 亿元，户均注册资本金达到 19.44 亿元，自 2011 年以来年均增速超过 11%；从业人员达到 936 人，其中本科及其以上学历的从业人员达 870 人，占 92.95%。截至 2014 年末，17 家再担保机构与 529 家担保机构已发生再担保业务，户均已发生再担保业务担保机构 31.12 家；涉及合同金额 5827.77 亿元，户均涉及合同金额 342.81 万元。2014 年，再担保机构期末已代偿担保金额 2.09 亿元，户均代偿 1229.41 万元；期末已代偿担保笔数为 67 笔，期末已代偿企业 58 户。

八是缓解小微企业融资难、融资贵作用突出。担保机构始终将中小微企业作为其重点服务对象，中小微企业融资担保贷款余额从 2012 年的 11272 亿元攀升至 2014 年的 12836 亿元，切实缓解了小微企业融资难的问题。同时，中小微企业融资担保贷款户数也保持稳定态势，保持在 24 万户左右。

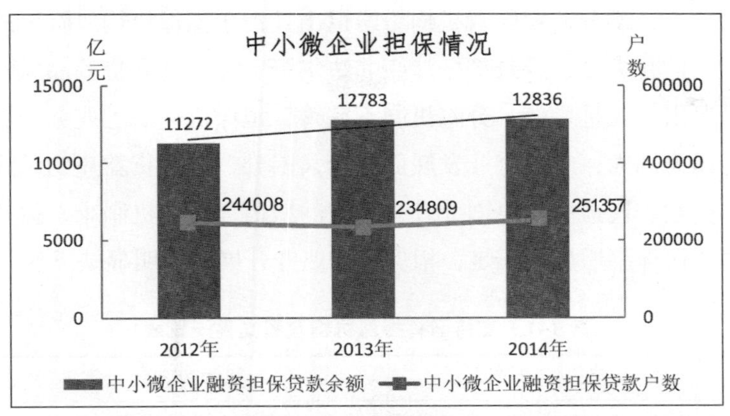

图8-7　2012—2014年中小微企业担保业务情况

数据来源：赛迪智库中小企业研究所，2016 年 1 月。

二、担保机构发展面临的问题及原因

1. 担保机构规模萎缩，小微企业担保业务下滑加剧。中小企业信用担保机构整体发展呈现萎缩之势，不仅表现规模上，而且表现在结构方面。从规模上看，据“中小企业信用担保业务信息报送系统”显示，担保机构数量由 2013 年末的 4398 家缩减至 2014 年末的 3880 家，减少幅度高达到 11.78%；户均新增担保额为 4.56 亿元，比 2013 年下降了 4.77%；户均新增担保户数为 153.87 户，较 2013 年减少了 20.28%；户均新增担保贷款 177.68 笔，比 2013 年减少了 7.94%；户均放大倍数 2.87 倍，比 2013 年末降低 0.08 倍；担保费平均为 1.91%，比 2013 年的 2.21% 降低了 0.3 个百分点。从结构上看，2014 年户均新增小微企业担保额为 2.675 亿元，比 2013 年减少了 6.79%；小微企业新增担保额占全部新增担保额比例为 58.53%，较 2013 年减少了 8 个百分点。担保机构数量骤减及其户均新增担保额、户均新增担保户数、户均新增担保贷款笔数等规模化指标的大幅减少，显示了中小企业信用担保机构整体发展陷入瓶颈。而小微企业新增担保贷款、新增担保额占比等机构性指标的下降也进一步诠释了中小企业信用担保机构发展的举步维艰。

中小企业信用担保行业发展萎缩主要归结为以下几个原因：一是宏观经济增速放缓，担保行业挑战加速。受宏观经济形势影响，中小企业经营情况不佳，中小企业信用担保机构经营越发困难，担保行业市场竞争加大、洗牌重组加速。二是行业监管趋严，部分违规经营机构纷纷退出。由于担保机构风险事故频发，监管当局加大了监督力度，导致部分涉嫌非法集资、民间高利贷等高风险业务的担保机构纷纷退出。三是增信、分险机制不完善，担保机构缺乏业务开展动力。宏观经济下行压力加大，中小企业发展面临较大困难，银行贷款违约风险大增，担保行业整体代偿、代损风险急剧上升，现有的增信、风险机制难以弥补小微企业业务代偿率、代损率增加的不足，担保机构业务开展动力明显缺乏。

表 8–1　支持国有担保机构政策文件一览表

文件名	文号	具体内容
《国务院关于进一步做好新形势下就业创业工作的意见》	国发〔2015〕23号	（三）发挥小微企业就业主渠道作用。引导银行业金融机构针对小微企业经营特点和融资需求特征，创新产品和服务。发展政府支持的融资性担保机构和再担保机构，完善风险分担机制，为小微企业提供融资支持。落实支持小微企业发展的税收政策，加强市场监管执法和知识产权保护，对小微企业亟须获得授权的核心专利申请优先审查。发挥新型载体聚集发展的优势，引入竞争机制，开展小微企业创业创新基地城市示范，中央财政给予综合奖励。创新政府采购支持方式，消除中小企业享受相关优惠政策面临的条件认定、企业资质等不合理限制门槛。指导企业改善用工管理，对小微企业新招用劳动者，符合相关条件的，按规定给予就业创业支持，不断提高小微企业带动就业能力。
《中国银监会关于2015年小微企业金融服务工作的指导意见》	银监发〔2015〕8号	十、加强多方联动，优化服务环境。各方要密切配合，形成合力，确保各项措施落地见效。各银监局、商业银行要继续推动和协调各级政府部门有效整合小微企业信息共享与发布渠道，推动建立小微企业信贷风险补偿基金，加强与财税政策的配套联动。建立健全主要为小微企业服务的融资担保体系，积极发展政府支持的融资担保和再担保机构。加强银证合作、银担合作，丰富小微企业金融服务方式。发挥非存款类机构对小微企业融资的支持作用。银行业协会、融资担保业协会和小贷公司协会要积极发挥在行业信息交流和通报方面的作用。
《国务院关于扶持小型微型企业健康发展的意见》	国发〔2014〕52号	六、进一步完善小型微型企业融资担保政策。大力发展政府支持的担保机构，引导其提高小型微型企业担保业务规模，合理确定担保费用。进一步加大对小型微型企业融资担保的财政支持力度，综合运用业务补助、增量业务奖励、资本投入、代偿补偿、创新奖励等方式，引导担保、金融机构和外贸综合服务企业等为小型微型企业提供融资服务。

（续表）

文件名	文号	具体内容
《国务院关于促进服务外包产业加快发展的意见》	国发〔2014〕67号	十二、加强金融服务。拓宽服务外包企业投融资渠道。鼓励金融机构按照风险可控、商业可持续原则，创新符合监管政策、适应服务外包产业特点的金融产品和服务，推动开展应收账款质押、专利及版权等知识产权质押。支持政策性金融机构在有关部门和监管机构的指导下依法合规创新发展，加大对服务外包企业开拓国际市场、开展境外并购等业务的支持力度，加强服务外包重点项目建设。鼓励保险机构创新保险产品，提升保险服务，扩大出口信用保险规模和覆盖面，提高承保和理赔效率。利用现有资金政策，引导融资担保机构加强对服务外包中小企业的融资担保服务。支持符合条件的服务外包企业进入中小企业板、创业板、中小企业股份转让系统融资。支持符合条件的服务外包企业通过发行企业债券、公司债券、非金融企业债务融资工具等方式扩大融资，实现融资渠道多元化。
《中国银监会关于进一步做好小微企业金融服务工作的指导意见》	银监发〔2013〕37号	十二、各银监局、各银行业金融机构应主动加强与地方政府和相关部门的沟通，进一步密切合作，争取在财政补贴、税收优惠、信息共享平台、信用征集体系、风险分担和补偿机制等方面获得更大支持，优化小微企业金融服务的外部环境；充分发挥融资性担保机构为小微企业融资增信的作用，规范融资性担保贷款管理和收费定价行为，引导和督促融资性担保机构利用财政补贴和风险补偿等方式合理降低担保费率。各银行业金融机构应用足、用好财政、税收各项优惠政策，加大对小微企业不良贷款的核销力度。
《中国银监会办公厅关于农村中小金融机构实施富民惠农金融创新工程的指导意见》	银监办发〔2012〕189号	二、基本原则（四）担保方式创新。在有效防范信用风险的前提下，创新开办多种担保方式的涉农贷款业务，有效解决担保难问题。扩大抵押担保范围，鼓励法律法规不禁止、产权归属清晰的各类资产作为贷款抵质押物；要因地制宜灵活创新抵押、共同担保、产业链核心企业担保、专业担保机构担保、应收账款质押、商铺承租权质押、自然人保证、信用、联保和互保等贷款担保方式；积极鼓励以政府资金为主体设立的各类担保机构为涉农业务提供融资担保；加强与保险机构合作，探索开展涉农贷款保证保险业务等业务品种。在全面调查农户信用状况等“软信息”基础上，适当降低担保门槛和抵押贷款比重。
《国务院办公厅转发银监会发展改革委等部门关于促进融资性担保行业规范发展意见的通知》	国办发〔2011〕30号	关于促进融资性担保行业规范发展的意见 银监会　发展改革委　工业和信息化部　财政部　商务部　人民银行　工商总局　法制办

2. 营业收入增速放缓，盈利空间受限。2014 年，中小企业信用担保机构实现营业收入 503.75 亿元，较 2013 年增加了 5.44%；其中保费收入占比 72.22%，较 2013 年增加 3.02%。户均营业收入 1298.32 万元，同比增长 8.28%，增速下降 8.45 个百分点。实现营业利润 161.24 亿元，较 2013 年增加 8.74%，其中实现净利润 119.83 亿元，较 2013 年增加了 0.44%。户均净利润达到 308.84 万元，同比增长 9.72%，增速同比减少 9.52 个百分点。实现担保业务利润 301.06 亿元，较 2013 年增长 2.47%，而同期担保业务成本支出 62.73 亿元，较 2013 年增加 5.73%。

主要原因有以下几个方面：一是宏观经济增速下滑。宏观经济疲软，中小企业发展越发困难，违约担保贷款违约风险大增，导致担保机构代偿、代损大幅增加，造成担保业务规模收缩、代偿和代损支出加大，全行业担保收入增速放缓，进一步压缩了盈利空间。二是政策性中小企业信用担保机构的功能错位。基于非盈利定位，政策性担保机构一直执行不超过银行同期贷款利率 50% 的较低的担保费率，导致民营担保机构执行的担保费率也一致不高，而宏观经济形势下行压力进一步增加了担保业务成本支出，本已羸弱利润空间受到进一步的压缩。三是增信、分险机制不健全。由于执行较低的担保费率，担保机构担保业务往往盈利有限，不足以覆盖当期实际发生代偿和代损，一旦发生一笔代偿和代损，就有可能抵消掉几十笔抑或更多笔的担保收入。为突破生存困境，担保机构往往在主营盈利较低的担保业务时，也兼营盈利较高的投资业务，甚至不惜偏离主业、进行放贷逐利，不仅加大了经营风险，而且进一步导致担保规模萎缩，担保收入大幅下滑。

3. 担保机构代偿压力增大，风险系数攀升。2014 年，本期担保代偿 12.05 亿元，占累计担保代偿额的 57.22%，本期担保代偿 77 笔，占累计担保代偿笔数的 37.75%。虽然准备金计提金额有所提高，但由于代偿规模不断上升，行业拨备覆盖率仍大幅下降，风险覆盖程度低。

一是代偿率显著增加。宏观经济下行压力极大，小微企业经营困难，偿还贷款能力下降，小微企业担保贷款坏账发生率不断攀升，担保机构代偿率、代损率高企，代偿、代损压力不断加大。二是偏离担保主业。由于风险大、低收费的担保制度设计，担保机构开展担保主营业务的盈利空间十分有限，而兼营的投资业务却可带来较高的收益。基于利润驱使，许多担保机构逐渐偏离主营业务，大力发展高风险、高盈利的投资理财业务，虽然在短期内带来了盈利的大幅增加，但也孕育了较大的经营风险，增加了不确定性。三是银担合作中风险分担机制不完善。目前，担保机构在银担合作中明显处于劣势，承担了银行发放担保贷款的100%风险，但在放大倍数等风险指标确定上缺乏话语权。商业银行凭借资金规模等优势在银但合作中处于强势，主导了是否合作、跟谁合作、担保放大倍数等，从而将担保贷款的风险100%的转嫁给担保机构。由于缺乏合理的风险负担机制，现有的银担合作机制导致担保机构的风险与收益明显倒挂，担保业务增长与风险集聚并存。

4. 再担保业务发展不均衡，小微企业业务发展滞后，大型企业业务发展迅速。从受保对象类型看，再担保受保企业分化显著，大型企业化趋向明显。截至2014年末，小微企业在保责任余额1333.29亿元，同比减少了2.55%，大型企业在保责任余额为142.96亿元，同比增长89.98%；小微企业在保企业户数较上年同期增长6.47%，大型企业在保企业户数较去年同期增长了近2.24倍。

一方面，政策性再担保机构的功能定位与其盈利性要求难以兼顾。再担保机构的政策性功能定位要求其不断扩展小微企业再担保业务，增加业务规模和再担保笔数。而再担保机构本身也是一个独立的市场主体，受盈利性考核要求影响和局部利益驱使而偏离小微业务的政策性定位。再担保机构的这种市场主体特性与小微企业再担保业务低收费的政策性特征明显相悖，从而导致再担保机构在实现政策性功能目标与盈利性诉求之间摇摆不定。另一方面，过多的风险考量进一步影响了再担保机构政策性功能的发挥。宏观经济下行压力加大，担保机构违约事件频发，再担保机构强化了风险筛查，提高了再担合作门槛。再担保机构提高了合作门槛，严格风险筛查，致使部分资产实力较弱、亟须再担保增信的担保机构游离于再担保体系之外，削弱了再担保体系政策性功能的发挥。

5. 互联网金融兴起带来新的挑战，传统担保机构生存环境恶化。一是银行机构依靠大数据等技术挖掘优质客户资源，担保机构面临着优质客户资源争夺的风险。二是互联网金融的兴起给传统的担保业务带来冲击，其融资方式的便捷、融资门槛低、融资成本低等优点受到广大小微企业的青睐，对于传统担保机构来说，面临被互联网金融公司取代的风险。三是传统担保机构与新型金融平台（例如P2P平台）的合作尚处于摸索阶段，风险控制能力较弱，如何实现双赢的局面仍是未知数。

6. 再担保增信作用未能完全发挥。再担保功能有待进一步显现。截至2014年末，17家再担保机构与935家担保机构签订了合作协议，还有3045家担保机构尚未签订再担保合作协议，已签订协议的担保机构中，仅有 56.58%（529 家）担保机构已发生再担保业务。2014 年仅 4 家再担保机构发生代偿，这与担保行业风险高发，代偿金额激增的市场形势是不匹配的。从全国范围看，除个别地区的再担保公司外，大部分再担保机构的再担保业务以增信型业务为主，缺乏对合作担保机构的风险分担。

究其原因，一方面是由于担保业务成本上升加剧，利润增速骤减，部分再担保机构转作非担保业务。2014 年，17 家中小企业信用再担保机构实现担保业务收入 16.77 亿元，仅占全部总收入的 47.24%，而同期担保业务利润较上年减少了 4.72%，其他业务利润较上年增长了 209.10%。再担保机构脱离担保主营业务，转向股权投资、理财等盈利性更高的非担保业务趋势进一步显现，较上年增加了 23.30%。另一方面，对再担保公司的考核机制与其功能定位不匹配。多地再担保公司定位为政策性机构，但对再担保公司的考核按照金融企业或者一般工商企业标准执行，导致再担保公司的功能错位。一些地区再担保公司对市场需求响应不够，对再担保主业的资源投入与精力投入不够，直保业务比重过大等问题，根本上源于考核机制不到位，没有对再担保的政策性目标形成硬性约束。

三、构建中小企业信用担保体系的政策着力点

一是明确中小企业信用担保机构的政策性功能定位，建立政策性业务绩效考核机制。借鉴国际通行经验，将国家中小企业信用担保体系定位为政策性，将小微企业信用担保机构纳入政策性金融体系，并明确小微企业担保贷款业务考核作为衡量其政策性功能发挥程度的唯一标准，发挥公共财政的引导职能。依据功能与考核相匹配的原则，建立健全政策性担保机构的考核机制，以小微业务增量、增速和规模等政策性目标为主要考核依据。

二是完善对担保机构的扶持政策，促进优势担保机构做大做强。建议允许担保机构直接对接央行的征信系统，降低担保机构开展小微企业融资担保业务的信息获取成本。建议获准担保机构在银行间市场开展资金拆借的资质，允许担保机构发行次级债，为担保机构自身的流动性问题提供有效的解决途径。

三是加大中央财政的政策导向作用，充分发挥地方财政在政策细化和监管方面的优势。目前我国的小微企业融资担保实践中，中央与地方的财权和事权存在不匹配，主要是中央财政进行资金支持，地方政府在支持小微企业发展方面的作

用还有待进一步发挥。因此，在构建我国小微企业融资担保体系中，应充分发挥中央财政的导向作用，发挥地方财政在政策细化和监管方面的优势。

四是发挥财政资金的引导作用，进一步完善银担合作机制。引入政府、保险等机构，联合为中小企业提供增信服务，通过风险比例分担等方式帮助担保机构减轻风险，激发担保机构开展小微企业业务的积极性。

五是建立多级风险补偿机制，加强分险增信。各级政府每年从财政预算中安排一定比例资金，当担保机构发生政策性代偿后，财政给予一定额度的代偿补偿，增强其开展政策性再担保业务的积极性，确保再担保机构可持续发展。

第二节　中小企业信用担保政策扶持评估

为缓解中小企业特别是小微企业融资难、融资贵问题，近年来，中央和地方出台了一系列政策，通过资金支持、税收减免等措施，引导中小企业信用担保、再担保机构发挥增信分险作用，为中小企业特别是小微企业提供融资担保服务。

一、政策支持情况

自 2006 年起，中央财政安排了改善中小企业融资环境专项资金，支持担保、再担保机构为中小企业提供贷款担保服务。10 年来，专项资金根据国家扶持中小企业发展的政策取向，不断聚焦支持重点，创新支持方式，扩大支持范围，提高资金引导的有效性。政策惠及对象由中小企业向小微企业聚焦，支持重点由对担保机构中小企业业务的保费补助，到对小微企业担保业务补助、小微企业担保增量业务奖励、对再担保机构及西部地区担保机构的资本注入、担保机构创新业务奖励，2014 年探索与 6 个省共同出资建立担保代偿补偿资金池。截至 2014 年，中央财政累计安排资金 116.336 亿元，支持担保、再担保项目 4888 项。其中，中小微企业担保业务补助项目 4849 项，安排资金 87.20 亿元，占资金总额度的 74.96%；支持再担保机构项目 34 项，安排资金 2.18 亿元，占 1.87%；用于东北地区再担保机构和西部地区担保机构资本金投入项目 11.05 亿元，占 9.5%；另外，支持北京等 6 省市建立代偿补偿资金池项目 15.9 亿元，占 13.67%。10 年间，担保机构累计申报项目数量 6765 家（次），获得支持 4888 家（次），支持率占申报总量的72.25%，扣除部分机构多次获得支持的因素，实际支持了2116家担保机构和12家再担保机构，占申报机构数的31.46%。

在税收政策上，自2001年以来，国家对合规经营，且中小企业担保业务占业务总额80%以上，担保收费不高于同期贷款基准利率50%的担保机构实行免征三年营业税政策。至2015年6月底，累计有2643家次担保机构享受了税收优惠政策。以2014年担保机构平均担保费收入测算，户均免税额为64.9万元。政策对规模较大担保机构的作用更为明显。

在中央资金的引导下，各地普遍加大了对担保机构的政策扶持。据对全国35个省自治区、直辖市、计划单列市的不完全统计，2006年至2015年6月底，各地累计安排扶持担保机构专项资金逾238.95亿元，是中央扶持资金的2.05倍。支持方式包括，设立或注资支持国有及国有控股担保、再担保机构，对担保机构服务小微企业担保业务给予补助、风险补偿和保费补贴等。此外，四川、云南、贵州省对符合《西部地区鼓励类产业目录》的融资担保机构，减按15%税率缴纳企业所得税；广西对在北部湾经济区、桂林国家服务业综合改革试点区新设从事中小微企业担保的融资担保机构，给予3年免征所得税地方分享部分的企业所得税政策。

二、政策支持效果

随着政策支持力度的不断加大，有力地促进了担保机构小微企业担保贷款业务的发展，提高了小微企业贷款的可获得性，降低了企业融资成本，增强了担保机构服务小微企业的能力，促进了担保机构的规范发展，达到了政策预期目标并取得明显效果，成为缓解小微企业融资难、融资贵的重要政策措施。

1. 促进了小微企业担保贷款业务规模增长

2006－2014年，中央专项资金支持的担保机构提供的新增贷款担保额23365亿元，受保企业逾47万户（次），其中小微企业占83.2%。实现了平均万元财政资金撬动超过300万元贷款担保的政策效应。2012—2014年间，四川省累计对195家次中小企业融资担保机构提供业务补助11470万元，撬动银行贷款588.53亿元，平均万元财政资金撬动银行贷款482.75万元。

2. 提高了小微企业的融资可获得性

小微企业贷款，由于存在“三缺”，即缺信息、缺信用、缺少抵押物，很难获得银行青睐。担保机构具有为企业增信，为银行分险的作用，成为小微企业获得贷款的重要途径。据统计，获得资金支持担保机构服务的企业中，首次得到融资担保服务的业务约占 78% 左右，其中小型企业占比近 40%，微型企业约占 30%。首次承保客户业务额占比远高于近三年均值，达到 48.9%。

3. 降低了企业的融资成本

小微企业贷款担保业务具有高风险特点，按照收益覆盖风险的定价原则，担保机构可以在不高于银行贷款基准利率 50%的基础上，根据服务对象项目风险情况浮动定价。近年来，随着经济环境的变化，担保机构小微企业业务的代偿率不断上升，但保费水平一直处于较低水平。据对纳入担保机构信息报送系统的 3880 家担保机构的分析，2014 年，户均新增代偿额 832.72 万元，同比增长 77.47%，担保机构收取的担保费率平均为 1.91%，低于基准收费水平 0.64 个百分点。重庆市对小微贷款担保业务按不高于 1%和 2%收取保费的担保机构，给予 1%和 0.5% 的补贴，小微企业担保费在 0 — 1.5% 之间，进一步降低了小微企业的融资成本。

增强了担保机构的服务能力，促进了机构的规范经营财税政策支持，进一步增强了优质担保机构实力，提高了担保机构服务小微企业的能力和抗风险能力，促进了机构的规范经营，优化了区域布局，弥补了区域担保资源的不平衡。据统计，2014 年中央财政专项资金支持的担保机构，户均补助额 171 万元，该补助资金主要用于弥补担保机构的代偿损失，或增加担保机构的风险准备金。通过适度放宽项目申报的条件、提高担保项目补助比例等措施，促进中西部地区担保机构发展，弥补服务不足；采取资本金注入方式，提高西部地区担保机构的资本实力。实际数据反映，2014 年，西部地区获得支持的担保机构 237 家，占到支持总量的 32.33%，补助资金占支持总额度的 41.8%。

三、扶持政策有待改进的问题

1. 政策覆盖面仍显不足，获得支持的机构数量有限。据“中小企业信用担保业务信息报送系统”（以下简称“信息报送系统”）显示，2014 年报送业务信息的担保机构 3880 家，符合条件并享受中央财政专项资金补助的机构 744 家，占比为 19.18%；自 2006 年以来累计支持过 2128 个机构，占平均总量的 54.85%。一些担保机构数量较多的省份，受资金规模和申报项目数量限制，一些机构无法享受支持。

2. 支持力度有限。担保机构获得的年度业务补助额度从几十万至几百万不等，平均在200万—300万元，补助资金一般用于补充机构的风险准备金。2014年，732家担保机构获得担保业务补助和小微企业担保增量业务奖励支持，平均每个项目获得支持163万元。732家担保机构合计获得补助资金11.93亿元，其2013年为中小企业提供贷款担保业务额10720亿元，获得的业务补助额占其为中小企业提供的贷款担保额的0.11%。

3. 偏重业务和保费补助，对风险分担与机构流动性问题关注不足。2006－2014年，中央财政共安排担保再担保支持项目4888项，支持金额116.336亿元，其中用于担保业务和保费补助的项目4849项，占支持项目数的99.2%，支持金额87.20亿元，占资金总额度的74.95%。此外，资本金注入项目5项，安排资金11.05亿元，项目数和资金支持额分别占0.1%和9.5%。

4. 注重单个机构的扶持，体系、机制建设缺乏导向性。财政资金对单个机构扶持力度较大，对构建担保体系和建立风险共担机制引导不足。2006—2014年，中央财政资金支持再担保机构业务补助项目34项，补助金额2.18亿元，资本金注入项目5项，金额11.05亿元，两项合计占总支持项目数和资金额的比重仅为0.8%和11.37%。对单个机构的支持补充了机构的风险准备金，对提高其抗风险能力发挥了一定补充作用。但由于单个担保机构与银行之间处于弱势地位，普遍无法与合作银行分担风险，在经济波动期，担保风险骤然增加的情况下，由于缺乏风险分担机制，担保机构只能采取压缩放大倍数、减少小微企业贷款担保业务等方式进行自保，据2014年中小企业信用担保机构行业运行报告分析，在连续两年报送信息的3390家担保机构中，2014年新增担保额保持增长的担保机构仅占44.13%。为增强担保机构抗风险能力，2014年，中央财政安排15.9亿元资金，支持北京等6省共同出资建立代偿补偿资金，对担保机构单笔500万元以下的小微企业业务建立比例风险分担机制。

第三节　美国中小企业融资支持机制和制度安排

一、 美国小企业发展概况

美国小企业对推动经济增长、吸纳就业、技术创新和进出口贸易等具有重要的促进作用，是国民经济的基石。据统计数据显示，截至 2014 年底，美国小企业达到 2981 万户，吸纳就业几乎占全国就业人员总数的一半。尤其是 2008 年美国次贷危机爆发后，小企业尽管遭受巨大损失，但在创造就业方面的贡献依然突出。截至 2014 年末，美国小企业创造的新增就业岗位占全国总就业岗位的 67%。

美国金融市场高度发达，小企业融资渠道众多、融资方式灵活多样（如表 8–2 所示），但也面临获得金融机构贷款、融资成本高等世界性难题。从 2006—2010 年数据看，小企业获得资金的主要渠道依然商业借款，年均借款总规模超过 1 万亿美元。其中，美国 2010 年小企业商业银行、财务公司获得信用贷款分别达到 6520 亿美元和 4600 亿美元，合计占融资额的 90%，是最主要的融资渠道。

表 8–2 美国小企业资本来源

类别	融资渠道	融资方式
债权资本	1.企业主个人资产 2.银行及其他存款机构、非存款机构、共同基金、养老基金、保险公司、投资银行等机构 3.商业伙伴 4.供应商融资 5.家庭和朋友 6.同业借贷 7.集体融资； 8.租赁公司； 9.经纪公司； 10.财务公司和保理商； 11.政府； 12.定向债务配售	1.贷款，步步为营式融资 2.贷款，授信额度，信用卡 3.贷款，信用 4.商业信用 5.贷款 6.贷款 7.贷款 8.贷款，融资租赁，设备 9.贷款，授信额度 10.商业信用 11.贷款以及贷款担保 12.债券
股权资本	1.企业主个人资产 2.家庭和朋友 3.公开发行市场 4.政府 —小企业投资公司(SBIC)计划 —小企业创新研究(SBIR)计划 —小企业技术转移(STTR)计划 5.定向股权配售 —天使投资者 —风险投资者	1.创始人资本，储蓄，股份 2.存款，股份 3.股份 4.股份/股权 5.补助 6.补助 7.股权，本票 8.股权，本票
混合资本	麦则恩投资	兼有债权和股权性质

二、小企业管理机构的主要职能

小企业发展问题一直备受美国政府的重视。从20世纪40年代开始，美国专门设立联邦小企业署（Small Business Administration，以下简称SBA）专司管理小企业发展工作。

SBA成立于1953年，并于1958年被联邦政府确定为“永久性联邦机构”。美国总统直接任免经由参议院认可的SBA领导人，SBA领导人直接向总统负责和汇报小企业发展工作。SBA的职能主要是提供融资服务、政府采购、咨询服务和立法游说，即4C职能。融资服务（Capital access）职能，包括帮助小企业提高获得担保贷款、SBIC计划等资金支持机会。政府采购（Contracting）职能，是帮助小企业获得政府采购合同，提升产品或劳务的市场空间。咨询服务（Counseling）职能，是政府向小企业无偿提供市场、知识产权预警等信息以及教育与培训等服务。立法游说（Canvassing）职能，则是代表小企业表达利益诉求，影响政府有关小企业的决策和政策制定。总部设在华盛顿的SBA是通过其直辖的10个区域办公室及其所属地方办公室直接服务小企业的。目前，SBA拥有地方办公室超过80个，全职雇员2000多人。

二是设立隶属于白宫的小企业委员会。美国白宫小企业委员会的职责讨论、分析、协调制定的有关小企业的法律、政策、资金融通、信息咨询和社会服务等方面的热点问题，定期集中反映政府及社会各界关注的有关小企业发展热点问题，为总统决策提高依据。

三是设立隶属于国会的小企业委员会。美国国会参、众两院的小企业委员会的主要职责，则是听取、分析和反馈SBA和白宫小企业会议对有关小企业发展的法律、政策的意见和建议，以及完善小企业相关法律制定和修订。

三、SBA小企业融资支持政策

一是贷款类支持政策，主要包括7(a)贷款计划、小额贷款计划和CDC/504计划。7(a)贷款计划是帮助创业企业和小企业获得一般商业贷款提供融资支持的项目。SBA组织项目合作银行等金融机构按照法定的审核要求和审核程序受理创业企业和小企业贷款申请，独立做出是否发放贷款的决定。SBA对发放贷款的项目合作银行等金融机构提供贷款担保，承诺支付符合条件的小企业贷款实际损失的75%。7(a)贷款计划覆盖小企业在营运资金、出口贸易、工程承包和固定资产购建以及其他特定条件下小企业贷款融资服务，担保范围广泛，贷款期限较长。

小额贷款计划（Microloan Program）的特点在于贷款金额小、期限短，主要是为了满足小企业和特定类别非盈利儿童看护中心的流动资金需求，可以用于补充营运资本以及购置存货、日常用品、家具、装置和机械设备等，但不能偿还现有债务或购置房地产。CDC/504 计划是为小企业购建房地产项目提供固定利率的长期贷款，旨在推动小企业规模扩张或转型升级发展。SBA 全额担保其全美注册的 200 多家开发公司（Certified Development Company，简称 CDC，属于非盈利私营机构）提供小企业购买或建设房地产项目总成本 40% 贷款。

二是小企业投资公司（SBIC）计划。SBIC 计划是 1958 年依据《小企业法》创设的，法律规定该计划必须“确保民间资本最大化的参与度”。SBIC 计划旨在引导私人股权资本和长期债权资本投向小企业，为小企业的成长、扩张和现代化提供融资，其运作机制是本次培训的重点内容，将在本报告第二部分详细介绍。

四、小企业社会服务体系

成熟的小企业社会服务体系进一步保障了美国小企业健康发展。美国小企业社会服务体系由小企业发展中心（Small Business Development Center，简称 SBDC）、商会、大学商学院、律师事务所等一系列服务小企业的机构、组织和团体组成，为小企业提供了管理和技术知识等方面的全方位服务。全国 63 个州中心、900 多个服务点共同构成了 SBDC 网络，为小企业提供免费或低收费的财务、营销、生产、工程和技术、可行性研究、国际贸易等各个领域的咨询、培训和技术援助服务，共同促进小企业的发展。

第四节 政策建议

一、做好顶层设计，明确再担保的增信分险功能

当前再担保需要正本清源，回归增信分险的功能定位。无论借鉴国际经验，还是响应国务院会议精神，需要在较高的法律层面对再担保予以明确规范，建立配套支持制度，以提高再担保的公信力，充分发挥再担保的功能作用。一方面，再担保就是中小企业信用再担保，其宗旨是服务于中小企业，是以不追求利润最大化为目的的政策性业务。再担保是小企业信用担保体系的基础性环节，是对中

小企业信用担保机构的担保责任进行增信和分险，促进中小企业信用担保机构健康。另一方面，再担保机构运行具有一定的特殊性，需要对再担保与担保的关系、再担保放大倍数、风险准备金计提及运用等制定行之有效的管理规则和规范，促进中小企业信用担保体系的健康发展。担保公司担保责任余额，就再担保分担部分可予以核减，并相应调整担保公司放大倍数以及风险拨备；再担保机构实行有别于担保机构的再担保放大倍数管理；实行差别化风险计提，避免出现因会计处理出现的政策性亏损；明确再担保坏账核销及风险准备运用规则；再担保机构股权投资比例适当放宽。

二、进一步完善财政扶持担保政策，促进担保机构做大做强

当前融资担保支持体系主要侧重于对担保、再担保机构业务方面的补助与奖励，如业务补助、增量奖励、创新奖励等方式，侧重于对单个担保机构的支持，存在支持对象重复率高、支持方式不够直接等问题。相比之下，代偿补偿方式对于降低担保机构的风险顾虑更为直接有效，加强对担保机构服务中小企业融资的代偿补偿更能提高担保机构开展业务的积极性，促进担保机构做大做强。因此，建议将现行的担保机构补助项目的支持调整为业务补助和代偿补偿两种方式，并逐步过渡到以代偿补偿方式为主。具体可考虑建立中小企业信贷风险补偿子基金，对担保机构的代偿予以一定比例的补偿，通过“资金池”的方式实现对担保机构扶持体系的统筹管理，提高财政资金的使用效益。同时，加强对财政资金使用效果的跟踪监测，根据财政资金使用效果与国家政策及时调整支持重点与手段。

三、构建“政银保担”合作模式，健全增信分险机制

当前，新常态下我国经济下行的压力较大，中小企业普遍面临流动性资金不足、贷款违约比例加大等问题，急需银行、融资担保机构加大支持力度，力助小微企业缓解眼前压力。但是由于增信分险机制不健全，小微企业信用担保机构、银行等开展小微企业业务因风险加大而不断收缩业务规模，甚至出现抽贷、催贷等行为进一步导致了小微企业资金紧张，不利于推动小微企业转型升级发展。面对当前小微企业融资困局，重塑政银保担合作模式、健全增信分险机制，是非常必要的。尤其是建立小微担保贷款信用保险制度，推动保险机构参与小微企业融资政策体系之中，充分发挥保险的分险增信功能，对缓解小微企业融资难具有重要的实践价值。

政银保担合作模式的实质是充分调动政府、银行、保险、融资担保机构对小微企业信用贷款的共同增信分险功能，促进小微企业信用贷款业务不断增长。一是政府小微企业主管部门要做好企业名单筛选，组建拟贷款企业池和保障入池企业相关信息的真实性以及提供部分保费支持。二是银行按照市场规则审核入池小微企业贷款申请、发放贷款。三是担保机构对小微贷款申请提供担保支持，承担相应的代偿责任。四是保险机构对担保机构提供的小微企业担保贷款提供保障保险，并承担相应的连带责任。

四、设立小微企业融资担保基金，促进担保体系健康发展

国家小微企业融资担保基金以“便利小微企业融资”为宗旨，定位小微企业业务的政策性功能，采取政策化资金、专业化管理、市场化运作。坚持中央财政引导、地方财政和金融机构为主，委托专业基金管理市场化运营管理、体现国家政策为导向的资金筹集与运用模式，引导微企业融资担保体系实现资源协同、规模集中、标准统一、风险可控、监管便利的可持续发展。

国家小微企业融资担保基金主要投向各省级再担保机构、担保机构流动资金支持、融资担保网络平台以及培训小微企业和基金成员经营管理人员。政府以担保基金额度为限，对担保债务承担有限责任，对担保基金建立正常的补充制度，对小微企业的专项资金使用效率更高，监管更透明、更公平。通过投资地方各省再担保机构，国家小微企业融资担保基金实现对担保机构进行有效增信、分险，引导担保机构不断提升小微企业业务规模。通过整合担保行业资源，国家小微企业融资担保基金可以推动金融机构与担保机构的公平合作意，扩大放大倍数，更好地发挥担保增信作用。以中央政府和地方政府的信用为背书、担保机构全额本息担保、地方各省再担保机构的增信和分险、基金委托管理机构的风险控制技术作保障，国家小微企业融资担保基金的设立可以大大降低金融机构市场开发成本和项目风险，提高银行开展小微企业贷款业务的积极性。通过搭建小微企业网贷平台，国家小微企业融资担保基金的设立可以进一步提高小微企业融资效率，拓宽效率更高、运行更快的直接融资渠道。

政 策 篇

第九章　2015年促进中小企业发展的政策环境

2015 年是中国宏观经济新常态步入新阶段的一年，是全面步入艰难期的一年，我国中小企业面临着复杂多变的国内外形势，既有世界经济缓慢复苏、国内创新创业活力进一步迸发、简政放权稳步推行等诸多积极因素，又有国内经济下行压力大、市场需求不足、投资动力减弱、融资困难等不利因素。

第一节　国际经济环境

当前世界经济复苏乏力，整体动力不足，2015 年上半年，全球主要国家经济增长分化加剧，美欧等发达经济体温和复苏，日本经济停滞不前，新兴市场国家面临较为严峻的经济下行压力，我国经济发展的外部环境面临更大的复杂性和不确定性。

一、发达国家复苏进程缓慢

在房地产市场回暖等因素拉动下，美国上半年复苏稳健，但 10 月份美国制造业采购经理人指数（PMI）从上期的 50.2 降至 50.1，为 2013 年 5 月以来的最低水平。虽然制造业仍在扩张区间，但已接近临界值，扩张速度开始放缓。欧洲推行宽松的货币政策，有效拉动了消费和投资，实现中低速增长，但受希腊债务危机及欧洲经济结构调整困难等因素制约，欧盟经济复苏形势仍不乐观。日本复苏步伐依然较为艰难，尽管二季度之前曾出现缓慢复苏迹象，但继二季度 GDP 出现 7.1% 的大幅萎缩后，三季度 GDP 萎缩 1.6%，日本经济陷入衰退，制造业 PMI 一度逼近荣枯线，巨大的日本政府债务及日元贬值加大了日本经济复苏的不确定性。

二、新兴经济体复苏压力依然较大

全球经济还未彻底复苏,美国实施量化宽松的货币政策并加息造成资本回流,让新兴市场“雪上加霜”，尤其是对于一些经济基础较为脆弱的国家而言，国内外风险的叠加让经济复苏进程更为艰难。油价下跌再加上西方制裁，给俄罗斯经济造成重创，自今年第一季度起，俄罗斯经济便陷入负增长，三季度 GDP 同比萎缩 4.1%。大宗商品价格下滑、财政紧缩以及消费信贷繁荣的消退，沉重打击了巴西经济，巴西第三季度 GDP 同比萎缩 4.5%，是上世纪 30 年代以来最严重的经济衰退。南非经济增长乏力且经济基础较差，基础设施的落后和制造业的萎缩将长期制约其经济发展，南非 GDP 第三季度增幅仅为 1.4%。尽管印度凭借国内推行的投资政策和对外开放政策，经济释放出巨大活力，通胀率也显著下降，但仍面临基础设施落后，政府偿债能力不强等问题。

第二节　国内经济形势

受国际经济环境及经济周期规律影响，我国经济呈现出新常态，投资、出口增速下滑，市场需求不足，经济下行压力较大，在一系列“稳增长、调结构、促改革”措施的推动下,“互联网 +”等新经济增长点初露端倪,整体走势依然平稳,经济运行始终处于 7% 左右的合理区间。

一、中国经济发展进入“新常态”

我国经济经过 30 多年高速增长，国内长期积累的矛盾日益凸显，传统工业品供大于求，产能过剩矛盾突出，目前正处于经济增速换挡期，经济增长从高速转为中高速，从规模速度型粗放增长转向质量效率型集约增长，从要素投资驱动转向创新驱动经济运行进入“新常态”，消费、投资同比增速回落。消费方面，社会消费品零售总额同比增长速度也均低于去年水平。截至 2015 年 11 月，我国社会消费品零售总额同比增速为 10.6%，低于去年同期 12% 的水平。投资方面，全国固定资产总投资和民间固定资产投资同期累计增长率均低于去年水平。以 11 月为例，全国固定资产投资累计增长率为 10.2%，增速较上一年同期回落 5.6

个百分点。在技术创新难以在短期获得根本性突破的情况下，受人口红利消失和资本边际报酬持续下降的影响，我国经济增速下行压力加大将成为长期趋势，市场需求不足，企业整体生存环境不容乐观。

二、“互联网+”成为经济增长新引擎

《2015 年中央政府政府工作报告》首次将“互联网 +”提升至国家战略层面，提出“制定‘互联网 +’动计划，推动移动互联网、云计算、大数据、物联网等与现代制造业结合，促进电子商务、工业互联网和互联网金融健康发展，引导互联网企业拓展国际市场。国家已设立 400 亿元新兴产业创业投资引导基金，鼓励‘互联网 +’等新兴产业发展。”《国务院关于积极推进“互联网 +”行动的指导意见》明确要大力拓展互联网与经济社会各领域融合的广度和深度，并提出了“互联网 +”创业创新、“互联网 +”协同制造等 11 个具体行动，加快推动互联网与各领域深入融合和创新发展，充分发挥“互联网 +”对稳增长、促改革、调结构、惠民生、防风险的重要作用。在国家的大力支持下，互联网新业态飞速发展，已成为引领经济增长的重要力量，互联网新业态对我国经济贡献逐年攀升，相关数据显示，中国互联网经济占整个 GDP 的的比重从 2013 年 3.3% 增长到 2014 年的 7%。随着互联网与传统产业的深度融合，我国智能制造水平大幅提升，新业态、新模式层出不穷，对产业结构调整发了重要作用；以“小额、快捷、便利”为主要特征的互联网金融正在填补着传统金融覆盖面的空白，尤其是低成本的移动支付在农村地区扶贫、便民服务方面呈现出巨大的发展空间，“互联网 +”对我国实现“稳增长、调结构、惠民生”经济发展目标的作用逐步显现。

三、外贸持续低迷，出口模式亟待升级

2015 年，全球经济复苏乏力，发达经济体主导的全球价值链发展收缩，受世界大宗商品价格和股市大幅波动影响，许多国家出现货币贬值现象，加上我国劳动力成本上升等因素，我国企业出口压力增大。今年以来，前三季度我国出口同比下降 1.8%，进口下降 15.1%，在消费、投资、出口“三驾马车”中，外需动力大幅减弱。除国际经济环境因素外，出口产品结构仍为制约我国对外贸易的一个重要原因，尽管近几年我国对外贸易结构不断优化，高技术产品比重逐步上升，真正具有高附加值和全球竞争力的产品不多，外贸机构亟待转型升级。为推动我

国对外贸易健康发展，国家税务总局从 4 个方面提出 16 项具体措施，进一步提高出口退税效率，推动对外贸易便利化，支持外贸稳定增长；海关总署出台 18 项具体措施，解决进出口企业实际困难，促进外贸稳定增长和转型升级。国务院常务会议决定完善出口退税机制，促进外贸稳中提质，部署多项支持外贸稳定增长工作。《国务院关于加快培育外贸竞争新优势的若干意见》（国发〔2015〕9 号）从大力推动外贸结构调整、加快提升对外贸易国际竞争力、全面提升与“一带一路”沿线国家经贸合作水平等多方面进一步优化外贸环境，推动对外贸易健康发展。

四、产业结构调整阶段性成果仍需进一步稳固

在国务院一系列“稳增长、调结构、促改革”的政策推动下，产业结构调整已经取得一定成果。以服务业为例，前三季度 8.4% 的增速，不仅明显高于国内生产总值和工业增速，也快于上年同期。前三季度，服务业增加值已经占到国内生产总值的 51.4%，未来对经济增长贡献还将更大。高技术产业，前三季度增长 10.4%，大大高于规模以上工业增速。节能降耗继续取得新进展。前三季度，单位国内生产总值能耗同比下降 5.7%。但由于外需持续疲软以及政策刺激效应的弱化，产业结构调整仍需加强，钢铁、水泥、建材等传统产能过剩行业的增速依旧呈现下滑趋势，汽车、手机等发展较快的行业进入了调整期，产业结构调整取得的阶段性成果仍需进一步稳固。

第三节　融资环境分析

融资难始终是困扰我国中小企业发展的重大问题之一，同时也是世界性难题。受经济下行影响，2015 年中小企业融资难题更为突出，党中央和国务院高度重视，通过降准降息、敦促商业银行加大服务小微企业力度、推动扩大直接融资比重等方式优化小微企业融资环境。

一、间接融资

我国中小企业的主要融资方式是间接融资，即通过商业银行获取贷款，但由于我国中小企业信用信息不足、抵押物短缺等缺陷，能获得银行贷款的企业仅占少数，间接融资环境仍需进一步改善。2015 年 10 月通过的《中共中央关于制定国民经济和社会发展第十三个五年规划的建议》，提出构建多层次、广覆盖、有

扶持体系，强调了融资担保业务的准公共产品属性，进一步改善融资担保环境。为了确保中小企业信用担保代偿补偿资金的应用，工信部、财政部联合发布《关于做好中小企业信用担保代偿补偿有关工作的通知》（工信厅联企业〔2015〕57号），明确代偿补偿资金的支持范围、管理办法及监督机制，福建、北京等地也出台了代偿补偿资金的管理办法，鼓励和促进担保机构加大对中小企业的支持力度。目前，我国约有15个省（市）建立了再担保公司，重庆、云南等地也在筹备建设中，再担保覆盖范围逐步扩大，再担保体系建设逐步完善。但是受宏观经济影响、企业盈利能力整体下滑、偿还银行贷款能力下降等因素影响，担保行业整体情况不乐观，担保代偿率上升，尽管融资环境有所改善，但是政策效应发挥仍需假以时日。

随着我国金融改革的不断深入，尤其是多层次资本市场的不断发展完善，2015年中小企业融资环境整体有所改善。

第四节　服务体系环境分析

国家大力推动中小企业公共服务体系建设，将其作为推动中小企业发展的重要抓手，尤其在2015年“大众创业、万众创新”的氛围中，更是将中小企业公共服务体系放到了新高度，大力推动创新创业平台、众创空间、小型微型企业创业基地、中小企业公共服务平台、中小企业公共服务平台网络等载体的建设。

一、创新创业平台、众创空间

推进大众创业、万众创新，是发展的动力之源，也是富民之道、公平之计、强国之策，对于推动经济结构调整、打造发展新引擎、增强发展新动力、走创新驱动发展道路具有重要意义。《国务院办公厅关于发展众创空间推进大众创新创业的指导意见》（国办发〔2015〕9号）、《国务院关于加快构建大众创业万众创新支撑平台的指导意见国发》（〔2015〕53号）等文件的发布进一步降低创业门槛，提升创业创新服务，优化创业创新环境，各部门积极推动创新创业平台、众创空间的发展，工信部旗下的“创客中国”公共服务平台正式上线，科技部将首批136家众创空间纳入国家级科技企业孵化器的管理服务体系。

二、小型微型企业创业基地

小型微型企业创业基地既是创办小型微型企业的场所，更是新形势下“以创业促进创新，以创新推动创业”的载体。为了推动大众创业、万众创新，加快小企业创业基地建设步伐，优化小型微型企业创业创新环境，支持企业健康发展，工信部印发了《国家小型微型企业创业示范基地建设管理办法》（工信部企业〔2015〕110 号），开展了第一批国家小型微型企业创业示范基地的认定，最终审核通过了共有 95 个基地，体现了对小型微型企业创业示范基地的重视，推动小型微型企业创业基地更好地为小微企业服务。

三、中小企业公共服务平台

为了推动中小企业公共服务平台规范发展，工信部于 2010 年颁布了《国家中小企业公共服务示范平台管理暂行办法》（工信部企业〔2010〕240 号），对示范平台的运营管理标准提出了要求，明确了示范平台应同时具备完善服务制度、主要服务领域等条件，加强示范平台的动态管理，中小企业公共服务平台的规范化运作程度不断加强，截至目前，工信部认定了 500 多家国家中小企业公共服务的示范平台，其中创业服务和技术服务的示范平台将近 400 家，为中小企业提供研发、设计、试验、生产加工、产品检测等技术服务与信息、咨询、培训、管理提升、市场开拓等综合服务，中小企业公共服务平台已经成为中小企业公共服务体系的重要内容。在国家的大力支持下，中小企业公共服务平台快速发展，助力中小企业发展的作用也逐步凸显。

四、中小企业公共服务平台

工信部、财政部分批批复全国有关省份的平台网络建设实施方案，有力地推动中小企业公共服务平台发展。截至 2015 年 11 月底，工信部、财政部先后分四批共计批复 35 个省、自治区、直辖市和计划单列市的中小企业公共服务平台网络建设实施方案，奠定相关省、市、区中小企业公共服务平台网络发展的基石。目前，辽宁省、吉林省、黑龙江省、上海市、浙江省、安徽省、江西省、山东省、广东省、四川省、北京市、河北省、山西省、江苏省、湖北省、湖南省、重庆市、陕西省、宁波市、青岛市等第一、二批 20 家省、市中小企业公共服务平台网络建设也已完成建设验收，逐渐进入运营服务的新阶段。天津、内蒙古、福建、河南、贵州、云南、甘肃、青海、大连、厦门、深圳、广西、海南、宁夏、新疆等第三、四批 15 家省、市、区中小企业公共服务平台网络也在迅速展开。目前，中小企业公共服务平台网络服务中小企业作用日益凸显，日益成为各省、市、区各级政府服务中小企业的主要抓手，对完善中小企业公共服务体系、提升政策服务效能具有突出的现实意义。作为中小企业公共服务体系的重要载体，各类中小企业公共服务平台服务规范建设对提升中小企业公共服务体系整体效能具有十分重要的意义。

五、信用体系建设环境分析

信用信息缺失是小微企业贷款难的主要原因之一，推动信用体系建设成为国家破解小微企业融资难题的主要抓手。工商总局、银监会、税务总局等部门多措并举推动我国信用体系建设，企业信用信息可获得性、可利用性大幅提高。2015 年 3 月 20 日，李克强总理考察工商总局，提出“建立全国统一的企业信息公示平台”，相关负责人表示国家企业信用信息公示系统有望于 2017 年底全部建成，企业信用信息公示系统建设稳步推进。《中国人民银行关于全面推进中小企业和农村信用体系建设的意见》（银发〔2015〕280 号）进一步肯定了小微企业信用体系建设的重要意义，鼓励各分支机构争取地方政府支持，结合实际开展小微企业信用体系建设工作。为解决小微企业信贷融资中信息不对称的问题，国家税务总局与银监会联合开展“银税互动”助力小微企业发展活动，鼓励金融机构通过企业纳税信息判断企业诚信情况，促进小微企业融资的可获得性，创新融资方式。总体来看，2015 年，我国信用体系建设的不断完善，在推动小微企业融资方面发挥的作用不断增强。

第十章　2015年我国中小企业发展重点政策解析

第一节　《关于大力推进大众创业万众创新若干政策措施的意见》的出台

一、出台背景

推进大众创业、万众创新，是培育和催生经济社会发展新动力的必然选择，是发展的动力之源，也是富民之道、公平之计、强国之策，对于推动经济结构调整、打造发展新引擎、增强发展新动力、走创新驱动发展道路具有重要意义，是稳增长、扩就业、激发亿万群众智慧和创造力，促进社会纵向流动、公平正义的重大举措。李克强总理高度重视推进大众创业、万众创新，在《政府工作报告》中明确指出：推进大众创业、万众创新，打造发展新引擎，既可以扩大就业，增加居民收入，又有利于促进社会纵向流动和公平正义。为落实国务院领导指示精神，各地区、各部门认真贯彻党中央、国务院决策部署，结合本地区、本部门实际陆续出台了大量鼓励创业创新的政策措施，为推动创业创新蓬勃发展、促进经济结构调整、保持经济中高速增长等发挥了积极作用，但也存在一些突出问题，如政策缺乏系统性、落地性较差，创业融资供给不足，创业服务体系不完善，创业孵化水平较低等。针对上述存在的问题，国家发展改革委会同科技部、人力资源社会保障部、财政部等有关部门联合组成文件起草工作组，并组织专家系统分析研究，经过反复论证和多次征求各部门、各地方意见，共同研究起草了《关于大力推进大众创业万众创新若干政策措施的意见》并上报国务院审定。6月4日，李克强总理主持召开的国务院第93次常务会议审议通过了《关于大力推进大众创业万众创新若干政策措施的意见》（国发〔2015〕32号）。

二、具体措施

（一）创新体制机制，实现创业便利化

1. 完善公平竞争市场环境。进一步转变政府职能，增加公共产品和服务供给，为创业者提供更多机会。逐步清理并废除妨碍创业发展的制度和规定，打破地方保护主义。加快出台公平竞争审查制度，建立统一透明、有序规范的市场环境。依法反垄断和反不正当竞争，消除不利于创业创新发展的垄断协议和滥用市场支配地位以及其他不正当竞争行为。清理规范涉企收费项目，完善收费目录管理制度，制定事中事后监管办法。建立和规范企业信用信息发布制度，制定严重违法企业名单管理办法，把创业主体信用与市场准入、享受优惠政策挂钩，完善以信用管理为基础的创业创新监管模式。

2. 深化商事制度改革。加快实施工商营业执照、组织机构代码证、税务登记证"三证合一"、"一照一码"，落实"先照后证"改革，推进全程电子化登记和电子营业执照应用。支持各地结合实际放宽新注册企业场所登记条件限制，推动"一址多照"、集群注册等住所登记改革，为创业创新提供便利的工商登记服务。建立市场准入等负面清单，破除不合理的行业准入限制。开展企业简易注销试点，建立便捷的市场退出机制。依托企业信用信息公示系统建立小微企业名录，增强创业企业信息透明度。

3. 加强创业知识产权保护。研究商业模式等新形态创新成果的知识产权保护办法。积极推进知识产权交易，加快建立全国知识产权运营公共服务平台。完善知识产权快速维权与维权援助机制，缩短确权审查、侵权处理周期。集中查处一批侵犯知识产权的大案要案，加大对反复侵权、恶意侵权等行为的处罚力度，探索实施惩罚性赔偿制度。完善权利人维权机制，合理划分权利人举证责任，完善行政调解等非诉讼纠纷解决途径。

4. 健全创业人才培养与流动机制。把创业精神培育和创业素质教育纳入国民教育体系，实现全社会创业教育和培训制度化、体系化。加快完善创业课程设置，加强创业实训体系建设。加强创业创新知识普及教育，使大众创业、万众创新深入人心。加强创业导师队伍建设，提高创业服务水平。加快推进社会保障制度改革，破除人才自由流动制度障碍，实现党政机关、企事业单位、社会各方面人才顺畅流动。加快建立创业创新绩效评价机制，让一批富有创业精神、勇于承担风

险的人才脱颖而出。

（二）优化财税政策，强化创业扶持

5. 加大财政资金支持和统筹力度。各级财政要根据创业创新需要，统筹安排各类支持小微企业和创业创新的资金，加大对创业创新支持力度，强化资金预算执行和监管，加强资金使用绩效评价。支持有条件的地方政府设立创业基金，扶持创业创新发展。在确保公平竞争前提下，鼓励对众创空间等孵化机构的办公用房、用水、用能、网络等软硬件设施给予适当优惠，减轻创业者负担。

6. 完善普惠性税收措施。落实扶持小微企业发展的各项税收优惠政策。落实科技企业孵化器、大学科技园、研发费用加计扣除、固定资产加速折旧等税收优惠政策。对符合条件的众创空间等新型孵化机构适用科技企业孵化器税收优惠政策。按照税制改革方向和要求，对包括天使投资在内的投向种子期、初创期等创新活动的投资，统筹研究相关税收支持政策。修订完善高新技术企业认定办法，完善创业投资企业享受70%应纳税所得额税收抵免政策。抓紧推广中关村国家自主创新示范区税收试点政策，将企业转增股本分期缴纳个人所得税试点政策、股权奖励分期缴纳个人所得税试点政策推广至全国范围。落实促进高校毕业生、残疾人、退役军人、登记失业人员等创业就业税收政策。

7. 发挥政府采购支持作用。完善促进中小企业发展的政府采购政策，加强对采购单位的政策指导和监督检查，督促采购单位改进采购计划编制和项目预留管理，增强政策对小微企业发展的支持效果。加大创新产品和服务的采购力度，把政府采购与支持创业发展紧密结合起来。

（三）搞活金融市场，实现便捷融资

8. 优化资本市场。支持符合条件的创业企业上市或发行票据融资，并鼓励创业企业通过债券市场筹集资金。积极研究尚未盈利的互联网和高新技术企业到创业板发行上市制度，推动在上海证券交易所建立战略新兴产业板。加快推进全国中小企业股份转让系统向创业板转板试点。研究解决特殊股权结构类创业企业在境内上市的制度性障碍，完善资本市场规则。规范发展服务于中小微企业的区域性股权市场，推动建立工商登记部门与区域性股权市场的股权登记对接机制，支持股权质押融资。支持符合条件的发行主体发行小微企业增信集合债等企业债券创新品种。

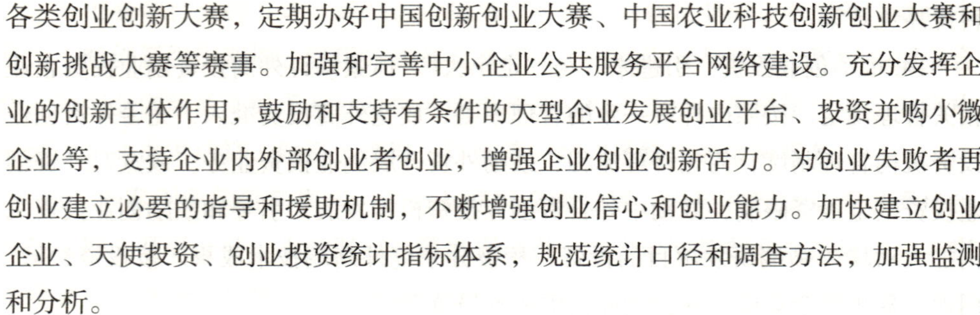

各类创业创新大赛，定期办好中国创新创业大赛、中国农业科技创新创业大赛和创新挑战大赛等赛事。加强和完善中小企业公共服务平台网络建设。充分发挥企业的创新主体作用，鼓励和支持有条件的大型企业发展创业平台、投资并购小微企业等，支持企业内外部创业者创业，增强企业创业创新活力。为创业失败者再创业建立必要的指导和援助机制，不断增强创业信心和创业能力。加快建立创业企业、天使投资、创业投资统计指标体系，规范统计口径和调查方法，加强监测和分析。

20. 用好创业创新技术平台。建立科技基础设施、大型科研仪器和专利信息资源向全社会开放的长效机制。完善国家重点实验室等国家级科研平台（基地）向社会开放机制，为大众创业、万众创新提供有力支撑。鼓励企业建立一批专业化、市场化的技术转移平台。鼓励依托三维（3D）打印、网络制造等先进技术和发展模式，开展面向创业者的社会化服务。引导和支持有条件的领军企业创建特色服务平台，面向企业内部和外部创业者提供资金、技术和服务支撑。加快建立军民两用技术项目实施、信息交互和标准化协调机制，促进军民创新资源融合。

21. 发展创业创新区域平台。支持开展全面创新改革试验的省（区、市）、国家综合配套改革试验区等，依托改革试验平台在创业创新体制机制改革方面积极探索，发挥示范和带动作用，为创业创新制度体系建设提供可复制、可推广的经验。依托自由贸易试验区、国家自主创新示范区、战略性新兴产业集聚区等创业创新资源密集区域，打造若干具有全球影响力的创业创新中心。引导和鼓励创业创新型城市完善环境，推动区域集聚发展。推动实施小微企业创业基地城市示范。鼓励有条件的地方出台各具特色的支持政策，积极盘活闲置的商业用房、工业厂房、企业库房、物流设施和家庭住所、租赁房等资源，为创业者提供低成本办公场所和居住条件。

（七）激发创造活力，发展创新型创业

22. 支持科研人员创业。加快落实高校、科研院所等专业技术人员离岗创业政策，对经同意离岗的可在 3 年内保留人事关系，建立健全科研人员双向流动机制。进一步完善创新型中小企业上市股权激励和员工持股计划制度规则。鼓励符合条件的企业按照有关规定，通过股权、期权、分红等激励方式，调动科研人员创业积极性。支持鼓励学会、协会、研究会等科技社团为科技人员和创业企业提供咨询服务。

23. 支持大学生创业。深入实施大学生创业引领计划，整合发展高校毕业生就业创业基金。引导和鼓励高校统筹资源，抓紧落实大学生创业指导服务机构、人员、场地、经费等。引导和鼓励成功创业者、知名企业家、天使和创业投资人、专家学者等担任兼职创业导师，提供包括创业方案、创业渠道等创业辅导。建立健全弹性学制管理办法，支持大学生保留学籍休学创业。

24. 支持境外人才来华创业。发挥留学回国人才特别是领军人才、高端人才的创业引领带动作用。继续推进人力资源市场对外开放，建立和完善境外高端创业创新人才引进机制。进一步放宽外籍高端人才来华创业办理签证、永久居留证等条件，简化开办企业审批流程，探索由事前审批调整为事后备案。引导和鼓励地方对回国创业高端人才和境外高端人才来华创办高科技企业给予一次性创业启动资金，在配偶就业、子女入学、医疗、住房、社会保障等方面完善相关措施。加强海外科技人才离岸创业基地建设，把更多的国外创业创新资源引入国内。

（八）拓展城乡创业渠道，实现创业带动就业

25. 支持电子商务向基层延伸。引导和鼓励集办公服务、投融资支持、创业辅导、渠道开拓于一体的市场化网商创业平台发展。鼓励龙头企业结合乡村特点建立电子商务交易服务平台、商品集散平台和物流中心，推动农村依托互联网创业。鼓励电子商务第三方交易平台渠道下沉，带动城乡基层创业人员依托其平台和经营网络开展创业。完善有利于中小网商发展的相关措施，在风险可控、商业可持续的前提下支持发展面向中小网商的融资贷款业务。

26. 支持返乡创业集聚发展。结合城乡区域特点，建立有市场竞争力的协作创业模式，形成各具特色的返乡人员创业联盟。引导返乡创业人员融入特色专业市场，打造具有区域特点的创业集群和优势产业集群。深入实施农村青年创业富民行动，支持返乡创业人员因地制宜围绕休闲农业、农产品深加工、乡村旅游、农村服务业等开展创业，完善家庭农场等新型农业经营主体发展环境。

27. 完善基层创业支撑服务。加强城乡基层创业人员社保、住房、教育、医疗等公共服务体系建设，完善跨区域创业转移接续制度。健全职业技能培训体系，加强远程公益创业培训，提升基层创业人员创业能力。引导和鼓励中小金融机构开展面向基层创业创新的金融产品创新，发挥社区地理和软环境优势，支持社区创业者创业。引导和鼓励行业龙头企业、大型物流企业发挥优势，拓展乡村信息资源、物流仓储等技术和服务网络，为基层创业提供支撑。

（九）加强统筹协调，完善协同机制

28. 加强组织领导。建立由国家改革委牵头的推进大众创业万众创新部际联席会议制度，加强顶层设计和统筹协调。各地区、各部门要立足改革创新，坚持需求导向，从根本上解决创业创新中面临的各种体制机制问题，共同推进大众创业、万众创新蓬勃发展。重大事项要及时向国务院报告。

29. 加强政策协调联动。建立部门之间、部门与地方之间政策协调联动机制，形成强大合力。各地区、各部门要系统梳理已发布的有关支持创业创新发展的各项政策措施，抓紧推进“立、改、废”工作，将对初创企业的扶持方式从选拔式、分配式向普惠式、引领式转变。建立健全创业创新政策协调审查制度，增强政策普惠性、连贯性和协同性。

30. 加强政策落实情况督查。加快建立推进大众创业、万众创新有关普惠性政策措施落实情况督查督导机制，建立和完善政策执行评估体系和通报制度，全力打通决策部署的“最先一公里”和政策落实的“最后一公里”，确保各项政策措施落地生根。

第二节 《关于发展众创空间推进大众创新创业的指导意见》的出台

一、出台背景

为加快实施创新驱动发展战略，适应和引领经济发展新常态，顺应网络时代大众创业、万众创新的新趋势，加快发展众创空间等新型创业服务平台，营造良好的创新创业生态环境，激发亿万群众创造活力，打造经济发展新引擎，出台了此《国务院办公厅关于发展众创空间推进大众创新创业的指导意见》（国办发〔2015〕9号）。

二、具体措施

1. 加快构建众创空间。总结推广创客空间、创业咖啡、创新工场等新型孵化模式，充分利用国家自主创新示范区、国家高新技术产业开发区、科技企业孵化器、小企业创业基地、大学科技园和高校、科研院所的有利条件，发挥行业领军企业、创业投资机构、社会组织等社会力量的主力军作用，构建一批低成本、便利化、全要素、开放式的众创空间。发挥政策集成和协同效应，实现创新与创业相结合、线上与线下相结合、孵化与投资相结合，为广大创新创业者提供良好的工作空间、网络空间、社交空间和资源共享空间。

2. 降低创新创业门槛。深化商事制度改革，针对众创空间等新型孵化机构集中办公等特点，鼓励各地结合实际，简化住所登记手续，采取一站式窗口、网上申报、多证联办等措施为创业企业工商注册提供便利。有条件的地方政府可对众创空间等新型孵化机构的房租、宽带接入费用和用于创业服务的公共软件、开发工具给予适当财政补贴，鼓励众创空间为创业者提供免费高带宽互联网接入服务。

3. 鼓励科技人员和大学生创业。加快推进中央级事业单位科技成果使用、处置和收益管理改革试点，完善科技人员创业股权激励机制。推进实施大学生创业引领计划，鼓励高校开发开设创新创业教育课程，建立健全大学生创业指导服务专门机构，加强大学生创业培训，整合发展国家和省级高校毕业生就业创业基金，为大学生创业提供场所、公共服务和资金支持，以创业带动就业。

4. 支持创新创业公共服务。综合运用政府购买服务、无偿资助、业务奖励等方式，支持中小企业公共服务平台和服务机构建设，为中小企业提供全方位专业化优质服务，支持服务机构为初创企业提供法律、知识产权、财务、咨询、检验检测认证和技术转移等服务，促进科技基础条件平台开放共享。加强电子商务基础建设，为创新创业搭建高效便利的服务平台，提高小微企业市场竞争力。完善专利审查快速通道，对小微企业亟须获得授权的核心专利申请予以优先审查。

5. 加强财政资金引导。通过中小企业发展专项资金，运用阶段参股、风险补助和投资保障等方式，引导创业投资机构投资于初创期科技型中小企业。发挥国家新兴产业创业投资引导基金对社会资本的带动作用，重点支持战略性新兴产业和高技术产业早中期、初创期创新型企业发展。发挥国家科技成果转化引导基金作用，综合运用设立创业投资子基金、贷款风险补偿、绩效奖励等方式，促进科技成果转移转化。发挥财政资金杠杆作用，通过市场机制引导社会资金和金融资本支持创业活动。发挥财税政策作用支持天使投资、创业投资发展，培育发展天使投资群体，推动大众创新创业。

6. 完善创业投融资机制。发挥多层次资本市场作用，为创新型企业提供综合金融服务。开展互联网股权众筹融资试点，增强众筹对大众创新创业的服务能力。规范和发展服务小微企业的区域性股权市场，促进科技初创企业融资，完善创业投资、天使投资退出和流转机制。鼓励银行业金融机构新设或改造部分分(支)行，作为从事科技型中小企业金融服务的专业或特色分（支）行，提供科技融资担保、知识产权质押、股权质押等方式的金融服务。

7. 丰富创新创业活动。鼓励社会力量围绕大众创业、万众创新组织开展各类公益活动。继续办好中国创新创业大赛、中国农业科技创新创业大赛等赛事活动，积极支持参与国际创新创业大赛，为投资机构与创新创业者提供对接平台。建立健全创业辅导制度，培育一批专业创业辅导师，鼓励拥有丰富经验和创业资源的企业家、天使投资人和专家学者担任创业导师或组成辅导团队。鼓励大企业建立服务大众创业的开放创新平台，支持社会力量举办创业沙龙、创业大讲堂、创业训练营等创业培训活动。

8. 营造创新创业文化氛围。积极倡导敢为人先、宽容失败的创新文化，树立崇尚创新、创业致富的价值导向，大力培育企业家精神和创客文化，将奇思妙想、创新创意转化为实实在在的创业活动。加强各类媒体对大众创新创业的新闻宣传和舆论引导，报道一批创新创业先进事迹，树立一批创新创业典型人物，让大众创业、万众创新在全社会蔚然成风。

第三节 《关于加快构建大众创业万众创新支撑平台的指导意见》的出台

一、出台背景

当前，全球分享经济快速增长，基于互联网等方式的创业创新蓬勃兴起，众创、众包、众扶、众筹（以下统称四众）等大众创业万众创新支撑平台快速发展，新模式、新业态不断涌现，线上线下加快融合，对生产方式、生活方式、治理方式产生广泛而深刻的影响，动力强劲，潜力巨大。同时，在四众发展过程中也面临行业准入、信用环境、监管机制等方面的问题。为落实党中央、国务院关于大力推进大众创业万众创新和推动实施“互联网+”行动的有关部署，现就加快构建大众创业万众创新支撑平台、推进四众持续健康发展提出《国务院关于加快构建大众创业万众创新支撑平台的指导意见》(国发〔2015〕53号)。

二、具体措施

（一）把握发展机遇，汇聚经济社会发展新动能

四众有效拓展了创业创新与市场资源、社会需求的对接通道，搭建了多方参与的高效协同机制，丰富了创业创新组织形态，优化了劳动、信息、知识、技术、管理、资本等资源的配置方式，为社会大众广泛平等参与创业创新、共同分享改革红利和发展成果提供了更多元的途径和更广阔的空间。

众创，汇众智搞创新，通过创业创新服务平台聚集全社会各类创新资源，大幅降低创业创新成本，使每一个具有科学思维和创新能力的人都可参与创新，形成大众创造、释放众智的新局面。

众包，汇众力增就业，借助互联网等手段，将传统由特定企业和机构完成的任务向自愿参与的所有企业和个人进行分工，最大限度利用大众力量，以更高的效率、更低的成本满足生产及生活服务需求，促进生产方式变革，开拓集智创新、便捷创业、灵活就业的新途径。

众扶，汇众能助创业，通过政府和公益机构支持、企业帮扶援助、个人互助互扶等多种方式，共助小微企业和创业者成长，构建创业创新发展的良好生态。

众筹，汇众资促发展，通过互联网平台向社会募集资金，更灵活高效满足产品开发、企业成长和个人创业的融资需求，有效增加传统金融体系服务小微企业和创业者的新功能，拓展创业创新投融资新渠道。

当前我国正处于发展动力转换的关键时期，加快发展四众具有极为重要的现实意义和战略意义，有利于激发蕴藏在人民群众之中的无穷智慧和创造力，将我国的人力资源优势迅速转化为人力资本优势，促进科技创新，拓展就业空间，汇聚发展新动能；有利于加快网络经济和实体经济融合，充分利用国内国际创新资源，提高生产效率，助推“中国制造 2025”，加快转型升级，壮大分享经济，培育新的经济增长点；有利于促进政府加快完善与新经济形态相适应的体制机制，创新管理方式，提升服务能力，释放改革红利；有利于实现机会公平、权利公平、人人参与又人人受益的包容性增长，探索一条中国特色的众人创富、劳动致富之路。

（二）创新发展理念，着力打造创业创新新格局

全面贯彻党的十八大和十八届二中、三中、四中全会精神，按照党中央、国

务院决策部署，加快实施创新驱动发展战略，不断深化改革，顺应“互联网+”时代大融合、大变革趋势，充分发挥我国互联网应用创新的综合优势，充分激发广大人民群众和市场主体的创业创新活力，推动线上与线下相结合、传统与新兴相结合、引导与规范相结合，按照“坚持市场主导、包容创业创新、公平有序发展、优化治理方式、深化开放合作”的基本原则，营造四众发展的良好环境，推动各类要素资源集聚、开放、共享，提高资源配置效率，加快四众广泛应用，在更大范围、更高层次、更深程度上推进大众创业、万众创新，打造新引擎，壮大新经济。

——坚持市场主导。充分发挥市场在资源配置中的决定性作用，强化企业和劳动者的主体地位，尊重市场选择，积极发展有利于提高资源利用效率、激发大众智慧、满足人民群众需求、创造经济增长新动力的新模式、新业态。

——包容创业创新。以更包容的态度、更积极的政策营造四众发展的宽松环境，激发人民群众的创业创新热情，鼓励各类主体充分利用互联网带来的新机遇，积极探索四众的新平台、新形式、新应用，开拓创业创新发展新空间。

——公平有序发展。坚持公平进入、公平竞争、公平监管，破除限制新模式新业态发展的不合理约束和制度瓶颈，营造传统与新兴、线上与线下主体之间公平发展的良好环境，维护各类主体合法权益，引导各方规范有序发展。

——优化治理方式。转变政府职能，进一步简政放权，强化事中事后监管，优化提升公共服务，加强协同，创新手段，发挥四众平台企业内部治理和第三方治理作用，健全政府、行业、企业、社会共同参与的治理机制，推动四众持续健康发展。

——深化开放合作。“引进来”与“走出去”相结合，充分利用四众平台，优化配置国际创新资源，借鉴国际管理经验，积极融入全球创新网络。鼓励采用四众模式搭建对外开放新平台，面向国际市场拓展服务领域，深化创业创新国际合作。

（三）全面推进众创，释放创业创新能量

1. 大力发展专业空间众创。鼓励各类科技园、孵化器、创业基地、农民工返乡创业园等加快与互联网融合创新，打造线上线下相结合的大众创业万众创新载体。鼓励各类线上虚拟众创空间发展，为创业创新者提供跨行业、跨学科、跨地域的线上交流和资源链接服务。鼓励创客空间、创业咖啡、创新工场等新型众创空间发展，推动基于“互联网+”的创业创新活动加速发展。

2. 鼓励推进网络平台众创。鼓励大型互联网企业、行业领军企业通过网络平台向各类创业创新主体开放技术、开发、营销、推广等资源，鼓励各类电子商务平台为小微企业和创业者提供支撑，降低创业门槛，加强创业创新资源共享与合作，促进创新成果及时转化，构建开放式创业创新体系。

3. 培育壮大企业内部众创。通过企业内部资源平台化，积极培育内部创客文化，激发员工创造力；鼓励大中型企业通过投资员工创业开拓新的业务领域、开发创新产品，提升市场适应能力和创新能力；鼓励企业建立健全股权激励机制，突破成长中的管理瓶颈，形成持续的创新动力。

（四）积极推广众包，激发创业创新活力

4. 广泛应用研发创意众包。鼓励企业与研发机构等通过网络平台将部分设计、研发任务分发和交付，促进成本降低和提质增效，推动产品技术的跨学科融合创新。鼓励企业通过网络社区等形式广泛征集用户创意，促进产品规划与市场需求无缝对接，实现万众创新与企业发展相互促动。鼓励中国服务外包示范城市、技术先进型服务企业和服务外包重点联系企业积极应用众包模式。

5. 大力实施制造运维众包。支持有能力的大中型制造企业通过互联网众包平台聚集跨区域标准化产能，满足大规模标准化产品订单的制造需求。结合深化国有企业改革，鼓励采用众包模式促进生产方式变革。鼓励中小制造企业通过众包模式构筑产品服务运维体系，提升用户体验，降低运维成本。

6. 加快推广知识内容众包。支持百科、视频等开放式平台积极通过众包实现知识内容的创造、更新和汇集，引导有能力、有条件的个人和企业积极参与，形成大众智慧集聚共享新模式。

7. 鼓励发展生活服务众包。推动交通出行、无车承运物流、快件投递、旅游、医疗、教育等领域生活服务众包，利用互联网技术高效对接供需信息，优化传统生活服务行业的组织运营模式。推动整合利用分散闲置社会资源的分享经济新型服务模式，打造人民群众广泛参与、互助互利的服务生态圈。发展以社区生活服务业为核心的电子商务服务平台，拓展服务性网络消费领域。

（五）立体实施众扶，集聚创业创新合力

8. 积极推动社会公共众扶。加快公共科技资源和信息资源开放共享，提高各类公益事业机构、创新平台和基地的服务能力，推动高校和科研院所向小微企业和创业者开放科研设施，降低大众创业、万众创新的成本。鼓励行业协会、产业联盟等行业组织和第三方服务机构加强对小微企业和创业者的支持。

9. 鼓励倡导企业分享众扶。鼓励大中型企业通过生产协作、开放平台、共享资源、开放标准等方式，带动上下游小微企业和创业者发展。鼓励有条件的企业依法合规发起或参与设立公益性创业基金，开展创业培训和指导，履行企业社会责任。鼓励技术领先企业向标准化组织、产业联盟等贡献基础性专利或技术资源，推动产业链协同创新。

10. 大力支持公众互助众扶。支持开源社区、开发者社群、资源共享平台、捐赠平台、创业沙龙等各类互助平台发展。鼓励成功企业家以天使投资、慈善、指导帮扶等方式支持创业者创业。鼓励通过网络平台、线下社区、公益组织等途径扶助大众创业就业，促进互助互扶，营造深入人心、氛围浓厚的众扶文化。

（六）稳健发展众筹，拓展创业创新融资

11. 积极开展实物众筹。鼓励消费电子、智能家居、健康设备、特色农产品等创新产品开展实物众筹，支持艺术、出版、影视等创意项目在加强内容管理的同时，依法开展实物众筹。积极发挥实物众筹的资金筹集、创意展示、价值发现、市场接受度检验等功能，帮助将创新创意付诸实践，提供快速、便捷、普惠化服务。

12. 稳步推进股权众筹。充分发挥股权众筹作为传统股权融资方式有益补充的作用，增强金融服务小微企业和创业创新者的能力。稳步推进股权众筹融资试点，鼓励小微企业和创业者通过股权众筹融资方式募集早期股本。对投资者实行分类管理，切实保护投资者合法权益，防范金融风险。

13. 规范发展网络借贷。鼓励互联网企业依法合规设立网络借贷平台，为投融资双方提供借贷信息交互、撮合、资信评估等服务。积极运用互联网技术优势构建风险控制体系，缓解信息不对称，防范风险。

（七）推进放管结合，营造宽松发展空间

14. 完善市场准入制度。积极探索交通出行、无车承运物流、快递、金融、医疗、教育等领域的准入制度创新，通过分类管理、试点示范等方式，依法为众包、众筹等新模式新业态的发展营造政策环境。针对众包资产轻、平台化、受众广、跨地域等特点，放宽市场准入条件，降低行业准入门槛。（交通运输部、邮政局、人民银行、证监会、银监会、卫生计生委、教育部等负责）

15. 建立健全监管制度。适应新业态发展要求，建立健全行业标准规范和规章制度，明确四众平台企业在质量管理、信息内容管理、知识产权、申报纳税、社会保障、网络安全等方面的责任、权利和义务。（质检总局、新闻出版广电总局、知识产权局、税务总局、人力资源社会保障部、网信办、工业和信息化部等负责）因业施策，加快研究制定重点领域促进四众发展的相关意见。（交通运输部、邮政局、人民银行、证监会、银监会、卫生计生委、教育部等负责）

16. 创新行业监管方式。建立以信用为核心的新型市场监管机制，加强跨部门、跨地区协同监管。建立健全事中事后监管体系，充分发挥全国统一的信用信息共享交换平台、企业信用信息公示系统等的作用，利用大数据、随机抽查、信用评价等手段加强监督检查和对违法违规行为的处置。（发展改革委、工业和信息化部、工商总局、相关行业主管部门负责）

17. 优化提升公共服务。加快商事制度改革，支持各地结合实际放宽新注册企业场所登记条件限制，推动“一址多照”、集群注册等住所登记改革，为创业创新提供便利的工商登记服务。简化和完善注销流程，开展个体工商户、未开业企业、无债权债务企业简易注销登记试点。推进全程电子化登记和电子营业执照应用，简化行政审批程序，为企业发展提供便利。加强行业监管、企业登记等相关部门与四众平台企业的信息互联共享，推进公共数据资源开放，加快推行电子签名、电子认证，推动电子签名国际互认，为四众发展提供支撑。进一步清理和取消职业资格许可认定，研究建立国家职业资格目录清单管理制度，加强对新设职业资格的管理。（工商总局、发展改革委、科技部、工业和信息化部、人力资源社会保障部、相关行业主管部门负责）

18. 促进开放合作发展。有序引导外资参与四众发展，培育一批国际化四众平台企业。鼓励四众平台企业利用全球创新资源，面向国际市场拓展服务。加强国际合作，鼓励小微企业和创业者承接国际业务。（商务部、发展改革委牵头负责）

（八）完善市场环境，夯实健康发展基础

19. 加快信用体系建设。引导四众平台企业建立实名认证制度和信用评价机制，健全相关主体信用记录，鼓励发展第三方信用评价服务。建立四众平台企业的信用评价机制，公开评价结果，保障用户的知情权。建立完善信用标准化体系，制定四众发展信用环境相关的关键信用标准，规范信用信息采集、处理、评价、应用、交换、共享和服务。依法合理利用网络交易行为等在互联网上积累的信用数据，对现有征信体系和评测体系进行补充和完善。推进全国统一的信用信息共享交换平台、企业信用信息公示系统等与四众平台企业信用体系互联互通，实现资源共享。（发展改革委、人民银行、工商总局、质检总局牵头负责）

20. 深化信用信息应用。鼓励发展信用咨询、信用评估、信用担保和信用保险等信用服务业。建立健全守信激励机制和失信联合惩戒机制，加大对守信行为的表彰和宣传力度，在市场监管和公共服务过程中，对诚实守信者实行优先办理、简化程序等“绿色通道”支持激励政策，对违法失信者依法予以限制或禁入。（发展改革委、人民银行牵头负责）

21. 完善知识产权环境。加大网络知识产权执法力度，促进在线创意、研发成果申请知识产权保护，研究制定四众领域的知识产权保护政策。运用技术手段加强在线创意、研发成果的知识产权执法，切实维护创业创新者权益。加强知识产权相关法律法规、典型案例的宣传和培训，增强中小微企业知识产权意识和管理能力。（知识产权局牵头负责）

（九）强化内部治理，塑造自律发展机制

22. 提升平台治理能力。鼓励四众平台企业结合自身商业模式，积极利用信息化手段加强内部制度建设和管理规范，提高风险防控能力、信息内容管理能力和网络安全水平。引导四众平台企业履行管理责任，建立用户权益保障机制。（网信办、工业和信息化部、工商总局等负责）

23. 加强行业自律规范。强化行业自律，规范四众从业机构市场行为，保护行业合法权益。推动行业组织制定各类产品和服务标准，促进企业之间的业务交流和信息共享。完善行业纠纷协调和解决机制，鼓励第三方以及用户参与平台治理。构建在线争议解决、现场接待受理、监管部门受理投诉、第三方调解以及仲裁、诉讼等多元化纠纷解决机制。（相关行业主管部门、行政执法部门负责）

24. 保障网络信息安全。四众平台企业应当切实提升技术安全水平，及时发现和有效应对各类网络安全事件，确保网络平台安全稳定运行。妥善保管各类用户资料和交易信息，不得买卖、泄露用户信息，保障信息安全。强化守法、诚信、自律意识，营造诚信规范发展的良好氛围。（网信办、工业和信息化部牵头负责）

（十）优化政策扶持，构建持续发展环境

25. 落实财政支持政策。创新财政科技专项资金支持方式，支持符合条件的

企业通过众创、众包等方式开展相关科技活动。充分发挥国家新兴产业创业投资引导基金、国家中小企业发展基金等政策性基金作用，引导社会资源支持四众加快发展。降低对实体营业场所、固定资产投入等硬性指标要求，将对线下实体众创空间的财政扶持政策惠及网络众创空间。加大中小企业专项资金对小微企业创业基地建设的支持力度。大力推进小微企业公共服务平台和创业基地建设，加大政府购买服务力度，为采用四众模式的小微企业免费提供管理指导、技能培训、市场开拓、标准咨询、检验检测认证等服务。（财政部、发展改革委、工业和信息化部、科技部、商务部、质检总局等负责）

26. 实行适用税收政策。加快推广使用电子发票，支持四众平台企业和采用众包模式的中小微企业及个体经营者按规定开具电子发票，并允许将电子发票作为报销凭证。对于业务规模较小、处于初创期的从业机构符合现行小微企业税收优惠政策条件的，可按规定享受税收优惠政策。（财政部、税务总局牵头负责）

27. 创新金融服务模式。引导天使投资、创业投资基金等支持四众平台企业发展，支持符合条件的企业在创业板、新三板等上市挂牌。鼓励金融机构在风险可控和商业可持续的前提下，基于四众特点开展金融产品和服务创新，积极发展知识产权质押融资。大力发展政府支持的融资担保机构，加强政府引导和银担合作，综合运用资本投入、代偿补偿等方式，加大财政支持力度，引导和促进融资担保机构和银行业金融机构为符合条件的四众平台企业提供快捷、低成本的融资服务。（人民银行、证监会、银监会、保监会、发展改革委、工业和信息化部、财政部、科技部、商务部、人力资源社会保障部、知识产权局、质检总局等负责）

28. 深化科技体制改革。全面落实下放科技成果使用、处置和收益权，鼓励科研人员双向流动等改革部署，激励更多科研人员投身创业创新。加大科研基础设施、大型科研仪器向社会开放的力度，为更多小微企业和创业者提供支撑。（科技部牵头负责）

29. 繁荣创业创新文化。设立“全国大众创业万众创新活动周”，加强政策宣传，展示创业成果，促进投资对接和互动交流，为创业创新提供展示平台。继续办好中国创新创业大赛、中国农业科技创新创业大赛等赛事活动。引导各类媒体加大对四众的宣传力度，普及四众知识，发掘典型案例，推广成功经验，培育尊重知识、崇尚创造、追求卓越的创新文化。（发展改革委、科技部、工业和信息化部、中央宣传部、中国科协等负责）

30. 鼓励地方探索先行。充分尊重和发挥基层首创精神，因地制宜，突出特色。支持各地探索适应新模式新业态发展特点的管理模式，及时总结形成可复制、可推广的经验。支持全面创新改革试验区、自由贸易试验区、国家自主创新示范区、战略性新兴产业集聚区、国家级经济技术开发区、跨境电子商务综合试验区等加大改革力度，强化对创业创新公共服务平台的扶持，充分发挥四众发展的示范带动作用。（发展改革委、科技部、商务部、相关地方省级人民政府等负责）

第四节 《关于促进互联网金融健康发展的指导意见》的出台

一、出台背景

近年来，互联网技术、信息通信技术不断取得突破，推动互联网与金融快速融合，促进了金融创新，催生了互联网金融。作为新生事物，互联网金融既需要市场驱动，鼓励创新，也需要政策助力，促进健康发展。近几年，我国互联网金融发展迅速，但也暴露出了一些问题和风险隐患，主要包括：行业发展“缺门槛、缺规则、缺监管”；客户资金安全存在隐患，出现了多起经营者“卷款跑路”事件；从业机构内控制度不健全，存在经营风险；信用体系和金融消费者保护机制不健全；从业机构的信息安全水平有待提高等。互联网金融的本质仍属于金融，没有改变金融经营风险的本质属性，也没有改变金融风险的隐蔽性、传染性、广泛性和突发性。党中央、国务院对互联网金融行业的健康发展非常重视，对出台支持发展、完善监管的政策措施提出了明确要求。要鼓励互联网金融的创新和发展、营造良好的政策环境、规范从业机构的经营活动、维护市场秩序，就应拿出必要的政策措施，回应社会和业界关切，深入研究在新的市场环境和消费需求条件下，如何将发展普惠金融、鼓励金融创新与完善金融监管协同推进，引导、促进互联网金融这一新兴业态健康发展。为此，人民银行根据党中央、国务院部署，按照“鼓励创新、防范风险、趋利避害、健康发展”的总体要求，会同有关部门制定了《关于促进互联网金融健康发展的指导意见》（银发〔2015〕221号）。

二、具体措施

（一）鼓励创新，支持互联网金融稳步发展

互联网金融是传统金融机构与互联网企业（以下统称从业机构）利用互联网

技术和信息通信技术实现资金融通、支付、投资和信息中介服务的新型金融业务模式。互联网与金融深度融合是大势所趋，将对金融产品、业务、组织和服务等方面产生更加深刻的影响。互联网金融对促进小微企业发展和扩大就业发挥了现有金融机构难以替代的积极作用，为大众创业、万众创新打开了大门。促进互联网金融健康发展，有利于提升金融服务质量和效率，深化金融改革，促进金融创新发展，扩大金融业对内对外开放，构建多层次金融体系。作为新生事物，互联网金融既需要市场驱动，鼓励创新，也需要政策助力，促进发展。

1. 积极鼓励互联网金融平台、产品和服务创新，激发市场活力。鼓励银行、证券、保险、基金、信托和消费金融等金融机构依托互联网技术，实现传统金融业务与服务转型升级，积极开发基于互联网技术的新产品和新服务。支持有条件的金融机构建设创新型互联网平台开展网络银行、网络证券、网络保险、网络基金销售和网络消费金融等业务。支持互联网企业依法合规设立互联网支付机构、网络借贷平台、股权众筹融资平台、网络金融产品销售平台，建立服务实体经济的多层次金融服务体系，更好地满足中小微企业和个人投融资需求，进一步拓展普惠金融的广度和深度。鼓励电子商务企业在符合金融法律法规规定的条件下自建和完善线上金融服务体系，有效拓展电商供应链业务。鼓励从业机构积极开展产品、服务、技术和管理创新，提升从业机构核心竞争力。

2. 鼓励从业机构相互合作，实现优势互补。支持各类金融机构与互联网企业开展合作，建立良好的互联网金融生态环境和产业链。鼓励银行业金融机构开展业务创新，为第三方支付机构和网络贷款平台等提供资金存管、支付清算等配套服务。支持小微金融服务机构与互联网企业开展业务合作，实现商业模式创新。支持证券、基金、信托、消费金融、期货机构与互联网企业开展合作，拓宽金融产品销售渠道，创新财富管理模式。鼓励保险公司与互联网企业合作，提升互联网金融企业风险抵御能力。

3. 拓宽从业机构融资渠道，改善融资环境。支持社会资本发起设立互联网金融产业投资基金，推动从业机构与创业投资机构、产业投资基金深度合作。鼓励符合条件的优质从业机构在主板、创业板等境内资本市场上市融资。鼓励银行业金融机构按照支持小微企业发展的各项金融政策，对处于初创期的从业机构予以支持。针对互联网企业特点，创新金融产品和服务。

4. 坚持简政放权，提供优质服务。各金融监管部门要积极支持金融机构开展互联网金融业务。按照法律法规规定，对符合条件的互联网企业开展相关金融业务实施高效管理。工商行政管理部门要支持互联网企业依法办理工商注册登记。电信主管部门、国家互联网信息管理部门要积极支持互联网金融业务，电信主管部门对互联网金融业务涉及的电信业务进行监管，国家互联网信息管理部门负责对金融信息服务、互联网信息内容等业务进行监管。积极开展互联网金融领域立法研究，适时出台相关管理规章，营造有利于互联网金融发展的良好制度环境。加大对从业机构专利、商标等知识产权的保护力度。鼓励省级人民政府加大对互联网金融的政策支持。支持设立专业化互联网金融研究机构，鼓励建设互联网金融信息交流平台，积极开展互联网金融研究。

5. 落实和完善有关财税政策。按照税收公平原则，对于业务规模较小、处于初创期的从业机构，符合我国现行对中小企业特别是小微企业税收政策条件的，可按规定享受税收优惠政策。结合金融业营业税改征增值税改革，统筹完善互联网金融税收政策。落实从业机构新技术、新产品研发费用税前加计扣除政策。

6. 推动信用基础设施建设，培育互联网金融配套服务体系。支持大数据存储、网络与信息安全维护等技术领域基础设施建设。鼓励从业机构依法建立信用信息共享平台。推动符合条件的相关从业机构接入金融信用信息基础数据库。允许有条件的从业机构依法申请征信业务许可。支持具备资质的信用中介组织开展互联网企业信用评级，增强市场信息透明度。鼓励会计、审计、法律、咨询等中介服务机构为互联网企业提供相关专业服务。

（二）分类指导，明确互联网金融监管责任

互联网金融本质仍属于金融，没有改变金融风险隐蔽性、传染性、广泛性和突发性的特点。加强互联网金融监管，是促进互联网金融健康发展的内在要求。同时，互联网金融是新生事物和新兴业态，要制定适度宽松的监管政策，为互联网金融创新留有余地和空间。通过鼓励创新和加强监管相互支撑，促进互联网金融健康发展，更好地服务实体经济。互联网金融监管应遵循“依法监管、适度监管、分类监管、协同监管、创新监管”的原则，科学合理界定各业态的业务边界及准入条件，落实监管责任，明确风险底线，保护合法经营，坚决打击违法和违规行为。

7. 互联网支付。互联网支付是指通过计算机、手机等设备，依托互联网发起支付指令、转移货币资金的服务。互联网支付应始终坚持服务电子商务发展和为社会提供小额、快捷、便民小微支付服务的宗旨。银行业金融机构和第三方支付

机构从事互联网支付，应遵守现行法律法规和监管规定。第三方支付机构与其他机构开展合作的，应清晰界定各方的权利义务关系，建立有效的风险隔离机制和客户权益保障机制。要向客户充分披露服务信息，清晰地提示业务风险，不得夸大支付服务中介的性质和职能。互联网支付业务由人民银行负责监管。

8. 网络借贷。网络借贷包括个体网络借贷（即 P2P 网络借贷）和网络小额贷款。个体网络借贷是指个体和个体之间通过互联网平台实现的直接借贷。在个体网络借贷平台上发生的直接借贷行为属于民间借贷范畴，受合同法、民法通则等法律法规以及最高人民法院相关司法解释规范。个体网络借贷要坚持平台功能，为投资方和融资方提供信息交互、撮合、资信评估等中介服务。个体网络借贷机构要明确信息中介性质，主要为借贷双方的直接借贷提供信息服务，不得提供增信服务，不得非法集资。网络小额贷款是指互联网企业通过其控制的小额贷款公司，利用互联网向客户提供的小额贷款。网络小额贷款应遵守现有小额贷款公司监管规定，发挥网络贷款优势，努力降低客户融资成本。网络借贷业务由银监会负责监管。

9. 股权众筹融资。股权众筹融资主要是指通过互联网形式进行公开小额股权融资的活动。股权众筹融资必须通过股权众筹融资中介机构平台（互联网网站或其他类似的电子媒介）进行。股权众筹融资中介机构可以在符合法律法规规定前提下，对业务模式进行创新探索，发挥股权众筹融资作为多层次资本市场有机组成部分的作用，更好服务创新创业企业。股权众筹融资方应为小微企业，应通过股权众筹融资中介机构向投资人如实披露企业的商业模式、经营管理、财务、资金使用等关键信息，不得误导或欺诈投资者。投资者应当充分了解股权众筹融资活动风险，具备相应风险承受能力，进行小额投资。股权众筹融资业务由证监会负责监管。

10. 互联网基金销售。基金销售机构与其他机构通过互联网合作销售基金等理财产品的，要切实履行风险披露义务，不得通过违规承诺收益方式吸引客户；基金管理人应当采取有效措施防范资产配置中的期限错配和流动性风险；基金销售机构及其合作机构通过其他活动为投资人提供收益的，应当对收益构成、先决条件、适用情形等进行全面、真实、准确表述和列示，不得与基金产品收益混同。第三方支付机构在开展基金互联网销售支付服务过程中，应当遵守人民银行、证监会关于客户备付金及基金销售结算资金的相关监管要求。第三方支付机构的客户备付金只能用于办理客户委托的支付业务，不得用于垫付基金和其他理财产品的资金赎回。互联网基金销售业务由证监会负责监管。

11. 互联网保险。保险公司开展互联网保险业务，应遵循安全性、保密性和稳定性原则，加强风险管理，完善内控系统，确保交易安全、信息安全和资金安全。专业互联网保险公司应当坚持服务互联网经济活动的基本定位，提供有针对性的保险服务。保险公司应建立对所属电子商务公司等非保险类子公司的管理制度，建立必要的防火墙。保险公司通过互联网销售保险产品，不得进行不实陈述、片面或夸大宣传过往业绩、违规承诺收益或者承担损失等误导性描述。互联网保险业务由保监会负责监管。

12. 互联网信托和互联网消费金融。信托公司、消费金融公司通过互联网开展业务的，要严格遵循监管规定，加强风险管理，确保交易合法合规，并保守客户信息。信托公司通过互联网进行产品销售及开展其他信托业务的，要遵守合格投资者等监管规定，审慎甄别客户身份和评估客户风险承受能力，不能将产品销售给与风险承受能力不相匹配的客户。信托公司与消费金融公司要制定完善产品文件签署制度，保证交易过程合法合规，安全规范。互联网信托业务、互联网消费金融业务由银监会负责监管。

（三）健全制度，规范互联网金融市场秩序

发展互联网金融要以市场为导向，遵循服务实体经济、服从宏观调控和维护金融稳定的总体目标，切实保障消费者合法权益，维护公平竞争的市场秩序。要细化管理制度，为互联网金融健康发展营造良好环境。

13. 互联网行业管理。任何组织和个人开设网站从事互联网金融业务的，除应按规定履行相关金融监管程序外，还应依法向电信主管部门履行网站备案手续，否则不得开展互联网金融业务。工业和信息化部负责对互联网金融业务涉及的电信业务进行监管，国家互联网信息办公室负责对金融信息服务、互联网信息内容等业务进行监管，两部门按职责制定相关监管细则。

14. 客户资金第三方存管制度。除另有规定外，从业机构应当选择符合条件的银行业金融机构作为资金存管机构，对客户资金进行管理和监督，实现客户资金与从业机构自身资金分账管理。客户资金存管账户应接受独立审计并向客户公开审计结果。人民银行会同金融监管部门按照职责分工实施监管，并制定相关监管细则。

15. 信息披露、风险提示和合格投资者制度。从业机构应当对客户进行充分的信息披露，及时向投资者公布其经营活动和财务状况的相关信息，以便投资者充分了解从业机构运作状况，促使从业机构稳健经营和控制风险。从业机构应当向各参与方详细说明交易模式、参与方的权利和义务，并进行充分的风险提示。要研究建立互联网金融的合格投资者制度，提升投资者保护水平。有关部门按照职责分工负责监管。

16. 消费者权益保护。研究制定互联网金融消费者教育规划，及时发布维权提示。加强互联网金融产品合同内容、免责条款规定等与消费者利益相关的信息披露工作，依法监督处理经营者利用合同格式条款侵害消费者合法权益的违法、违规行为。构建在线争议解决、现场接待受理、监管部门受理投诉、第三方调解以及仲裁、诉讼等多元化纠纷解决机制。细化完善互联网金融个人信息保护的原则、标准和操作流程。严禁网络销售金融产品过程中的不实宣传、强制捆绑销售。人民银行、银监会、证监会、保监会会同有关行政执法部门，根据职责分工依法开展互联网金融领域消费者和投资者权益保护工作。

17. 网络与信息安全。从业机构应当切实提升技术安全水平，妥善保管客户资料和交易信息，不得非法买卖、泄露客户个人信息。人民银行、银监会、证监会、保监会、工业和信息化部、公安部、国家互联网信息办公室分别负责对相关从业机构的网络与信息安全保障进行监管，并制定相关监管细则和技术安全标准。

18. 反洗钱和防范金融犯罪。从业机构应当采取有效措施识别客户身份，主动监测并报告可疑交易，妥善保存客户资料和交易记录。从业机构有义务按照有关规定，建立健全有关协助查询、冻结的规章制度，协助公安机关和司法机关依法、及时查询、冻结涉案财产，配合公安机关和司法机关做好取证和执行工作。坚决打击涉及非法集资等互联网金融犯罪，防范金融风险，维护金融秩序。金融机构在和互联网企业开展合作、代理时应根据有关法律和规定签订包括反洗钱和防范金融犯罪要求的合作、代理协议，并确保不因合作、代理关系而降低反洗钱和金融犯罪执行标准。人民银行牵头负责对从业机构履行反洗钱义务进行监管，并制定相关监管细则。打击互联网金融犯罪工作由公安部牵头负责。

19. 加强互联网金融行业自律。充分发挥行业自律机制在规范从业机构市场行为和保护行业合法权益等方面的积极作用。人民银行会同有关部门，组建中国互联网金融协会。协会要按业务类型，制订经营管理规则和行业标准，推动机构之间的业务交流和信息共享。协会要明确自律惩戒机制，提高行业规则和标准的约束力。强化守法、诚信、自律意识，树立从业机构服务经济社会发展的正面形象，营造诚信规范发展的良好氛围。

20. 监管协调与数据统计监测。各监管部门要相互协作、形成合力，充分发挥金融监管协调部际联席会议制度的作用。人民银行、银监会、证监会、保监会应当密切关注互联网金融业务发展及相关风险，对监管政策进行跟踪评估，适时提出调整建议，不断总结监管经验。财政部负责互联网金融从业机构财务监管政策。人民银行会同有关部门，负责建立和完善互联网金融数据统计监测体系，相关部门按照监管职责分工负责相关互联网金融数据统计和监测工作，并实现统计数据和信息共享。

第五节 《关于促进融资担保行业加快发展的意见》的出台

一、出台背景

担保与再担保作为普惠金融的重要手段，在缓解小微企业融资难过程中起着十分重要的作用，李克强总理在批示中更提出了是解决小微企业和“三农”融资难问题的关键环节。为主动适应融资担保行业改革转型要求，促进行业加快发展，更好地服务经济社会发展大局，现出台《关于促进融资担保行业加快发展的意见》（国发〔2015〕43 号）。

二、具体措施

（一）发挥政府支持作用，提高融资担保机构服务能力

1. 大力发展政府支持的融资担保机构。以省级、地市级为重点，科学布局，通过新设、控股、参股等方式，发展一批政府出资为主、主业突出、经营规范、实力较强、信誉较好、影响力较大的政府性融资担保机构，作为服务小微企业和“三农”的主力军，支撑行业发展；支持专注服务小微企业和“三农”、有实力的融资担保机构开展兼并重组，发挥资本、人才、风险管理、业务经验、品牌等方面的优势，做精做强，引领行业发展；以开展小微企业和“三农”融资担保业务为标准，加大扶持力度，支持融资担保机构扩大业务规模。

2. 加强融资担保机构自身能力建设。融资担保机构是行业发展的基础和关键，

要加强自身能力建设，按照信用中介的内在要求，经营好信用、管理好风险、承担好责任，提升实力和信誉，做精风险管理；坚守融资担保主业，发展普惠金融，适应互联网金融等新型金融业态发展趋势，大胆创新，积极探索，为小微企业和“三农”提供丰富产品和优质服务，促进大众创业、万众创新；发挥“接地气”优势和“放大器”作用，为客户提供增值服务，提升客户价值，形成独特核心竞争力。

（二）发挥政府主导作用，推进再担保体系建设

3. 加快再担保机构发展。研究设立国家融资担保基金，推进政府主导的省级再担保机构基本实现全覆盖，构建国家融资担保基金、省级再担保机构、辖内融资担保机构的三层组织体系，有效分散融资担保机构风险，发挥再担保“稳定器”作用。

4. 完善再担保机制。发挥政府政策导向作用，研究论证国家融资担保基金通过股权投资、技术支持等方式，支持省级再担保机构发展。各省（区、市）人民政府要按照政府主导、专业管理、市场运作的原则，推动省级再担保机构以股权投资和再担保业务为纽带，构建统一的融资担保体系；完善再担保机制，提升辖内融资担保机构的管理水平和抗风险能力，统一管理要求和服务标准，扩大小微企业和“三农”融资担保业务规模。

5. 改进完善对政府性融资担保和省级再担保机构的考核机制。对政府性融资担保机构，地方各级人民政府要结合当地实际降低或取消盈利要求，重点考核小微企业和“三农”融资担保业务规模、服务情况；对省级再担保机构，坚持保本微利经营原则，不以盈利为目的，在可持续经营前提下，着力降低融资担保和再担保业务收费标准。

（三）政银担三方共同参与，构建可持续银担商业合作模式

6. 建立政银担三方共同参与的合作模式。各省（区、市）人民政府要发挥作用，加大投入，积极探索适合本地区实际的政银担合作机制，鼓励有条件的地方设立政府性担保基金，实现小微企业和“三农”融资担保风险在政府、银行业金融机构和融资担保机构之间的合理分担；推动以省级再担保机构为平台与银行业金融机构开展合作，对银行业金融机构担保贷款发生的风险进行合理补偿，推动建立可持续银担商业合作模式。

7. 完善银担合作政策。银行业金融机构要根据政策导向，按照商业可持续、风险可防控原则，主动对接，简化手续，积极扩大、深化银担合作；在与省级再担保机构达成的合作框架下，对合作的融资担保机构，按照市场化原则，提供风险分担、不收或少收保证金、提高放大倍数、控制贷款利率上浮幅度等优惠条件；改进绩效考核和风险问责机制，提高对小微企业和“三农”融资担保贷款的风险容忍度。对银行业金融机构不承担风险或者只承担部分风险的小微企业和“三农”融资担保贷款，可以适当下调风险权重。

8. 优化银担合作环境。中国融资担保业协会、中国银行业协会要在有关部门指导下，加快开展融资担保机构信用记录工作；银行业金融机构、再担保机构要根据信用记录，对合作的融资担保机构进行差异化管理，提高风险控制水平；银行业金融机构、再担保机构、融资担保机构要充分利用企业信用信息公示系统，促进银担合作稳健发展。

（四）有效履行监管职责，守住风险底线

9. 加快监管法治建设。融资性担保业务监管部际联席会议要加强制度建设，推动《融资担保公司管理条例》尽快出台，完善融资担保监管法规体系；加大监管指导和监督力度，切实维护监管法规政策的统一性、权威性，确保有法必依、执法必严、违法必究；加强行业基础设施建设，建立统一的行业信息报送和监测系统，加强对重点地区和领域风险的监测和预警；对监管部门履职情况进行评价，指导地方人民政府及时妥善处置风险事件；对失信、违法的融资担保机构建立部门动态联合惩戒机制。

10. 明晰地方监管责任。各省（区、市）人民政府作为监管责任主体，要重视监管工作，加强人力、物力、财力等监管资源配备；处理好发展与监管的关系，一手抓发展，一手抓监管，两手都要硬。地方监管部门要创新监管机制和手段，积极探索实施分类监管，推进监管信息化建设，加强部门间信息互联共享和监管协同，提高监管有效性；对于辖内融资担保重大风险事件，要及时上报，妥善处置，坚决守住不发生区域性系统性风险的底线。

11. 加强行业自律和人才建设。中国融资担保业协会要加强行业自律建设，积极承担部分行业管理职能，在行业统计、机构信用记录管理、行业人才培养和文化建设等方面发挥重要作用，为行业监管提供有效补充；制订科学合理的人才培养、储备和使用的战略规划，研究制定从业人员管理制度，提高人员素质，推进队伍建设。

（五）加强协作，共同支持融资担保行业发展

12. 落实财税支持政策。落实好融资担保机构免征营业税和准备金税前扣除等相关政策。综合运用资本投入、代偿补偿等方式，加大对主要服务小微企业和“三农”的融资担保机构的财政支持力度。

13. 营造支持发展的良好环境。进一步研究完善相关企业会计准则，保证融资担保行业会计信息质量；健全融资担保机构信用记录，并纳入国家统一的信用信息共享交换平台；规范、有序地将融资担保机构接入金融信用信息基础数据库，加强信用管理；依法为融资担保机构进行抵（质）押登记，并为其债权保护和追偿提供必要协助，维护融资担保机构合法权益。各省（区、市）人民政府要继续开展对非融资担保公司的清理规范，加强管理，建立长效机制。

热 点 篇

第十一章　国际热点事件

第一节　跨太平洋伙伴关系协定签署

2015 年 10 月 5 日由美国主导，澳大利亚、日本、加拿大、新加坡、墨西哥、新西兰、马来西亚、文莱、智利、秘鲁和越南 12 个国家共同参与的《跨太平洋伙伴关系协定》（Trans-Pacific Partnership Agreement，TPP）宣布谈判结束。跨太平洋伙伴关系协定是一项多边关系自由贸易的协定，主要目的是促进亚太地区的自由贸易更加繁荣。跨太平洋伙伴关系协定谈判结束后，此协定将会是目前亚太地区十分重要的自由贸易协定之一。根据跨太平洋伙伴关系协定中的协议，协定内成员国之间要遵守跨太平洋伙伴关系协定中公平的关税定制和减免、知识产权的保护、自由贸易的服务、货币兑换的自由、环境保护、信息通畅等多方面统一的监管标准。

一、跨太平洋伙伴关系协定签署的背景

在 20 世纪 90 年代，亚太地区的经济开始迅猛发展，经济增长十分活跃，形成了由中国、澳大利亚、文莱、加拿大、智利、中国香港、中华台北、印度尼西亚、日本、韩国、马来西亚、墨西哥、新西兰、巴布亚新几内亚、秘鲁、菲律宾、俄罗斯、新加坡、泰国、美国和越南 21 个国家共同参与的 APEC 合作机制，其主要目标就是在亚太地区范围内实现经济体间的经济贸易自由化发展。不过由于 APEC 内的经济体包含发达的国家和发展中的国家，基于差异化的存在，经济体间货物贸易零关税这一重大目标的推动和达成就变得十分艰难。由于各个经济体间情况的不同，在货物贸易零关税这一目标上难以协调，导致 APEC 经济体范围

内的贸易自由化发展失败。

2002 年新西兰、智利、新加坡和文莱四国仍继续推动贸易自由化发展。在 2005 年四国协议发起跨太平洋伙伴关系，并签订生效的各国间经济贸易协议，承诺成员国之间在货物贸易、服务贸易、知识产权、投资等多个领域互相给予巨大的优惠的同时也要进一步加强合作，这就是跨太平洋伙伴关系协定的前身。随着世界经济的发展，尤其是东南亚新兴经济体的高速发展，使得亚太地区在世界经济发展中的地位进一步提升。2008 年美国调整其战略，为了在亚太地区有更大的影响力，在 2008 年加入跨太平洋伙伴关系协定的谈判。美国的加入使得跨太平洋伙伴关系协定得到了快速的推动，开始步入发展壮大阶段。随着澳大利亚、秘鲁等国家的加入，2010 年，美国、智利、秘鲁、越南、新加坡、新西兰、文莱和澳大利亚 8 个国家在澳大利亚墨尔本进行了跨太平洋伙伴关系协议首轮谈判。随后在美国全力的推动和主导下，2011 年日本加入谈判，2012 年墨西哥和加拿大相继加入跨太平洋伙伴关系协定的谈判。由于各个成员国背景的不同，跨太平洋伙伴关系协定进行了多轮谈判和多次部长级会议，最终在 2015 年 10 月 5 日，成功结束了跨太平洋伙伴关系协定的谈判，并签署跨太平洋伙伴关系协定。

二、跨太平洋伙伴关系协定突出的特点

一是协定范围覆盖面广。跨太平洋伙伴关系协定中的美国、日本、澳大利亚、加拿大、新加坡、墨西哥、新西兰、马来西亚、文莱、智利、秘鲁和越南 12 个成员国，遍布全球各地，既有发达国家如美国、日本、澳大利亚等，也有发展中国家如马来西亚、墨西哥等，因此使得协定的覆盖范围广。据相关数据显示，跨太平洋伙伴关系协定成员国的经济规模占全球经济总量的 40%。二是协定涉及方面多，跨太平洋伙伴关系协定的条款比以往自由贸易协定涉及的方面要更加全面。协定涉及了成员国之间的货物贸易、服务贸易、投资、原产地、通关、关税、知识产权保护、劳工问题、环境问题、临时入境问题、国有企业与市场准入、政府采购、金融、发展、战略合作等多领域的不同条款。其中，协定的第三条货物贸易规定就指出各个成员国要实现货物贸易的自由，没有特殊品目，要全部实现自由贸易，同时还要求在跨太平洋伙伴关系协定生效后，对成员国之间的关税要全部废除。并通过对原产地规则和通关手续便利化，来促进货物贸易的自由化和便利化。为了消除非关税壁垒，协同同样制定了贸易救济措施规定、动植物卫生检

验防疫措施规定、技术性障碍规定以及竞争政策规定，制定了非常全面的政策措施。这样就让跨太平洋伙伴关系协定涉及面多，领域宽泛。

此外跨太平洋伙伴关系协定也提倡包容性贸易和投资，方便协定内成员国之间的合作，能有效地帮助不同经济规模的企业来进行合作和发展，同时也提出要帮助中小企业了解协定并可以利用好协定中的相关条款来发展获益。

三、跨太平洋伙伴关系协定的签署对我国的影响

由于我国没有参加跨太平洋伙伴关系协定的谈判，作为非成员国，我国受到复杂的影响。一是对我国的对外贸易产生影响。协定中的国家享受协定中成员国之间低关税、贸易便利化等一系列的优势及便利，成员国将加强相互之间的贸易。例如，作为贸易品的纺织品从原料到加工，都必须在协定的成员国范围内，我国被排除之后，美国肯定向越南进口大量的纺织品，但是越南的纺织品原材料基本上都是从我国进口的，基于跨太平洋伙伴关系协定中有原产地方面的规定和条款，越南就不可以从我国进口纺织品的原材料。因此协定限制了我国成品贸易和原材料贸易，会对我国的对外贸易产生影响。二是对我国经济体制改革造成压迫。由于世界正在向一体化发展，我国的经济将会更加向市场化发展。跨太平洋伙伴关系协定的一些非传统条款将会导致我国企业的经营成本和压力增大。如专利条款和知识产权条款将导致一些可以免费获取的专利变得需要支付大量的金额来使用，增加成本，加大企业引进专利的难度。协定内包含的环境保护、劳工、专利、知识产权保护等条款将会影响国际贸易的新规则，对我国的经济体制造成压迫，促使我国进行更深层次的经济体制改革。三是跨太平洋伙伴关系协定新的高标准、新规则将会是促进我国外贸发展的新动力。针对跨太平洋伙伴关系协定带来的影响，我国应该客观看待，取其精华去其糟粕，看到世界经济发展的新方向，以新规则高标准来发展我国经济，把握时机，实现经济再一次腾飞。

第二节　美国发明法案对中小企业的潜在影响研究

一、美国发明法案发布的背景及专利制度对中小企业的作用

（一）背景介绍

美国奥巴马总统签署了《莱希—史密斯美国发明法案》（Leahy-Smith

America Invents Act，简称“AIA”)，这是自1952年以来美国最大规模的专利制度改革。这次修改中最重要的改变是将对专利归属权的判断由先发明原则(First-to-Invent, FTI)转变为先申请原则(First-Inventor-to-File, FITF)。依据先发明原则，专利通常被授予最初的发明人。如果两位发明者对一项发明专利的归属权产生争议，将由发明者的发明时间决定，专利授予最先发明的人。按照先申请原则，基于有效的专利申请提交日期，将专利权授予最早进行专利申请的发明人，在一年内进行特殊说明的专利项目除外。

先申请原则是美国专利体系乃至全世界专利体系的形成核心，《莱希—史密斯美国发明法案》(AIA)中第3节中明确强调：将先发明原则修改为先申请原则将有利于美国专利体系与世界其他国家专利体系间和谐，更有利于保护发明者的权益。少部分对这一修改表示支持，指出向先申请原则转变将有利于缩短专利申请时间，减少专利诉讼发生，并提高专利质量。而大部分人却持反对观点，他们认为《莱希—史密斯美国发明法案》不能改善中小企业的专利发明环境，法案内容更偏向于支持大型企业。

（二）专利制度对中小企业的作用

创新发展对国家经济的持续增长起着关键作用，而专利制度又对创新发展起到保护和激励作用。专利制度对中小企业的作用主要体现在以下两个方面：一是通过出让专利的知识产权刺激创新；二是向公众传播新技术。

专利制度对创新发展有很好的刺激作用。专利制度为专利技术的商业化营造了良好的保护和激励环境。如果缺乏制度的保护，发明人将遭受技术被复制及窃取的损失。专利制度除了对窃取行为有抑制作用，同时也促使资源可以更多地分配给资源相对匮乏的中小企业或个人。

专利制度推动新技术问世。专利制度为中小企业和发明者提供了一个良好的保护和鼓励创新发明的环境。若缺少这项保护，发明者可能会更多地选择隐藏技术以保护自己的创新发明，这将导致社会的创新能力降低，并使社会创新发展的速度放慢。

除了以上两项作用外，研究者还发现专利拥有量在创业公司寻求风险投资时起到一定的帮助作用，《高技术企业和专利制度研究——关于2008年伯克利专利项目的调查》的调查结果体现了这一点。这项调查的企业样本主要分布在生物技术、医疗设备、互联网及软件开发和信息技术硬件开发行业。如表11-1所示，企业样本中有 82% 持有专利或专利申请的公司得到风险投资。

表 11–1　持有专利或专利申请的初创企业得到风险投资支持的情况 [1]

	所有行业中得到风险投资的企业	分行业			
		生物技术行业	医疗设备行业	互联网及软件开发行业	信息技术硬件开发行业
持有专利或专利申请的公司比例	82%	97%	94%	67%	91%
持有专利或专利申请的平均数量	18.7	34.6	25.2	5.9	27.4
持有专利或专利申请的企业平均数	15.8	22.9	16.1	7.1	23.6

部分持支持态度的学者认为，专利拥有量有助于改善初创企业与投资者信息不对称的问题，并为投资者提供企业的信用、回报率等数据的参考。若专利制度可以健康的运行则会帮助创业者能够快速完成专利申请，从而提高企业的融资成功率。然而不健全的专利制度则会拖延专利的申请，不仅可能延长初创企业寻求天使投资、风险投资等资金的周期，也可能使初创企业的专利发明滞后于市场需要。

由此可见，专利制度对于中小企业尤为重要。如果专利制度拖延专利申请的审理，企业将面临复杂的诉讼程序。相对于大型企业，资金短缺的中小型企业更难以通过诉讼方式争取自身权利。若中小企业的专利减少，那么专利在中小企业融资过程中的信用担保作用将会降低，从而影响中小企业融资。

二、美国发明法案的影响分析

《莱希—史密斯美国发明法案》（AIA）发布后，最受关注的就是优先权条款的变动，即从先发明原则（FTI）改为先申请原则（FITF）。同时，也对复查复审程序、宽限期的变化、信息披露保护制度、费用和奖励机制、先用权抗辩、专利申请需求等其他条款做出了新的修订。

（一）优先权变动对中小企业的潜在影响

先申请原则（FITF）对中小企业负面的影响包括对中小企业资源的限制和约束。对于在资源、资金方面占据领先优势的大型企业，申请专利较为快捷。从这

[1] 数据来源：《高技术企业和专利制度研究—关于2008年伯克利专利项目的调查》，刊载于《伯克利科技法杂志（Berkeley Technology Law Journal）》，2010年第4期。

个角度上讲，先申请原则对大型企业更加有利。正如一些学者所提出的，较之于初创型中小企业，一个拥有更多资源、可以随时拥有专利律师的大型企业在申请专利过程中可以更快完成申请流程并获得专利。

当把优先权的变动放到当前专利申请的环境中，有必要研究优先权纠纷出现的频率。杰拉德·J·莫辛霍夫通过研究美国专利及商标局(USPTO)1983—2004年财政年专利申请的数据发现，在此期间有450万件专利申请和246万件专利授予。其中，有3253件申请存在纠纷，但涉及中小企业（不包括独立发明人和非营利企业）的仅有189件申请存在纠纷，而先发明原则则帮助中小企业在97件申请纠纷中赢得胜利。

由于优先权纠纷一般比较少见，因此一些评论家认为不利于发明家的言论是谬论。但是另外一些人不同意这样的观点，他们认为虽然优先权纠纷不常见，但是由于先申请原则（FITF）宽限期的变化将会对专利保护期限带来潜在的影响，在先申请原则的影响下，专利授予日期取决于信息披露日期，先申请原则（FITF）导致的宽限期变化将加重中小企业的专利保护成本。例如：原发明者X没有能及时披露其发明更新换代的信息，而另一个发明者Y优先于X披露X发明的新一代发明信息，那么X就只能用其前一代的专利，新一代的专利应用受到限制。虽然美国发明法案中规定现有技术宽限期内发明者仍然可以使用和优化其发明理论，但在现实中美国发明法案新的宽限期会导致中小企业成本增加，使得中小企业不得不花更高的成本来进行迭代披露，或者直接放弃专利创新。如果进行专利诉讼，那么专利诉讼的代价对中小企业而言是极为高昂的，诉讼成本通常在300万美元到600万美元之间。在专利诉讼中也对专利发明的信息披露要求严格，信息泄露将会进一步加大原发明人专利申请的难度和风险。

大卫·邦迪发现，与之前的发明法案相比，美国发明法案发布后申请临时专利需要花费的成本增加，同时申请步骤也更加复杂，辩护律师费用也相应有所增加。此外，在《莱希—史密斯美国发明法案》（AIA）的新宽限期内公司向外界传递消息和向投资者披露其创新能力的信息也会导致公司自身的融资风险和营销风险大幅上升。

在国际方面，统一各国的专利制度无论对大企业还是中小企业都十分重要。尽管当今世界存在若干不同的专利制度和条款，如巴黎公约、专利合作条约、欧洲专利公约等，但是各国政府正在努力协调各地的专利制度。不同的专利制度会引起巨大的专利维护成本。英国知识产权办公室发现，由于专利制度的不同，仅在欧洲、美国和日本三个国家和地区的因专利制度不同所花费专利维护的成本就达到了114亿美元，对中小企业而言，这是一笔非常庞大的负担。据调查显示，美国发明法案发布以来，中小企业因为先申请原则所引起的花费并没有实质性的降低，反而提升了海外交易的成本，同时也使海外专利申请变得更加复杂。

（二）共同诉讼条款对于中小企业的影响

调查发现，专利主张实体（Patent Assertion Entities，PAE）大部分诉讼是针对中小型企业，而共同诉讼条款旨在抑制专利主张实体各方面的诉讼能力，从而降低和减少专利主张实体对中小企业的诉讼率。专利主张实体是指以购买专利来抢夺专利权的一类商业企业，也可以称为“专利海盗”。

美国詹姆斯贝森和迈克尔·J·穆尔教授通过研究数据库中被专利主张实体全面覆盖的9000多家公司的“非执业实体”发现，从2005年到2011年，其中82%的被告收入少于1亿美元。这表明专利主张实体主要针对中小企业。教授科琳·简认为，初创型中小企业相对于专利主张实体而言更脆弱，在与专利主张实体的专利纠纷中处于劣势。2012年，她调查了79家公司（主要是技术产业类公司），其中大部分是中小企业，在这些企业中，被专利主张实体威胁到的企业的生产原料价格有所增加，生产成本有所上升。

凯瑟琳·E·塔克发现，专利主张实体的诉讼还存在其他负面影响。她分析了从1995年到2012年的风险投资数据，发现与专利主张实体的专利纠纷对创业企业寻找风险投资的成功率也受到一定影响。另一项对大约200名风险资本家和他们的投资公司进行的调查发现，约有一半的风险资本家不会选择把资金投入到与专利主张实体产生专利纠纷的中小企业。

杰姆斯和苏珊·J收集到的数据显示，在美国发明法案发布之后，由于法案中共同诉讼条款的影响，专利主张实体的诉讼率降低了。数据显示，在美国发明法案实行之前，在德克萨斯东部地区每个专利诉讼案被告人数比例为10%—13.1%，而在美国发明法案实行之后，这一比例降至2.09%—2.7%。在美国发明法案正式实施前一周，特拉华地方法院涉及专利主张实体起诉的案件中，一个专利诉讼就可能涉及超过14名的被告，而在美国发明法案实施之后，被告平均数量降低到了1.97%和2.2%之间。被告数量的下降表明了美国发明法案实施后专利主张实体不得不中断多被告侵权诉讼而转为多起独立的诉讼，急剧增加了专利主张实体诉讼的成本。相关数据显示，美国发明法案实施后比 2011 年和 2012 年同类型案例中，被告人总数整体下降了 11%。

鉴于专利主张实体对于中小企业的创新和申请专利的不利影响，美国发明法案共同诉讼条款的出现，急剧提高了专利主张实体诉讼中小企业的费用和成本，从而帮助中小企业避免了专利主张实体带来的不利影响。

（三）费用的修改和新激励措施对于中小企业的影响

由于中小企业在美国专利及商标局（USPTO）的申请费用占专利总成本的比例相对较小，因此此项费用的修改不会对中小企业产生很大的影响。将专利申请费用更改为免申请费用的修改降低了申请企业的法律成本，有效地缓解因资源不足、资金匮乏而无法申请专利的中小企业及个体发明家。2014 年 2 月，白宫宣布了一项行政命令，美国专利及商标局将美国发明法案中专利公益项目的覆盖面扩大到 50 个州。截至 2015 年 3 月，专利公益项目已经涉及了 45 个州和哥伦比亚特地区。在这个专利公益项目中，专利申请人可以享受专利注册律师志愿者所提供的专利申请、专利诉讼，以及与专利申请等与专利有关的服务。至关重要的是，此项目可以在互联网上进行，可以更加便捷地帮助相同领域的专利申请人和具有专业知识的专利律师，使得服务更加具体、便捷。同时，此项专利公益项目利用收入阈值来限制受服务主体，做到只针对真正需要帮助的中小企业和个体发明家。此外，当正常的渠道无效或者不够及时的时候，专利特派员将从专利申请、专利诉讼等方面向专利申请人提供帮助。专利公益项目从降低专利申请费用、快速申请奖励、优先检查选项等一系列为中小企业专利申请服务的保护上，为中小企业提供实际性的帮助。

在《莱希—史密斯美国发明法案》、专利起诉快速通道和加速检查 (AE) 等一些举措的帮助下，美国专利及商标局极大地提高了专利办理效率。据相关数据显示，美国发明法案发布实施后，积压的未经审查的专利申请从 2011 年 9 月的 669625 件下降到 2014 年 7 月的 617704 件，2014 年 3 月，已经有 16525 个申请得到优先审查。对于一些悬而未决的专利申请，也从原来的 15.6 个月处理期限降低到 6.55 个月。美国发明法案的优先检查规定和加速检查有一个关键性区别，即加速检查要求申请人先进行"预审搜索"专利索赔辩护的检查。这项检查包括数以百计的数据库，需要彻底搜索美国专利和专利申请的出版物、外国专利文件和非专利文献，从而严重影响了工作效率。自 2006 年加速检查成立以来，在

2012 年 4 月已经有 5200 件专利申请请求加速检查。相比较加速检查而言，美国发明法案的优先检查规定使得中小企业申请专利的诉讼费用和办公等成本都有所降低。

（四）扩大先用权宽限期对中小企业专利价值的影响

2012 年 1 月，美国专利及商标局编写了一份关于《莱希—史密斯美国发明法案》中先用权抗辩方面影响的报告。该报告主要有以下几项发现：

一是欧盟委员会 2009 年的一项研究引用了已经在欧洲使用的最短先用权诉讼。

二是 2008 年伯克利调查表明，风险投资家在选择投资项目时已经将企业专利的先用权期限列为重要的考量因素。

三是高等教育协会向美国专利及商标局提交的报告中指出：一年的商业先用权从本质上来讲对中小企业很不公平，先用权的扩充间接地保护了那些盗取中小企业专利的公司的利益，他们可以通过把这一年的使用权限卖给大企业而获利。

通过以上研究结果可以看出，先用权期限将对中小企业产生一定的负面影响。

另外，美国中小企业协会提出，先用权宽限期延长严重降低了中小企业专利的价值，使得中小企业无形中增加了成本，减少了收入。同时，众议员塔米·鲍德温（威斯康星民主党党员）在国会听证会上提出，《莱希—史密斯美国发明法案》掩盖了专利申请人和潜在投资者的能力，先用权宽限期的延长使专利的真正价值打了折扣，同时也降低了拥有真正技术的创业企业获得天使投资、风险投资等资金的能力。此外，先用权宽限期延长的出现增加了中小企业的诉讼成本，条款中提出的“明确和令人信服的证据”变相地降低了中小企业的专利价值，使得中小企业专利方面的风险提高，不得不完全依赖先用权抗辩这样的被动方式来进行防御。

相比之下，很多行业往往以商业机密的形式来保护自己的专利。例如，某些企业在绿色科技领域的代表声称，他们常常不得不以保密的形式来避免被资源丰富和拥有政府补贴的外国公司抄袭。2011 年 11 月，罗伯特·巴尔和理查德·T·小川在与知识产权贸易部（Commerce for Intellectual Property）副部长大卫·卡波斯交流时就曾表示：在我们的商业环境中，专利通常不是一个有效地保护知识产权的方法。这既是因为难以检测别人在盗用专利，还因为制造业活动往往会发生在海外。如果我们的专利发明细节公布出来，外国竞争对手可以在他们国家盗用我们的发明。最有可能的情况是使用更加廉价的劳动力来降低生产成本以占领市场。在世界范围内寻求专利保护需要极其高昂的成本，而且我们很难提供其侵权的有效证据。

因此，先用权宽限期延长损害了中小企业专利的价值，从某种程度上讲，美国发明法案对中小企业的成长产生了潜在的不利影响。

三、总结

美国发明法案的发布对中小企业产生了潜在影响。通过对优先权的变动、共同诉讼条款的出现、费用与激励措施的改动和先用权宽限期的扩大等条款的分析，结合大量知识产权律师、风险投资人、企业家、学者以及中小企业的真实案例，得出基本结论认为，该法案一方面对专利研发较多的中小企业产生了有利影响，即对推动这部分企业的创新起到了积极作用。而另一方面，该研究也发现法案发布后引起的影响还存在滞后性，它会削弱另一部分中小企业的发明积极性。因此，法案对中小企业的真实影响还需要做进一步探索和研究，该法案也需要进一步的完善。

通过美国发明法案对中小企业所带来的影响，我国也应当进一步严格我国的知识产权保护和专利制度。

第十二章 国内热点问题

第一节 “一带一路”战略的发布

“一带一路”战略是我国国家发展的大战略，是“丝绸之路经济带”和“21世纪海上丝绸之路”的简称。2015 年 3 月国家发展改革委、外交部、商务部联合发布了《推动共建丝绸之路经济带和 21 世纪海上丝绸之路的愿景与行动》，提出了“一带一路”战略的时代背景、共建原则、主体思路、合作重点和机制。“一带一路”战略的实施可以提高我国与相关国家直接基础设施的互联互通，促进我国与沿线各国的经济贸易合作，加快我国完成产能转移的目标，拓展我国与沿线国家的能源资源合作，提升我国金融文化领域的交流水平，共同打造与沿线各国的生态环境。我国将以“一带一路”为契机，与沿线国家共创范围更大、水平更高、层次更深的交流与合作，进一步推动建设繁荣的和谐世界。2015 年 1—11 月，我国整体对外投资合作向好，随着“一带一路”战略的引领和推进，更多的国家和地区加强了与我国的合作。据相关数据显示，2015 年前 11 个月，我国企业共对“一带一路”周边的 49 个国家进行了总额度达到 140.1 亿美元的直接投资，同比增长达到 35.3%。与沿线的 60 个国家钱顶对外承包工程项目合同 2998 份，合同额达到 716.3 亿。预计在未来 1—2 年，在能源、矿产、材料等大宗商品需求方面能有 10%—20% 的增长，价格也存在 10%—30% 的上升空间[1]。随着“一带一路”战略的实施，也给中小企业带来了机遇和挑战。

[1] 中国证券报，2016年1月4日，http://district.ce.cn/newarea/roll/201601/04/t20160104_8040961.shtml。

一、为中小企业带来的机遇

一是为中小企业提供新平台。“一带一路”战略的实施，为中小企业提供了与我国沿线国家进行市场对接的条件，为中小企业的国家交流合作搭建了更加宽泛的平台，有助于中小企业跨区域合作，为“优进优出”提供了新空间。如“中俄蒙经济走廊”实现了俄罗斯跨欧亚大铁路、蒙古国与我国内蒙古多个城市的对接；“新亚欧大陆桥”途径江苏、河南、山东、安徽、山西、陕西、甘肃、宁夏、青海、新疆11个省市自治区，89个地市州的570多个县市，在中俄边界的阿拉山口出境后经3条线路抵达荷兰的鹿特丹港，全长10900公里，辐射世界30多个国家和地区；“中国—中亚经济走廊”从新疆出发，抵达波斯湾、地中海延安和阿拉伯半岛，主要涵盖中亚五国，分别是哈萨克斯坦、吉尔吉斯斯坦、塔克基斯坦、乌兹别克斯坦和土库曼斯坦；“孟中印缅经济走廊”通过打通中国西南、印度东部、缅甸以及孟加拉实现我国、东南亚和南亚的联动发展；“中巴经济走廊”起点在新疆喀什，终点在巴基斯坦瓜达尔港，全长3000公里，贯通南北丝路关键枢纽，北接“丝路经济带”、南连“21世纪海丝之路”，是一条包括公路、铁路、油气和光缆通道在内的贸易走廊。这一系列便捷通道的建立，为优势产能转移提供了新空间。

二是有助于中小企业转型升级和产能转移。发达国家对“一带一路”战略的支持和参与，在扩大我国中小企业双边多边合作范围的同时，善于抓住和对接“一带一路”沿线国家市场需求，利用我国优势产能，突出重点领域，创新合作模式，有选择地进口紧缺先进技术、关键设备和重要零部件，有助于提升中小企业的转型升级。从长期看，经济全球化背景下单独依赖过剩低层次产能无法赢得全球竞争。因为即便在经济最落后的一些非洲地区，也是欧美日等发达国家的投资领域，不具备优质的资金和先进的技术不可能获取全球竞争的优势。“一带一路”战略促使国内大量中小企业直面国际竞争，竞争压力倒逼中国中小企业转型升级、提质增效。因此，“一带一路”战略有助于我国中小企业在全球获取资金、技术、管理等资源的能力，提高了中小企业创新创造的动力，提升了中小企业产品附加值，推动我国中小企业高档次产品、技术、服务的出口，达到产能转移的效果。

三是为中小企业金融合作提供机会。随着“一带一路”战略的实施，我国加快推动人民币国际化的进程。一方面人民币在“一带一路”沿线国家的认可度不断提高，资金使用规模不断扩大，使人民币成为区域结算、投资融资的主要货币，方便了我国中小企业进行境外经济贸易。另一方面，亚洲基础设施投资银行(Asian Infrastructure Investment Bank）和丝路基金的开展，也为中小企业在“一带一路”沿线国家的经济贸易活动提供了有利条件，整合了国家金融资源，撬动了全球资金参与“一带一路”建设，缓解了中小企业参与“一带一路”沿线国家投资贸易中资金短缺一系列制约因素。

二、给中小企业带来的挑战

一是国际贸易摩擦制约中小企业在“一带一路”战略中发挥。金融危机后，各国对国际市场争夺更加激烈，都希望通过扩大国际需求拉动本国经济增长。例如，美国主导TPP和TTIP贸易和投资协定谈判，在世界范围内建立新的国际贸易与投资新秩序、新格局。我国中小企业未来面临的全球贸易竞争更趋剧烈。国际贸易保护主义抬头，技术壁垒、绿色壁垒等贸易保护手段不断翻新、更趋隐蔽，贸易摩擦范围逐步从传统产业向高新技术产业蔓延，人民币汇率震荡幅度加大。不少中小企业技术和管理落后，产品趋同，国内市场同质化竞争和不公平竞争现象没有根本改变。这些因素的存在使得中小企业进入国际市场面临更大不确定性。

二是“一带一路”服务支撑体系有待进一步完善，中小企业在实现国际化的过程中对很多信息求知若渴，中小企业“走出去”需要的相关信息主要包括：国际商务环境信息（国外市场的法律、税率、优惠政策、人才、翻译、交通住宿等）、国际市场拓展信息（包括海外参展、国际渠道的直接贸易商、零售商)，需要多部门的协调配合，但是当前，我国政府针对中小企业跨区域合作方面的公共服务支撑有待进一步完善，尤其是针对“一带一路”沿线不同国别的市场分析、国别产业政策、投资准入等信息服务需要进一步完善，进一步顺畅中小企业信息沟通渠道；另外，完善的跨境电子商务贸易平台、成熟的维权服务机构、有效的风险分担机制等对中小企业开拓海外市场极为重要的支撑基础还尚待进一步构建。鉴于我国中小企业获取和分析国际商务环境和市场拓展信息能力严重不足，获取信息的渠道不具有权威性真实性，以及尚不具备支付中介服务机构高昂费用的能力，公共服务支撑不足成为阻碍中小企业顺利“走出去”的挑战。

三是“一带一路”战略对中小企业开展国际合作提出了更高的要求。首先是从中小企业自身的观念方面，中小企业要积极加大企业对外开拓国际市场的积极性。同时也要有良好的态度，切忌投机和急功近利，要有一个良好的国家发展规划。然后就是中小企业的管理模式应该适应国际化的要求。“一带一路”沿线很多国家富集自然资源，成为很多发达国家企业的必争之地，我国中小企业能否迅速构建出符合国际规则、顺应国际化要求、具有国际竞争优势的管理模式成为赢得国际化竞争的关键。但是，目前我国中小企业特别是小微企业大多是家族企业，现代企业管理制度尚未建立。管理人员主要依靠家人、朋友。任人唯亲等观念比较严重，导致选拔任用机制不公平。在“一带一路”战略背景下，我国中小企业要想在国际市场上站稳脚跟，获取地位，就必须扎扎实实地从管理上下功夫，改变发展模式，缩小与发达国家跨国公司的差距，只有这样才能赢得长久竞争优势。最后中小企业由于企业自身的问题，企业国际方面的人才较为缺失。中小企业跨区域合作需要大量通晓国际商业惯例、法律，具有全球眼光的国际化专业人才。在国家体制及企业自身原因综合作用下，我国中小企业很难吸引到优秀的国际化专业人才，这将会导致很多中小企业进入国际市场的基础没打好，随之带来一系列问题，如价格、产品质量、安全、与其他集团的矛盾等，使得企业无法很好发展，甚而造成很严重的国际纠纷。预计国际人才缺失因素将依然长期存在，中小企业参与“一带一路”战略将面临较大不确定性。

三、政策建议

一是要建立针对“一带一路”沿线国家的合作交流机制，要充分发挥现有的联委会、协委会、混委会、指导委员会等双边机制作用的基础上，尽快建立政府间中小企业合作交流机制，有组织地与沿线国家中小企业主管部门对接，协调推动合作项目实施。争取对外投资方向和项目与各国的现实项目合作和战略对接，拓宽与“一带一路”沿线国家在各相关领域全方位、多层次、宽领域交流合作。与合作意愿较强的国家共同成立“一带一路”建设合作规划编制小组，签署双边合作备忘录或协议，确定双方合作的领域、项目、投资主体等内容，尽早建设一批取得积极成效的中小企业合作典型项目，并对其他沿线国家产生示范效应。建立中小企业跨区域合作的管理机构，专职负责中小企业跨区域合作发展的服务协调工作。同时，探索建立中小企业跨区域合作的沟通协调、项目对接、技术支撑、分工协作等相关机制，促进我国中小企业与“一带一路”沿线国家中小企业的务实合作。充分研究现行的国际贸易规则，将国际通行的贸易规则与我国和“一带一路”国家的合作规则相结合，正确把握国际贸易规则的趋同化及国别化关系。

通过针对国际惯例的规则统一化与针对国别市场差异的规则个性化，最大限度的实现我方利益，增强我国中小企业在“一带一路”沿线国家，甚至是国际市场上的话语权。

二是要健全“一带一路”沿线国家的协调服务功能。制定海陆节点地区对接联动机制，按市场需求导向拓展沿线市场空间。制定“海上丝绸之路”和“陆上海上丝绸之路”相关省份的政策协调机制，以及海陆对接的联动协调机制，实现国内不同区域、省份间的协同合作，超越地缘就近的合作模式，按市场需求导向决定合作模式，实现本地与周边、非周边海外市场的双向性、互补性合作，为本地集聚发展资源，拓展发展空间。制定内陆和节点省市联动机制，打造国内联动国际联通的格局。打破我国各地“行政区划式”的发展格局，依托西部沿边地区的区位优势、成本优势以及东部沿海地区的技术优势、经验优势以及区位优势，从规划编制、目标设定、措施落实等方面实现对接，推动我国内陆非节点地区和沿边、沿海地区的联动发展，一方面促进国内各地的均衡发展，另一方面提升我国各地区的对外合作程度。

三是改善“一带一路”沿线合作物流体系。打造线上跨境贸易电子商务服务平台。完善“一带一路”跨境电子商务服务体系，探索跨境贸易电子商务一般出口和直购进口试点，出台制定跨境贸易电子商务支持政策，如优化通关流程，落实跨境电子商务零售出口货物退免税政策等。鼓励开展跨境电子支付。鼓励外贸综合服务企业为跨境电子商务提供通关、仓储、融资等服务。实现为出口外贸企业提供通关、退税以及物流、保险等一站式进出口服务。大力发展线下物流业。加快云计算和基于“北斗”的云位置服务技术在物流信息领域的应用研究，整合物流信息资源，加快建设物流信息公共服务云平台，以降低全社会物流成本为目标，推进物流业市场化、专业化和社会化，大力发展线下第三方物流，打造我国承东启西、北开南联的区域性物流基地和联通欧亚的国家陆路物流基地。大力促进物流企业与生产制造企业、商贸流通企业之间的对接联动，实现商品在国内国外市场的流动。

第二节　“互联网 +”有助于重塑信用体系

随着《国务院关于积极推进“互联网 +”行动的指导意见》的出台，进一步明确了“互联网+”对于我国经济发展的重要性。企业信用体系建设关系到社会经济的平稳运行。中小企业占我国企业总量的99%以上，完善的中小企业信用体系有利于我国经济实现健康发展。随着《“互联网+”行动指导意见》的出台，电子商务、大数据、云计算等新一代信息技术将会在一定程度上缓解中小企业信用体系建设难题，重塑中小企业信用体系。

一、我国中小企业信用体系存在三个突出问题

（一）中小企业信用信息征集难

中小企业信用信息征集困难主要表现在两个方面：一是中小企业自身的信用观念淡薄，企业信用文化缺失。不少中小企业认为，信用体系对自身的影响微乎其微，而且在提供企业信用信息过程中很可能暴露企业的其他重要信息。也正是基于这一原因，很多中小企业不愿提供，甚至提供虚假的信用信息，致使中小企业信用信息征集缓慢，甚至出现虚假信用信息问题。二是中小企业管理制度不健全，企业财务信息欠缺或者不准确。当前很多中小企业缺乏管理规范，缺少准确度高、完整性强的财务报表，同时也没有配备专人整理和保管各种与财务信用信息有关的资料，中小企业信用信息准确度自然不会高。此外，相较于中小企业庞大的数量，征信机构的人力物力相对不足，也成为阻碍中小企业信用信息征集的一个难点。

（二）中小企业信用评级服务水平不高

我国中小企业信用评级服务水平不高的原因主要有两点：一是当前我国主要依托市场运作的信用中介机构对中小企业进行信用评级，信息来源分散于不同的政府部门和金融机构，而这些部门与机构相互之间缺乏及时、有效的沟通，在一定程度上造成了中小企业信用信息的遗漏和重复，降低了中小企业信用评级服务水平。二是中小企业信用评级服务没有明确、统一的评估细则，缺乏完善的信用等级评估体系，导致市场上中介评级机构信用等级划分方法不统一，信用评级的客观性和公正性不够，以至于对中介机构出具的信用报告、信用评估等信用评级服务，社会的认可度普遍不高。

（三）中小企业失信惩罚机制缺失

我国缺乏对中小企业失信行为的惩罚机制，在一定程度上，失信成本低导致

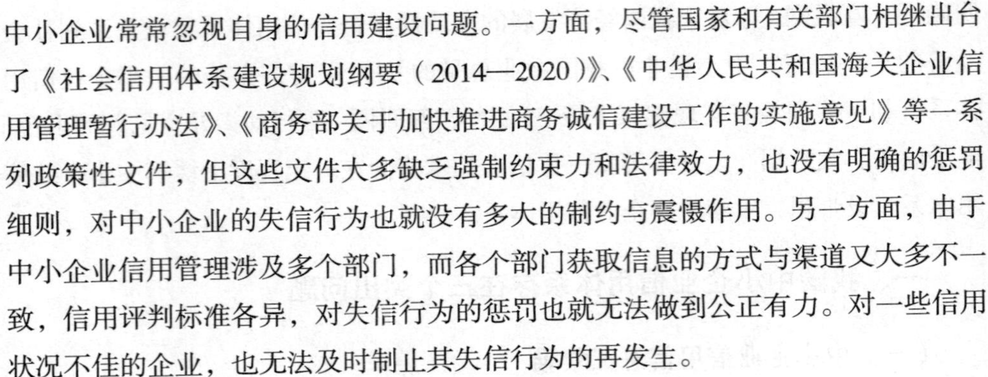

中小企业常常忽视自身的信用建设问题。一方面，尽管国家和有关部门相继出台了《社会信用体系建设规划纲要（2014—2020）》、《中华人民共和国海关企业信用管理暂行办法》、《商务部关于加快推进商务诚信建设工作的实施意见》等一系列政策性文件，但这些文件大多缺乏强制约束力和法律效力，也没有明确的惩罚细则，对中小企业的失信行为也就没有多大的制约与震慑作用。另一方面，由于中小企业信用管理涉及多个部门，而各个部门获取信息的方式与渠道又大多不一致，信用评判标准各异，对失信行为的惩罚也就无法做到公正有力。对一些信用状况不佳的企业，也无法及时制止其失信行为的再发生。

二、互联网技术为优化中小企业信用体系提供新动力

（一）电子商务为中小企业信用体系建设提供信息供给基础

统计数据显示，2014 年我国中小企业 B2B 电子商务规模达到 61358.6 亿元，预计到 2018 年，这一数字将会增加到 116627.3 亿元。电子商务交易规模的大幅提升在为中小企业发展注入活力的同时，也为中小企业信用信息的积累和获取提供了便利渠道，使构建准确、高效的中小企业信用体系成为可能。

中小企业依托电子商务运营会在各个环节留下客观、可追溯、真实的交易记录，这些交易信息的汇集，将为中小企业信用信息的查询与建设带来便利。电子商务发展越迅速，所能提供的信用信息也就越充足，中小企业信用体系建设的信息供给基础也就越坚实。

（二）云计算可大幅提升中小企业信用体系的信息化层次

中小企业信用体系建设需要大量数据，而当前我国中小企业信息化程度普遍较低，在一定意义上阻碍了信用体系的建设，云计算的出现，有助于中小企业提升信息化程度，弥补这方面不足给信用体系建设方面带来的不利影响。

一是云计算应用能够显著降低中小企业信用信息的部署成本。云计算公共服务平台的使用，有助于中小企业用最低的成本享受较高质量的基础设施，推动其更便捷、更迅速地提升信息化水平。二是云计算极大丰富了中小企业可以调用和共享的信用信息，能更好地满足相关机构对中小企业信用信息的需求。三是云计算服务突破了时间和空间限制，配合移动互联网技术，可以使中小企业随时更新财务信息，企业内部信息传递速度加快，也打破了企业信息渠道不通畅的壁垒，使原本割裂的信用信息实现有效聚集，有助于信息的评估与共享。

（三）大数据使中小企业信用评级更加精准化

传统的中小企业信用信息评级难题，主要集中在企业财务、会计信息缺乏真实性方面，换言之，人为提供虚假信息已成为传统中小企业信用信息评级不准确的主要原因。

随着大数据的推广和应用，在很多领域已经或正在实现大数据的规模化发展。大数据突破了传统的以财务、会计信息为主要来源的信用评价体系，而是通过中小企业留在电子商务平台、云服务等数据平台的各种交易信息，评级机构可以进行客观、准确的信息采集、获取、分析和应用，有效消除了以往信用评级中人为提供虚假信息带来的影响。同时，大数据也催生了低成本、高效能、强风控的信用贷款模式。例如，金电联行信息技术有限公司利用大数据技术与金融机构合作，已经为上千家中小微企业提供了无需账本、抵押担保的信用融资服务，累计提供纯信用融资 40 多亿元，其中融资额度最高的为 6800 万元，且从未有一笔不良贷款出现。

（四）互联网平台加速改善中小企业信用产品使用状况

目前，市场上已出现针对中小企业的纯信贷产品，但与中小企业庞大的数量和需求相比，这些纯信贷产品还远远不能满足日益增长的需求。另外，由于金融机构和中小企业之间存在信息不对称现象，即便存在大量针对中小企业的纯信贷产品，也会因为金融机构对客户需求的不了解，导致设计的产品针对性不强；或者由于中小企业信息获取不充分，导致对这些产品的使用不够。无论哪一方的信息获取不充分，都会影响到中小企业信用产品的使用。

互联网平台的应用带来了信息公开，增加了信息的透明度和公开性，大大减少了信息不对称情况的发生，为金融机构和企业双方获取相关信息带来了便捷。一方面，基于互联网平台的信用产品评价功能反映出了当前最受欢迎的信用产品，并能够在一定程度上推动金融机构积极设计不同的信贷产品，使信用产品的研发和设计切实满足中小企业的实际需求。另一方面，互联网平台可以聚集各种不同信贷产品的功能，有助于中小企业选择更加适合自身的信用产品。

三、利用互联网技术重塑中小企业信用体系的三大着力点

（一）加速规范中小企业互联网征信体系

一是依托互联网技术及时高效地在不同部门之间共享中小企业信用信息。提

高不同部门对信用信息的共享程度，加强对信用信息的统一管理，并放开信用信息的公共获取渠道，确保依托互联网技术征集中小企业信用信息工作实现平稳运行，健康发展。

二是依托互联网技术实现中小企业信用信息与中小企业法人信用信息的互通。及时公布中小企业信用信息与企业法人、企业主信用信息，同时，还要将中小企业信用体系纳入企业法人体系之中，使企业信用体系与企业法人利益挂钩，最终达到规范中小企业互联网征信体系的目的。

（二）大力提升中小企业互联网信用评级服务水平

一是依托互联网技术方便快速地获取中小企业大量客观真实的各方面数据，提高中小企业信用评级数据的客观性和真实性。同时，还要规范中小企业信用评级信息的管理和使用，最大限度地减少人为因素在中小企业信用评级中造成的不良影响。

二是建立统一的中小企业信用评级标准。规范中小企业互联网信用评级标准，提升中小企业互联网评级水平，优化中小企业互联网信用评级服务质量。

三是基于统一规范的评级标准，提升中小企业互联网信用评级服务在市场上的认可度。出台相关管理规定，大力加强对中小企业互联网信用评级服务的监管。同时，加大对中小企业互联网信用评级服务的宣传力度，增强市场对互联网信用评级服务的信任度。

（三）进一步完善中小企业互联网信用惩罚体系

一是完善中小企业互联网信用惩罚体系。研究出台具有法律效力的政策文件，规范中小企业行为，减少企业失信行为的发生。同时，要细化处罚措施，加大对企业失信行为的惩罚力度，做到有法可依，有法必依。比如，应当对企业及其法人等主体进行适当的经济惩罚，或者在贷款授信时提高贷款利息或降低授信额度，甚至令其承担相应的法律责任，以实现规范企业法人、企业主等主体在企业运营过程中的行为。此外，对相关政策措施的落实情况要加强督查汇报。

二是利用互联网信息公开透明的特点，及时披露企业信用信息，增加企业信用信息透明度。当中小企业存在失信行为时，利用互联网信息传播迅速、普及度高等优势，在互联网平台及时公布企业相关信息，及其具体的惩罚措施，以便对其他中小企业起到警示作用。

展 望 篇

第十三章 2016年国内外经济环境展望

第一节 世界经济复苏依旧缓慢

回顾 2015 年，全球经济复苏乏力。2015 年 12 月，美国制造业采购经理人指数（PMI）下滑至 51.2，创下近 38 个月以来的最低值，显示出该国制造业虽处于扩张区间，但扩张速度已有所放缓。整体来看，世界经济呈现出低速稳定增长的局面，但低于年初各方预期水平。2015 年 10 月，世界货币基金组织预测 2015 年世界经济增速为 3.1%，比 7 月预期下调 0.2 个百分点。

2016 年，世界经济复苏仍不乐观。受大宗商品价格下跌影响，2015 年 10 月，国际货币基金组织将对明年世界经济增长的预期调整为 3.6%，比上次预期下调 0.2 个百分点。考虑到新兴经济体经济增长乏力，美国等发达经济体的经济增长也不理想，世界银行将世界 2016 年经济增长预期调低 0.4 个百分点，降至 2.9%，同时将美国和欧元区 2016 年经济增长都下调 0.1 个百分点。2015 年 12 月，世界银行发布的《2016 年世界经济形势与前景》报告指出，许多发展中国家和转型经济体的经济发展步伐放缓，增速降至 2008 年全球金融危机以来的最低点，并预测 2016 年世界经济增长为 2.9%。虽然各方机构预测数据不一，但这些国际知名组织机构都对世界经济发展表现出了担忧，反映出 2016 年世界经济在 2015 年继续缓慢复苏已成各方共识。

第二节　世界主要经济体经济增长持续分化

2015 年，全球经济略有增长，但主要经济体发展呈现分化趋势。美国经济稳定增长，欧洲经济企稳复苏，欧盟委员会预测，2015 年和 2016 年欧盟的 GDP 增速分别为 1.9% 和 2.0%，经济呈现小幅增长态势；其中，2015 年和 2016 年德国 GDP 增速分别为 1.7% 和 1.9%，法国为 1.1% 和 1.4%，英国为 2.5% 和 2.4%，欧元区内几个重要经济体均有良好发展前景和预期。新兴经济体发展分化，具体而言，印度经济保持稳定增长，而俄罗斯和巴西经济则呈现放缓趋势。

2016 年，全球主要国家的经济发展将会持续分化。IMF 在 2015 年 1 月发布的《世界经济展望报告》中预测，2016 年发达国家经济增速为 2.4%。其中，该报告将美国 2016 年的 GDP 增速上调 0.3 个百分点至 3.3%；欧元区 2016 年 GDP 增速下调 0.3 个百分点至 1.4%；日本 2016 年 GDP 增速下调 0.1 个百分点。可见，在全球主要的发达国家中，美国是唯一一个 IMF 将经济增速预测上调的发达国家。IMF1 月发布的《世界经济展望报告》将新兴市场和发展中国家 2016 年 GDP 增速下调 0.5 个百分点，调至 4.7%，其中，中国 2016 年经济增速为 6.3%，比此前预测下调 0.5 个百分点；俄罗斯经济明年将萎缩至 1.0%，比此前预测下调了 2.5 个百分点。2015 年 10 月，IMF 发布的《世界经济展望报告》指出，新兴市场和发展中经济体衰退风险不断增加，前景不容乐观，并预测 2016 年中国经济增长仅为 6.3%，降至 25 年来的最低值。

第三节　各国货币政策不一致带来经济增长变数

2015 年 12 月 17 日，美国十年来首次加息，将基金利率提高 0.25 个百分点。美国 12 月的利率预期点阵图显示 2016 年将加息四次，加息速度如果与该次保持一致，截至 2016 年底，美联储基金利率将会达到 1.375% 水平。众多国际机构及经济学家都认为 2016 年英国将会追随美国脚步实行加息政策。虽然美联储采取了加息的货币政策，但全球其他国家央行却采取了更为宽松的货币政策。例如，为加大投资和消费对经济的刺激作用，2015 年 12 月初，欧洲央行宣布将欧元区隔夜存款利率以 0.30% 的水平调至历史水平最低点，同时将每月将斥巨资 600 亿欧元购买成员国国债及其他债权的计划再延迟半年时间。日本央行及澳洲联储等国家央行也一再强调尚有进一步放宽政策的空间。中国央行行长周小川定调 2016 年货币政策，即统筹稳增长、促改革、调结构、惠民生、防风险，继续实施稳健的货币政策，保持流动性合理充裕，加强风险监测和预警，切实防范化解各类金融风险。

随着全球主要经济体的货币政策分歧加大，将会给金融市场带来一场风暴。美国实施十年来首次加息仅两日，原油价格便接连下滑至近年来最低点，很多国家大宗商品出口国货币兑美元汇率也纷纷重挫，同时，美联储加息给新兴经济体带来两难选择：一是追随美元升值使出口贸易丧失竞争力导致该国经济承受经济下行的压力，二是任凭货币贬值导致本国大量资本外流。不过，考虑到外在环境的不同，美联储加息对新兴经济体的影响也会有所差异，跨太平洋伙伴关系协议（TPP）以及欧美自贸协议等都有助于消除关税和贸易壁垒，推动新兴经济体的出口贸易复苏，加之我国倡导的“一带一路”战略能够大幅提升沿线各国的投资，都能够在很大程度上消除美联储对新兴经济体的负面影响。同样，欧元区宽松的货币政策有可能会加剧欧元区债权国和债务国经济体之间的不平衡，一旦日后欧元区将利率恢复正常，有可能引致严重的金融动荡。

第四节　全球经济步入产业转型和再布局阶段

为应对经济下行带来的压力，进一步巩固自身在全球产业格局中的技术优势，发达国家纷纷提出“再工业化”、“制造业复兴”计划，很多高端制造业陆续向发达国家回流，美国制定了“再工业化”、“制造业复兴”、“先进制造业伙伴计划”；德国抛出了“工业 4.0”；日本开始实施“再兴战略”；韩国搞了“新增动力战略”；法国也提出“新工业法国”等。发达国家对制造业的重视，高端制造业回流将会不断实现全球制造业结构调整和转型升级。

资源密集型的传统产业，由于高耗能和高污染性，全球日益重视气候变化和温室气体减排、着力营造可持续发展的大环境倒逼制造业产业升级和转型，借助产业升级，资源密集型传统产业逐渐被技术密集型的新兴产业取代，才是推进环境保护的最根本、最有效的战略性措施，究其缘由，主要有以下几个原因：第一，在一个大国经济体中，如果能使产业构成当中资源性产业的比重下降一个百分点，就能够节约成千万吨甚至上亿吨的资源；如果能增加服务业、高技术产业的比重，单位 GDP 所需要的资源投入量必然会减少。因此，产业结构升级对减少资源消耗、减少废弃物排放有非常明显的放大效应。第二，只有转变经济发展方式才能实现经济与环境的和谐发展，是环境保护的长期保障，而产业升级是转变经济发展方式的唯一途径。因此产业升级成为应对环境约束的有效的保障措施。

综上所述，在当前经济不景气，资源环境约束不断加大的背景下，我们预计 2016 年全球高端产业将会加大向发达国家的回流力度和速度，最终产生产业重新布局的局面。同时，资源环境约束不断加大背景也会倒逼全球产业转型升级。

第五节　我国经济驱动因素发生改变

全球很多国家在经历了经济的高速增长之后，经济增长都出现大幅滑落的现象。如日本经济在 1955—1973 年期间快速增长，GDP 年均增长率高达 9.8%，1974 年经济出现大幅滑坡，截至 1980 年的 6 年间日本经济年均增长率回落至 3.7%，比高速增长阶段下降 6.1 个百分点。新加坡经济在 1960—1995 年间高速增长，年均增长率约为 8.36%，经过 1996 年的大幅滑坡后，一直到 2014 年其 GDP 年均增长率为 5.31%，比高速增长阶段下降 3.05 个百分点。这些国家在经济高速增长后都转为中高速增长，按照其他国家发展规律，我国经济在经历了高速增长后，以 7% 左右的水平保持中高速增长，经济面临较大压力成为常态。

我国经济发展将实现依靠消费驱动。我国经济前几年发展主要依靠投资和出口驱动，以 2006 年到 2010 年间的数据为例，这几年间投资对我国经济的贡献率高达 57.8%，表明投资成为这几年间经济增长的主要驱动因素。2015 年前三季度我国最终消费对经济增长贡献率达 58.4%，反映出我国经济增长的驱动因素发展变化，已由之前的投资和出口驱动转变为现在的消费驱动。鉴于当前的经济发展形式和动力，我们预计 2016 年我国经济增长将会进一步由消费带动。

第三产业对经济增长的贡献不断提升。目前就总体发展来看，全球消费对 GDP 增长的贡献率在 60% 以上，发达国家消费对 GDP 增长贡献率高达 70% 左右。但是，近几年我国第二产业，尤其是工业，在拉动经济增长中占据主导地位，具体而言，2014 年上半年第三产业对 GDP 增长的贡献率为 40%[1]。2015 年前三季度我国第三产业对拉动经济增长的累计同比贡献率分别为 60.2%、59.5% 和 58.8%[2]，成为 1978 年 12 月以来第三产业拉动 GDP 增长的最高水平。从近几年我国第三产业对 GDP 增长的贡献率水平变化可以看出，2015 年我国第三产业在拉动经济增长中的作用得以大幅提升。因此，预计 2016 年我国第三产业仍将保持迅猛发展势头，同时其对经济增长的拉动作用也将不断增强。

[1] 数据来源：《人民日报》，2014年10月13日。
[2] 数据来源：Wind数据库。

第十四章　2016年我国中小企业政策趋势展望

展望 2016 年，中小企业政策环境将在 2015 年持续改善的基础上继续优化，政策红利进一步释放。具体来看，我们判断 2016 年中小企业政策将依然主要围绕以下几个方面展开和推进。

第一节　创业创新——配套支持日益完善

2015 年，“大众创业、万众创新”已经成为热潮，方兴未艾。相关政策也不断出台，激发创业创新热情、培育创业创新动力、降低创业创新门槛、提升创业创新服务，创业创新环境不断优化。回顾 2015 年，创业创新领域代表性的政策有：国务院办公厅于 3 月 11 日发布《关于发展众创空间 推进大众创新创业的指导意见》（国办发〔2015〕9 号）；国务院于 3 月 13 日发布《关于深化体制机制改革加快实施创新驱动发展战略的若干意见》；国务院办公厅于 5 月 13 日发布《关于深化高等学校创新创业教育改革的实施意见》；国务院办公厅于 8 月 20 日发布《关于同意建立推进大众创业 万众创新部际联席会议制度的函》（国办函〔2015〕90 号）；工信部于 4 月 13 日发布《关于印发〈国家小型微型企业创业示范基地建设管理办法〉的通知》（工信部企业〔2015〕110 号）；国务院于 2015 年 6 月 16 日印发《国务院关于大力推进大众创业万众创新若干政策措施的意见》，这是推进大众创业、万众创新的一个系统性、普惠性政策文件，是迎接“创时代”、推进“双创”工作的顶层设计。《意见》指出，推进大众创业、万众创新，是发展的动力之源，也是富民之道、公平之计、强国之策，对于推动经济结构调整、打造发展新引擎、增强发展新动力、走创新驱动发展道路具有重要意义，是稳增长、扩就业、激发亿万群众智慧和创造力，促进社会纵向流动、公平正义的重大举措。2015 年 9 月 16 日，国务院常务会议又提出，推进大众创业、万众创新，需打造支撑平台。要利用“互联网 +”，积极发展众创、众包、众扶、众筹等新模式，促进生产与需求对接、传统产业与新兴产业融合，形成创新驱动发展新格局。 9 约 26 日，国务院《关于加快构建大众创业万众创新支撑平台的指导意见》（国发〔2015〕53 号）正式出台，围绕全面推进众创、积极推广众包、立体实施众扶、稳健发展众筹四个方面提出了十三项重点任务：一是推进放管结合，营造宽松发展空间，二是完善市场环境，夯实健康发展基础，三是强化内部治理，塑造自律发展机制，四是优化政策扶持，构建持续发展环境。

展望 2016 年，我们预计围绕“双创”的政策依然将是热点领域，尤其是各部门以及各级政府对以往政策的配套推进落实细则会相继出台，在涵盖以往观念转换、动力构建、载体建设、手段创新等方面外，未来政策可能更多地关注在双创领域涌现的新问题、新趋势，有重点地提高政策的针对性和可操作性，推动“大众创业、万众创新”环境得到系统完善。

第二节　转型升级——构建全新动力机制

伴随着国内外市场环境的变化以及各种约束性因素趋紧，以往粗放的增长方式已不再适应现阶段经济和社会发展的要求。由资源驱动、成本驱动向创新驱动、效率驱动转变，转型升级、提质增效是“十三五”期间中小企业发展的核心任务。顺应中央“供给测改革”的要求，优化中小企业供给结构，提升中小企业供给层次，离不开转型升级的方向指导、财税支持和动力构建。

从国家层面来看，2015 年，几项重大政策文件相继出台，为国家经济转型指出了方向 5 月 8 日，国务院正式颁布《中国制造 2025》的通知（国发〔2015〕28 号），在全球制造业格局面临重大调整、我国经济发展环境发生重大变化、建设制造强国任务艰巨而紧迫的大背景下，提出了提高国家制造业创新能力、推进信息化与工业化深度融合、强化工业基础能力、加强质量品牌建设、全面推行绿色制造、大力推动重点领域突破发展、深入推进制造业机构调整、积极发展服务型制造和生产性服务业、提高制造业国际化发展水平等战略重点，为中国制造业转型升级指明了方向。

在工信部层面，2015 年 2 月 27 日印发的《2015 年工业绿色发展专项行动实施方案》的通知（工信部节〔2015〕61 号），3 月 12 日的《2015 年工业强基专项行动实施方案》，5 月 6 日的《关于组织开展 2015 年度“国家新型工业化产业示范基地”创建工作的通知》等一系列政策连续出台，分别就节能减排绿色发展，持续提升关键基础材料、核心基础零部件（元器件）、先进基础工艺和产业技术基础等工业基础能力，加快促进工业转型升级，促进国家新兴工业化基地建设等方面提出了新的战略性安排。

2016 年，中小企业政策有望聚焦于转型升级面临的困难和瓶颈，坚持问题导向、平台支撑、协同推进、重点突破原则，提出有针对性的举措。在引导中小企业转型方向、转变转型方式和手段、汇聚转型资源等方面政策力度将会不断加大，政策红利不断释放。尤其是系统构建转型升级的动力机制将是未来中小企业政策的重要发力点之一。

第三节　融资担保——融资渠道日益扩展

针对中小企业融资难、融资贵问题，各有关部门先后出台多部政策，拓展融资渠道、降低融资成本。继 2014 年 3 月 14 日，银监会发布《关于 2014 年小微企业金融服务工作的指导意见》（银监发〔2014〕7 号）之后，2014 年 7 月 23 日，银监会又发布《关于完善和创新小微企业贷款服务 提高小微企业金融服务水平的通知》（银监发〔2014〕36 号）。2015 年，国务院几个有关部委继续推出各种政策举措进一步降低中小企业融资门槛和成本。2015 年 1 月 8 日，中国保监会、工业和信息化部、商务部、人民银行、银监会联合发布《关于大力发展信用保证保险服务和支持小微企业的指导意见》（保监发〔2015〕6 号）。2015 年 1 月 15 日，财政部、国家税务总局发布《关于金融企业涉农贷款和中小企业贷款损失准备金税前扣除有关问题的通知》（财税〔2015〕3 号）。2015 年 1 月 15 日，财政部、国家税务总局发布《关于金融企业贷款损失准备金企业所得税税前扣除有关政策的通知》（财税〔2015〕9 号）。2015 年 8 月 13 日，国务院发布《关于促进融资担保行业加快发展的意见》（国发〔2015〕43 号）。2015 年 9 月 7 日，国务院办公厅引发《关于加快融资租赁业发展的指导意见》（国办发〔2015〕68 号）。

2015年9月8日，国务院办公厅引发《关于促进金融租赁行业健康发展的指导意见》（国办发〔2015〕69号）。多重政策利好下，中小企业融资环境持续优化。

预计2016年，围绕中小企业融资环境优化的政策依然会聚焦于扩渠道、降成本，尤其是探索新型银保合作机制、银担合作机制以及银保担合作机制，构建系统的小微企业增信和风险分担机制将成为政策施力重心。在此基调下，建立政府资金风险池、健全政策性担保机构 、建立多级风险补偿机制等方面有望取得政策突破。

第四节　税费减免——普惠措施不断推出

承接近几年来中小企业减负政策趋势，2015年，多部政策从为中小企业减免税收、清理减少涉企收费、降低服务机构税费负担等角度着手，直接或间接降低中小企业负担。例如：国家税务总局于2015年3月13日发布《关于进一步做好小微企业税收优惠政策贯彻落实工作的通知》（税总发〔2015〕35号）；国家税务总局于2015年4月27日发布《关于金融企业涉农贷款和中小企业贷款损失税前扣除问题的公告》（国家税务总局公告2015年第25号）；国家税务总局于2015年9月10日发布《关于贯彻落实进一步扩大小型微利企业减半征收企业所得税范围有关问题的公告》（国家税务总局公告2015年第61号）；国务院减轻企业负担部际联席会议于2014年3月4日发布《关于做好2015年减轻企业负担工作的通知》（工信部运行函〔2015〕114号）；财政部、国家发展改革委、工业和信息化部于2015年4月24日发布《关于开展涉企收费专项清理规范工作的通知》（财税〔2015〕45号）；国务院减轻企业负担部际联席会议办公室于2015年5月5日发布《关于进一步做好涉企收费清理整治相关工作的通知》。2015年11月3日，财政部、国家税务总局、科技部联合发布《关于完善研究开发费用税前加计扣除政策的通知》(财税〔2015〕119号),大幅放宽了加计扣除政策的适用范围，使之成为一项不仅仅惠及高科技企业，而是负面清单之外的所有行业的普惠性政策：一是放宽享受加计扣除政策的研发活动和费用范围；二是允许企业追溯过去3年应扣未扣的研发费用予以加计扣除；三是简化审核，对加计扣除实行事后备案管理。对可加计扣除的研发费用实行归并核算。

2016年，在国家“供给侧改革”的政策背景下，预计各项围绕进一步降低中小企业负担的政策将不断细化推出。尤其是在降低中小企业所得税和增值税、降低中小企业社保负担、进一步清理整顿涉企收费、加强政策落实督导检查等方面有望获得进一步突破，推动中小企业降税减负、轻装前进，为迎接各种外部环境因素挑战，适应经济发展新常态的要求打下坚实基础。

第五节　专精特新——发展方向日益明确

作为中小企业提升竞争层次、转型升级的重要抓手，专精特新是中小企业发展的有效战略。延续工业和信息化部于2013年7月16日发布《关于促进中小企业“专精特新”发展的指导意见》（工信部企业〔2013〕264号）政策方向，2014年6月，工业和信息化部对天津、山西、辽宁、上海、江苏、浙江、安徽、山东、贵州、云南、青岛等11个省市促进中小企业“专精特新”发展工作进行调研。2015年，各地中小企业主管部门把促进中小企业“专精特新”发展作为推动中小企业创新转型的重要“抓手”，取得了积极进展。

2016年，预计在转型升级总体目标统领下，在“中国制造2015”、“互联网+”背景下，中小企业专精特新发展方向和路线将进一步明确：围绕关键核心技术和产品，在产业链，或细分领域和细分市场占据制高点，培育一批专注协作配套、市场占有率高、具有品牌优势的“专精特新”标杆企业；构建人才、资金、产品和技术互动交流、优势互补、产业链资源合理分配的“专精特新”发展格局。

第六节　两化融合——信息化水平日益提高

工业化和信息化两化深度融合，是以信息化手段改造传统产业的重要手段。承接以往的“中小企业信息化推进”战略方向，2015年，一系列推动企业信息化建设的举措先后出台：2015年5月7日，国务院发布《关于大力发展电子商务 加快培育经济新动力的意见》（国发〔2015〕24号）；2015年6月20日，国务院办公厅发布《关于促进跨境电子商务健康快速发展的指导意见》（国办发〔2015〕46号）；2015年7月1日，工业和信息化部联合9部委发布《关于促进互联网金融健康发展的指导意见》（银发〔2015〕221号）；2015年7月4日，国务院发布《关于积极推进"互联网+"行动的指导意见》(国发〔2015〕40号);2015年8月31日;国务院发布《关于印发促进大数据发展行动纲要的通知》(国发〔2015〕50号)。一系列政策的出台,为中小企业积极融入信息化时代、依托信息化手段提升竞争力提供了指引和支持。

展望2016年,中小企业信息化建设的核心必然围绕"互联网+中小企业"展开,在鼓励中小企业利用大数据、云计算、移动互联、物联网等为代表的新一代信息技术手段创新商业和运营模式、提升经营效率、降低运营成本、扩大市场影响、拓展生存空间等方面将会有越来越多的政策红利持续释放,推动中小企业两化融合进程不断深入,信息化水平不断提升。

第十五章　2016年中小企业发展态势展望

2015 年，中央和各地方政府相继出台了一系列针对中小企业的政策，扶持中小企业健康发展。展望 2016 年，中小企业面临更加复杂的国际国内形势，其中既有扶持政策累积效果释放、金融环境改善等有利因素，又有世界经济复苏乏力、国内宏观经济下行压力加大等不利因素。对此，本文主要从以下三方面给出判断分析和对策建议。

第一节　对 2016 年形势的基本判断

一、世界经济复苏缓慢，中小企业出口仍面临压力

从全球层面来看，世界经济的复苏仍不乐观，今年国际货币基金组织和世界银行都下调了对明年世界经济增长的预期。受到美国加息预期的影响，世界大宗商品的价格和股市均出现大幅波动，许多国家出现货币贬值现象，加大了我国出口企业的压力。10 月份美国制造业采购经理人指数（PMI）从上期的 50.2 降至 50.1，为 2013 年 5 月以来的最低水平。虽然制造业仍在扩张区间，但已接近临界值，扩张速度开始放缓。欧盟经济总体呈现复苏态势，预计今年欧元区经济增长率将达 1.5%，2016 年或可达到 1.9%。但由于希腊债务危机仍是不稳定因素，以及欧洲经济结构调整仍困难重重，所以长期来看，欧盟经济复苏形势仍不乐观。日本经济二季度之前曾出现缓慢复苏迹象，但继二季度 GDP 出现 7.1% 的大幅萎缩后，三季度 GDP 萎缩 1.6%，日本经济陷入衰退。油价下跌严重打击了俄罗斯经济，俄罗斯目前陷入严重的经济衰退，预计今年其经济将萎缩 3.3%，国际货币基金

组织对俄罗斯2016经济增速的预期仅为0.2%。

自2015年1月以来，我国出口总值同比均出现负增长。总体来说，2015年世界经济复苏情况低于预期，2016年或会延续这一趋势，中小企业仍将面临较为严峻的国际形势，2016年中小企业出口下行压力加大。

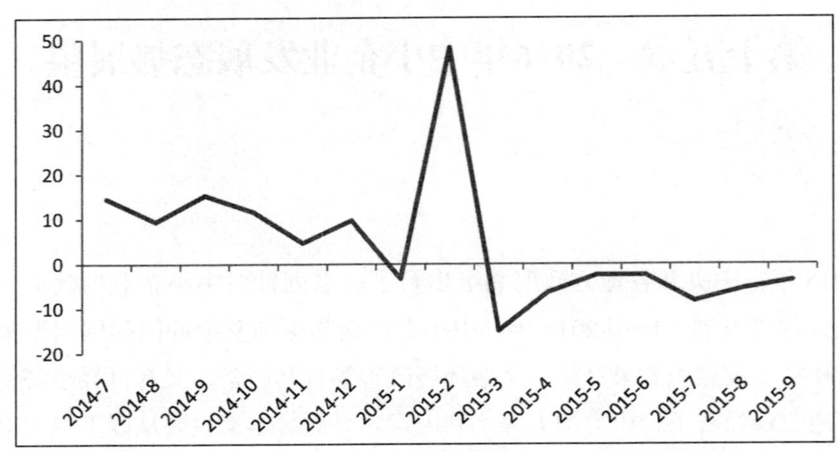

图15–1 2014年7月—2015年9月我国出口总值同比增长率

数据来源：国家统计局，2016年1月。

二、国内宏观经济下行压力加大，国内需求增长乏力

我国经济经过30多年高速增长，目前正处于经济增速换挡期，经济运行进入“新常态”。上半年消费、投资同比增速回落。消费方面，社会消费品零售总额同比增长速度也均低于上年水平。截至2015年9月，我国社会消费品零售总额同比增速为10.9%，低于上年同期11.6%的水平。投资方面，全国固定资产总投资和民间固定资产投资同期累计增长率均低于去年水平。以9月为例，全国固定资产投资累计增长率为10.3%，增速较上一年同期回落5.8个百分点，民间固定资产投资累计增长率为10.4%，增速较上一年同期回落近8个百分点。三季度，我国GDP增长率降至6.9%，是2009年二季度以来我国季度GDP增速最低水平。在技术创新难以在短期获得根本性突破的情况下，受人口红利消失和资本边际报酬持续下降的影响，我国经济增速下行压力加大将成为长期趋势。

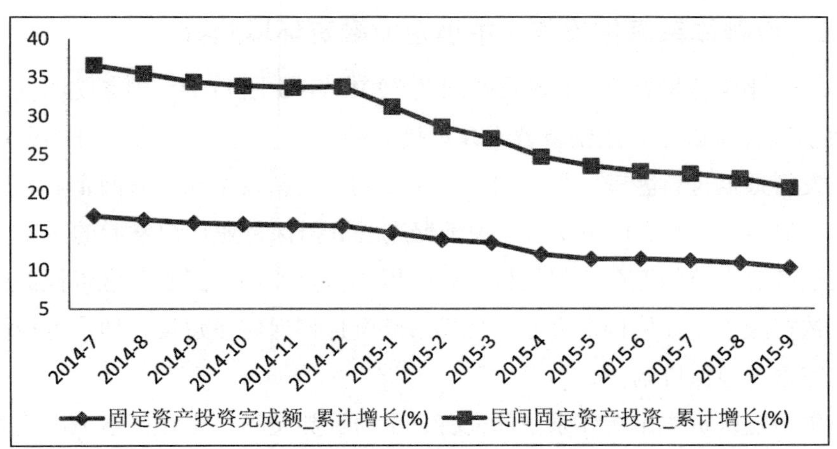

图15-2　2014年7月—2015年9月我国民间固定资产投资和社会固定资产投资累计增长率

数据来源：国家统计局，2016 年 1 月。

2015 年三季度，我国工业生产者出厂价格指数同比下降 5%。10 月份制造业采购经理指数为 49.8，仍低于荣枯线。一系列数据均反映出我国经济仍存在下行压力，且逐渐加大。随着我国经济增长持续减速，过去由房地产、汽车等消费热点带动的消费增长效应进一步减弱。预计 2016 年，最终消费支出和社会消费品零售总额实际增速将继续放缓。总体来说，由于宏观经济增速下调，国内市场需求不足，制约了我国中小企业的市场拓展空间。

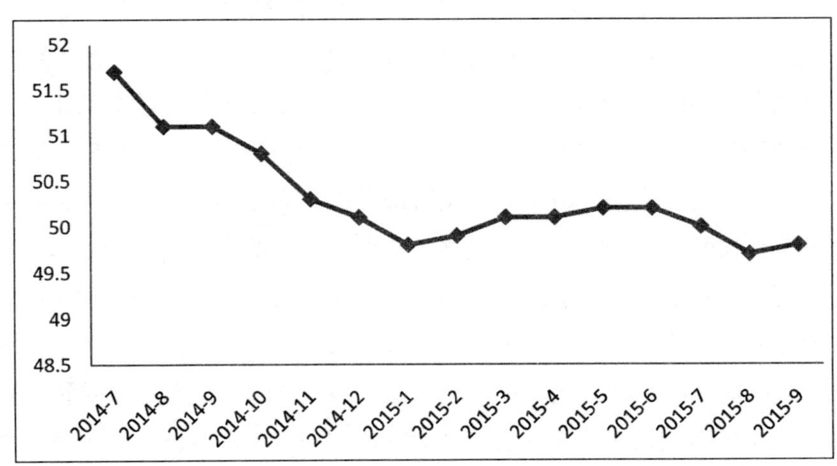

图15-3　2014年7月—2015年9月我国制造业采购经理指数

数据来源：国家统计局，2016 年 1 月。

三、金融体系深化改革，中小企业融资环境趋好

针对中小企业融资难、融资贵的问题，2015 年 6 月 11 日，国务院印发了《关于大力推进大众创业万众创新若干政策措施的意见》，支持符合条件的创业企业上市或发行票据进行融资，着力研究尚未盈利的高新技术和互联网企业到创业板发行上市制度。8 月 7 日印发的《关于促进融资担保行业加快发展的意见》提出大力发展政府支持的融资担保机构，以开展小微企业和“三农”融资担保业务为标准，扶持融资担保机构扩大业务规模。健全再担保体系建设，加快再担保机构发展，完善再担保机制。

我国多层次资本市场体系不断完善，上海证券交易所正在探索推出战略新兴产业板，并加快推进全国中小企业股份转让系统向创业板转板的试点。在间接融资方面，2015 年 10 月通过的《中共中央关于制定国民经济和社会发展第十三个五年规划的建议》，提出构建多层次、广覆盖、有差异的银行体系，发展普惠金融，大力加强对中小微企业的金融服务。这些举措都将为中小企业创造更好的融资环境。

总体来看，随着我国金融改革的不断深入，尤其是多层次资本市场的不断发展完善，预计 2016 年中小企业融资环境将得到进一步改善。

四、财税扶持力度持续加大，中小企业政策环境不断优化

为了支持中小企业发展，2015 年 3 月，财政部和国家税务总局重新制定并印发了《关于小型微利企业所得税优惠政策的通知》，扩大了小微企业受益范围，明确自 2015 年 1 月 1 日至 2017 年 12 月 31 日，享受减半征税政策的小型微利企业为年应纳税所得额低于 20 万元（含 20 万元）的企业。8 月 19 日，国务院常务会议再次扩大优惠范围，将年应纳税所得额扩大到 30 万元以内（含 30 万元）。上述税收优惠政策，进一步减轻和缓解了中小企业、特别是小微企业的税收负担和融资难题，增强了中小企业抵御市场风险，自我发展的能力。据国家税务总局统计，2015 年上半年，我国小微企业总共减免税收 486.31 亿元，其中：享受小微企业所得税优惠的纳税人为 239 万户，减税额为 86.54 亿元；享受暂免征收增值税和营业税优惠政策的小微企业和个体商户为 2700 多万户，减税额为 399.77 亿元，有力扶持了小微企业的发展。

与此同时，国务院修订完善了高新技术企业的认定办法，规定创业投资企业

可以享受70%应纳税所得额的税收抵免政策，同时要求各级地方财政要根据创业创新需要，统筹安排各类资金用以支持小微企业的创新活动，推动发展投贷联动、投保联动、投债联动等创新模式，不断加大对创业创新中小微企业的支持。

随着各项政策红利的不断释放以及政策效果陆续显现，2016年我国中小企业有望享受更多的财税扶持政策，中小企业发展面临的政策环境将不断优化。

第二节　需要关注的几个问题

一、成本上升和需求下降仍将持续，进一步挤压利润空间

尽管中央以及各地方政府已经出台了一系列支持中小企业的政策，但2016年中小企业尤其是小型企业经营困境仍没有根本改善。2015年三季度我国中小企业发展指数（SMEDI）为91.9，远低于去年同期的93.1，9月份中、小型企业采购经理指数为48.5%和46.8%，较上年同期双双降低1.3个百分点，仍然处于荣枯线以下，市场需求持续低迷，中小企业对经济发展的信心有待回复。从成本角度看，2015年三季度，我国中小企业生产成本指数持续攀升，未来中小企业发展前景并不乐观。2015年三季度工业、社会服务、交通运输邮政仓储、住宿餐饮、信息传输计算机服务软件等行业中小企业生产成本指数较二季度，分别上升了4.2、

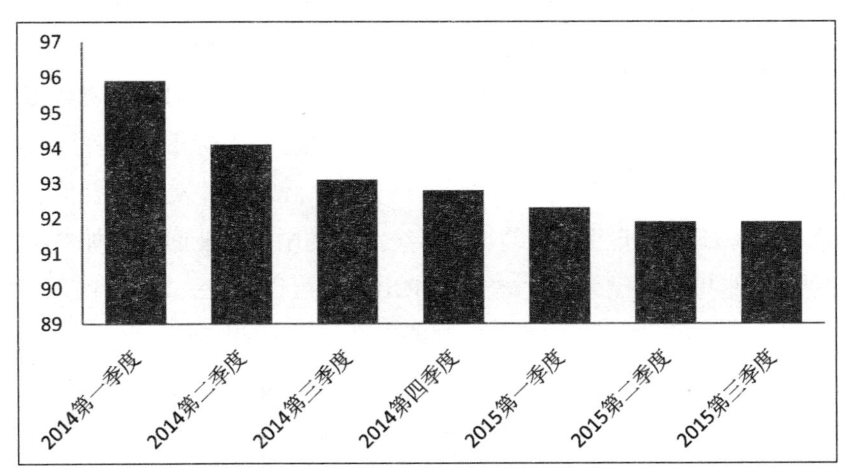

图15-4　2014—2015年第三季度我国中小企业发展指数

数据来源：中国中小企业协会，2016年1月。

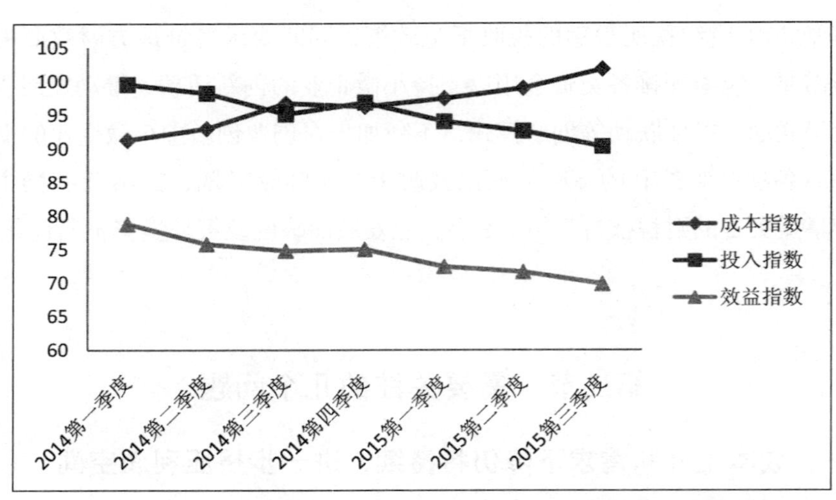

图15-5 2014—2015年第三季度我国中小企业成本、投入和效益指数

数据来源：中国中小企业协会，2016年1月。

3.0、3.5、3.9和3.0百分点，而只有房地产业、批发零售业的成本指数下降0.9和2.7百分点，成本上升压力仍然较大。随着稳增长政策刺激效应的逐步显现，2016年我国中小企业生产成本上升和需求下降趋势在一定程度上会有所减缓，但需求和成本的双头压力依然存在，中小企业经济效益下滑仍然是大概率事件。

二、要素制约凸显，亟须进一步加快转型升级步伐

国际市场复苏乏力，国内市场需求难以提振，开放、绿色、创新、共享、和谐的发展理念也已成为共识，中小企业转型升级迫在眉睫。但由于资金瓶颈、人才匮乏、环境恶化和创新不足等要素制约日益凸显，“三期叠加”阵痛短期内依然存在，中小企业亟须进一步加快转型升级步伐。尤其是中美环保合作达成共识进一步推动我国环保标准及监管趋严，传统产业的中小企业面临更加严峻的环保压力。传统企业只有转型升级，才能谋求出路。可以预见，2016年我国中小企业发展的“二八分化”格局更加明显，战略性新兴产业的中小企业具有技术优势，发展速度相对较快。而那些属于高污染、高耗能、高成本产业的传统中小型企业，其面临的市场环境却更为严峻，必将举步维艰，两极分化趋势将进一步扩大。

三、制度机制约束依旧，有待进一步激发创新动力

随着改革逐步进入深水区，深化改革的阻力必然会越大越强，制约万众创

新的各种制度机制约束也越发根深蒂固。2016 年中小企业发展面临的国内外环境必将更加纷繁复杂，传统的生产经营模式难以适应新的发展形势，要勇于抓住“互联网 +”和智能制造等新技术革命带来的机遇，敢于破除陈腐的制度机制约束，以创新求生存，以创新谋发展。据中国中小企业协会调查显示，目前仍有 26.86% 的中小企业认为“技术创新平台建设不完善”是制约中小企业技术创新的一大主因,26.86% 的中小企业认为“信息传递不顺畅”制约了其技术创新活动。这些问题在 2016 年仍将存在，在一定程度上会制约中小企业创新活力的释放。

四、创业环境不完善，尚需进一步优化

随着 2015 年大众创业、万众创新成为国家战略，各级政府相继出台多项支持政策，鼓励大众创业、万众创新，取得了积极成效。然而创业文化培育尚处于起步阶段，尊重创业、保护创业、包容创业失败的创业文化尚未形成，制约了大众创业动能的释放。创业期中小企业的税收优惠、特殊群体创业培训体、创业失败救济制度、人才保障以及企业退出机制等政策支撑体系不完善，阻碍了大众创业的持续热情。科研成果转化机制不畅，高校科研院所与企业难以实现有效对接，创新成果转化链条尚未理顺，科技成果产业化率低下，影响了大众创业的效率。

第三节　应采取的对策建议

一、创新服务模式，助力中小企业拓展市场空间

“互联网 +”已经成为重要时代背景，上升为促进经济平稳健康发展、中小企业提质增效的国家战略。“互联网 +”不仅驱动了产业结构升级，构建起我国新型产业生态体系，也是我国实现《中国制造 2025》规划的重要抓手。

在经济新常态下，抓住新一代信息技术带来的优势，充分利用现代信息技术，改造和发展中小企业，增强中小企业竞争力，是助力中小企业拓展市场空间的有效手段。一是应进一步加强引导并帮助中小企业利用“手机浏览器”、“APP”、“二维码”、“微营销”、“移联诚商认证”等新一代信息技术手段，实现企业的跨越式发展。二是着力开发农村市场，在国际、国内城市需求不足的前提下，吸引更多的优秀企业共同培育和开发农村电商 9 亿人的巨大市场是一个重要的方向。例如引导淘宝、京东等各类电子商务平台转向农村市场，一方面为其平台上的小微企业扩展市场空间，另一方面还可以有针对性的激励草根农民网商创业、促进其

成长。

二、加大财税政策落实力度，确保政策切实惠及中小企业

优惠政策执行难度较大，最为突出的原因就是政策的针对性、可操作性和统一性有待提高。为此，一是要进一步加大地方政府的重视程度，摸清阻碍政策落实的关键点，按中央有关要求切实落实各项政策，保证已出台的各项财税优惠政策能够真正落地，解决“最后一公里”问题，让中小企业切实享受到“政策红利”。二是进一步完善相关配套政策细则。一方面，建立完善统一的中小企业统计制度，加大对中小企业的统计分析工作和统计监测力度。另一方面，加快修订《中华人民共和国中小企业促进法》，以法律形式切实保护中小企业在税收优惠、财产、商业机密和知识产权等方面的合法权益，减少行政审批事项和行政事业性收费项目，进一步为中小企业营造有利发展环境提供法律依据。

三、加大政府引导，促进中小企业转型升级提速

对传统产业领域中小企业转型加大政府引导力度，鼓励和支持中小企业引进新工艺、新技术、新装备，淘汰部分不符合市场要求的高污染、高成本、高耗能的低端产能，引导传统产业中小企业依托技术创新、模式创新和产品创新等方式，借助移动互联网、大数据、物联网等手段加速转型升级，同时加大财税政策的支持力度，助推传统中小型企业加快转型升级。

同时大力扶持新兴产业领域中小企业创新发展。尤其在经济运行进入“新常态”的背景下，新兴产业是拉动经济增长、带动就业的重要动力，肩负着转变经济发展方式，促进产业升级的重任，因此应继续加大对新兴产业的政策扶持力度，培育一批战略性新兴产业中的龙头企业，带动新兴中小企业健康快速发展。

四、持续优化创业环境，完善中小企业创新链条

加强中小企业服务体系建设，完善中小企业创业创新服务，形成提供咨询、技术支持和协助融资三位一体的中小企业服务环境。具体包括：一是大力扶持一批中介服务机构，使其为中小企业提供包括市场信息与拓展服务、政策解读服务、融资担保贴息服务和管理咨询服务等一系列保障性服务。形成政府扶持中介，中介促进中小企业发展的体系。二是针对应届大学生、农民工、失业人员等不同创业群体，开展有差异、有重点、有针对性的创业辅导培训和政策解读服务，提高

中小企业的创业成功率。三是要更多地强调企业与科研机构、企业与大学和企业与企业之间的创新合作或创新集群的建设，使创新想法能够真正转化为创新产品或服务而进入市场，形成中小企业创新产业链，并且让市场和用户的需求贯穿整个创新价值链。四是完善创业人才管理机制，从社会保障、户籍制度和子女入学等方面出台相应政策，取消妨碍人才流动的壁垒，促进人才资源的合理配置。五是建立健全创业失败救济制度，按照企业类型、行业类别等不同方面分别设立创业失败补偿制度，建立相应的创业失败救济基金，为创业者减少后顾之忧，鼓励更多人才勇于创新，大胆创业。

后 记

《2015—2016年中国中小企业发展蓝皮书》是由中国电子信息产业发展研究院赛迪智库中小企业研究所编制完成。本书通过客观描述中小企业发展情况、深入分析中小企业发展环境、系统梳理中小企业问题，科学展望未来发展前景，为读者提供一个中小企业发展全景式描述；通过对中小企业相关领域的专题分析，为读者提供中小企业重点领域的深度刻画。

本书由刘文强担任主编，赵卫东任副主编。赵卫东负责书稿的整体设计，并撰写第十四章、第十五章内容。龙飞负责撰写第四章、第五章内容。韩娜负责撰写第一章、第十三章内容。王世崇负责撰写第二章、第三章、第八章内容。陈辰负责第六章、第七章内容。张洁负责撰写第九章、第十章内容。景治铖负责撰写第十一章、第十二章内容。赵卫东负责全书修改定稿。

在本书的撰写过程中，工业和信息化部中小企业局给予了精心指导和大力协助，在此向各位领导和专家的帮助表示诚挚的谢意。

通过本书的研究，希望对中小企业相关政府主管部门制定决策提供参考，为中小企业领域的研究人员以及中小企业管理者提供相应的基础资料。

思想，还是思想
才使我们与众不同

《赛迪专报》
《赛迪译丛》
《赛迪智库·软科学》
《赛迪智库·国际观察》
《赛迪智库·前瞻》
《赛迪智库·视点》
《赛迪智库·动向》
《赛迪智库·案例》
《赛迪智库·数据》
《智说新论》
《书说新语》
《两化融合研究》
《互联网研究》
《网络空间研究》
《电子信息产业研究》
《软件与信息服务研究》
《工业和信息化研究》
《工业经济研究》
《工业科技研究》
《世界工业研究》
《原材料工业研究》
《财经研究》
《装备工业研究》
《消费品工业研究》
《工业节能与环保研究》
《安全产业研究》
《产业政策研究》
《中小企业研究》
《无线电管理研究》
《集成电路研究》
《政策法规研究》
《军民结合研究》

编 辑 部：赛迪工业和信息化研究院
通讯地址：北京市海淀区万寿路27号院8号楼12层
邮政编码：100846
联 系 人：刘 颖　董 凯
联系电话：010-68200552 13701304215
010-68207922 18701325686
传　　真：0086-10-68209616
网　　址：www.ccidwise.com
电子邮件：liuying@ccidthinktank.com

研究，还是研究
才使我们见微知著

信息化研究中心
电子信息产业研究所
软件产业研究所
网络空间研究所
无线电管理研究所
互联网研究所
集成电路研究所

工业化研究中心
工业经济研究所
工业科技研究所
装备工业研究所
消费品工业研究所
原材料工业研究所
工业节能与环保研究所

规划研究所
产业政策研究所
军民结合研究所
中小企业研究所
政策法规研究所
世界工业研究所
安全产业研究所

编 辑 部：赛迪工业和信息化研究院
通讯地址：北京市海淀区万寿路27号院8号楼12层
邮政编码：100846
联 系 人：刘 颖　董 凯
联系电话：010-68200552 13701304215
　　　　　010-68207922 18701325686
传　　真：0086-10-68209616
网　　址：www.ccidwise.com
电子邮件：liuying@ccidthinktank.com